真實致命的權力鬥爭，中古歐洲的

國王的遊戲

命運之輪

講述教皇 國王 公主 孽子 庶民 女人的故事

馬瑞民 — 著

目錄

威廉出生的法萊斯城堡

康城女子修道院

威廉位於康城男子修道院的墓地
（圖片來自維基百科作者 Supercarwaar）

威廉奠下令修建的，位於倫敦塔中的白塔。
敵人進攻時可抽掉木梯。

康城男子修道院

塞爾比修道院（周杰倫舉辦婚禮地）

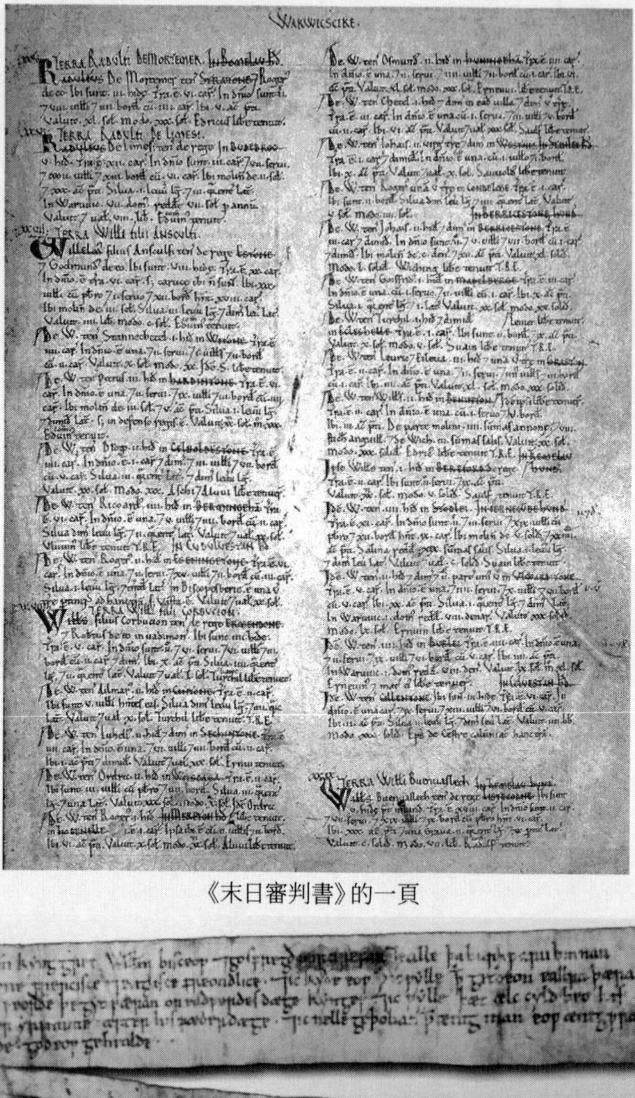

《末日審判書》的一頁

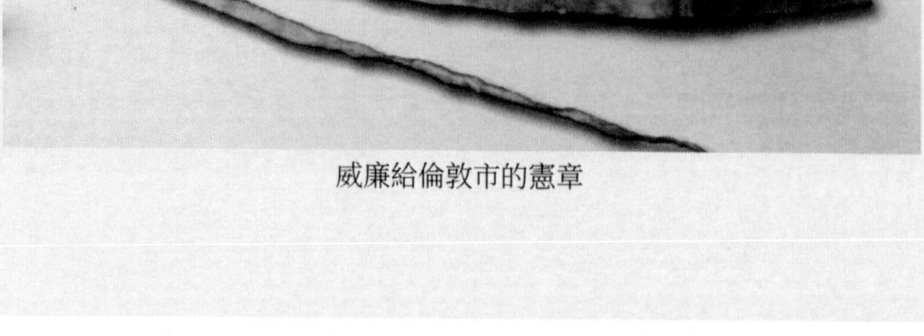

威廉給倫敦市的憲章

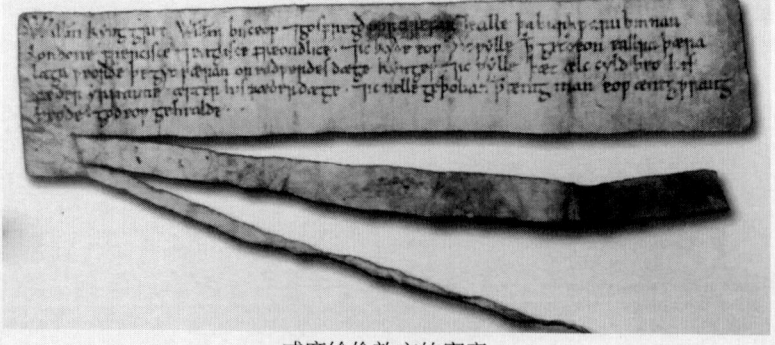

歷史大事記（節選）

西元五世紀：盎格魯、遜克遜人入侵不列顛。不列顛人稱他們占領的地方為英格蘭，他們說的話是英語。亞瑟王（King Arthur）率領不列顛人抵抗盎格魯 - 撒克遜人，留下了「魔法師梅林」、「石中劍」、「十二圓桌騎士」等傳說。

西元 610 年，穆罕默德（Muhammad）在麥加創立伊斯蘭教。

約西元 731 年：英國學者比德（Bede）用「B.C.」（意為基督誕生之前）和「A.D.」（意為「我主紀年」）來紀年，此方法通用至今。

西元八世紀末：丹麥人等北歐人入侵英格蘭。丹麥詞彙融入英語。如 sick（英語）對 ill（丹麥語）。Tuesday 是北歐戰神 Tyr，Wednesday 是北歐詩神 Woden，Thursday 是拿鐵錘的雷神 Thor。

西元 756 年，教宗在羅馬建立了自己的領地（相當於教宗國）

西元 800 年聖誕節，教宗良三世（Leo PP. III）把一頂皇冠戴在查理大帝（Charlemagne）的頭上，宣布他為羅馬人的皇帝。查理大帝統一了大部分歐洲，後人稱他為「歐洲之父」。

西元 843 年，查理大帝的三個孫子簽署《凡爾登條約》，把歐洲分成西法蘭克（法國）、中法蘭克（義大利）和東法蘭克（德國）三片區域。

西元 899 年，英國國王阿佛烈（Alfred）去世。後人尊他為「英國國父」。

西元 960 年，趙匡胤建立宋朝。

西元 962 年，東法蘭克國王鄂圖一世（Otto I）自稱為羅馬帝國皇帝。

西元 987 年，法國卡佩王朝成立。

西元 1004 年，契丹大舉攻宋，雙方訂立澶淵之盟。

西元 1038 年，西夏成立。

西元 1054 年，基督教分裂為二：西方為拉丁教會 (基督教、天主教)，東方為希臘教會 (東正教)。

第一卷　從雜種到國王

他從小被人罵為雜種，被趕出宮殿，被人追殺，
就像《獅子王》裡的辛巴。
他要活下來，他要奪父親留給自己的公國。
突然，他得到一個消息，一頂王冠正在等著他。

第一集　天生雜種

當一個嬰兒出生的時候，除了具備性別、外貌、身高、體重、血型等自然屬性之外，也許在一分鐘之內，就擁有了社會屬性：姓名、國籍、戶口、財富、階級、種族、信仰、甚至教派（同信耶穌還分天主教、新教、東正教）。

一個人的履歷，在出生那一刻就填完了一半。

有的人生下來俊美，上百億的財產和持續的掌聲在等著他。

有的人生下來矮醜，整個童年都生活在貧窮和冰冷的眼神當中。

有的生下來，就注定不能上學、當官、經商，甚至不能和心愛的人結合。

幾千年來，人生下來就是不平等的。

我們絕沒有權利去選擇自己出生的時間、地點和家庭。

但是，如果我們願意，我們可以去改變，哪怕最後的結果是失敗。

現代社會連性別都可以改變，還有什麼不能改變？

下面將要講述的，就是一個人如何改變自己卑賤的出身，成為一代歷史偉人的傳奇故事。

西元 911 年，諾曼人（北歐）在法國北部沿海建立了一個叫諾曼第的公國，從屬於法國。公國的最高首領叫公爵，從屬於法國國王。公爵僅次於王，位於五等爵之首（公侯伯子男）。

提起諾曼第，我相信您既熟悉又陌生。熟悉吧，幾乎沒有人不知道這個地方。陌生吧，對諾曼第有什麼城市、景點、名人、特產，似乎又說不出來。我敢打賭，讀完本書之後，你一定想訂張機票，飛到諾曼第去看一看。比如，法國境內僅次於巴黎的第二大旅遊區聖米歇爾山（其地位相當於中國的長城），就在諾曼第地區。

諾曼第公國有大片大片的牧場和數不清的乳牛，有望不到邊的蘋果園和甜美的蘋果酒，海岸上可以輕易捕撈鮮嫩的生蠔和龍蝦，真可謂物產豐富，人傑地靈。

法萊斯（Falaise）是諾曼第公國西部的一個小城，城中有一座建在高地的城堡，叫法萊斯城堡。這座千年古堡今天依然矗立，可以參觀。

西元 1028 年一個寂靜的秋夜，法萊斯城堡裡突然傳來「哇——哇——」的啼哭聲。一個胖嘟嘟的男孩呱呱墜地。

女僕抱起嬰兒，擦洗乾淨，包上毛巾，慢慢地放到為他準備好的小床上。燭光下，女僕發現小嬰兒手上抓著一根中指長的乾草。

當時的富裕人家用乾草鋪地，乾草可能來自女僕身上。

女僕抓住乾草的一端，用力一抽，竟然沒有抽出來。

小嬰兒睜大眼睛，看著女僕，那表情好像在說：你試試？

「嘿？敢和我較勁？」女僕左手抓著嬰兒的手腕，右手使勁掰開他的小拳頭。

小嬰兒「哇」地一聲大哭起來。

「怎麼回事？」嬰兒的父親急步走進內屋，大聲斥道。

「大人，他手上有一根乾草，」女僕不安地回答。

「這可是好兆頭啊！」坐在一旁的助產婆興奮地說。

「有什麼說法嗎？」

「小草的生長需要土地。這孩子一生下來就開始抓乾草。要是他長大了，那得有多少土地啊。他不僅抓得住，還不讓別人奪走呢。」助產婆說。

男孩的父親看著嬰兒說道，「你既然這麼喜歡保護你的東西，你就叫威廉（William）（法語為 Guillaume，保護的意思）吧！」

「生在夜裡的孩子也是一種福氣呢！」助產婆接著說，「瞧瞧這屋子裡點了多少蠟燭，這可都是財富的象徵呢。」

當時的蠟燭非常昂貴，窮人是買不起的。

男孩的父親已經聽不見助產婆在嘮叨了。他抱起小嬰兒，覺得比一副全鋼的甲冑還重。

男孩的父親是諾曼第公爵羅貝爾（Robert Ier de Normandie）。

男孩的母親是羅貝爾從河邊搶來的民女。

有一天，羅貝爾在法萊斯城外的藍堤河邊飲馬，不遠處的淺灘上有幾個女人在洗衣服。其中有一名少女拿著洗好的衣服在陽光下看，邊看邊唱。羅貝爾走上前去，發現少女的眼睛和藍堤河水一樣迷人，少女的身體和藍堤河岸一樣婀娜。

羅貝爾問道，「你叫什麼名字，是誰家的女兒？」

「我叫埃爾蕾瓦（Herleva），我的父親是皮匠富爾伯特（Fulbert）。」埃爾蕾瓦低下了頭。她雖然不認識羅貝爾，但從穿著上就可以看出這是一位貴族。

「我是羅貝爾。我想請你今天晚上到法萊斯城堡。從後門進去，提我的名字就行。」

「我要和父親商量一下。」埃爾蕾瓦找了一個藉口。她接著說，「不過，今天晚上我是不會去的。如果我想去，我就白天從正門進去。」

羅貝爾詫異地看著這個美麗而堅強的少女。他答應了，並派四名騎士像迎接貴婦一樣把埃爾蕾瓦領到法萊斯城堡。

羅貝爾不會娶一個皮匠的女兒，他把埃爾蕾瓦當情婦。

中世紀貴族的擇偶條件是這樣的：

1. 政治上提升地位，比如公爵娶國王的女兒，伯爵娶公爵的女兒。
2. 軍事上結成聯盟，比如調用岳父的軍隊。
3. 經濟上創造收入，財力雄厚的新娘可以帶來一大筆嫁妝。
4. 家庭上生育人口，女人屁股越大，生得越多越好。

至於年齡、顏值、罩杯、長腿，都不重要。

繼承丈夫遺產的寡婦，在市場上比大長腿的處女更受歡迎。

貴族可選擇的結婚對象不多，普遍晚婚，所以有個詞叫做單身貴族。

當然不是所有單身漢都有資格稱貴族，沒有性生活的只能叫單身狗。

多年來，我一直有一個困惑：

某某和某某走進婚姻這座神聖的殿堂。

婚禮的舉辦地不是餐廳，就是洞房，哪裡有什麼殿堂？

後來才明白：

基督徒結婚在教堂（殿堂），基督徒的婚姻由上帝見證（神聖）。

我覺得中國的婚姻也是座神聖的殿堂。

比如，中國人稱結婚為拜堂（殿堂），中國夫妻要拜天地（神聖）。

基督徒對非婚生子女極度厭惡、痛恨，認為他們連妓女小偷都不如。直到今天，在西方國家，罵對方 bastard（雜種）都是最嚴重的侮辱。

羅貝爾和埃爾蕾瓦沒有結婚，所以威廉是個私生子，或者叫：雜種、野種、王八羔子、狗娘養的。

威廉兩歲的時候，羅貝爾把埃爾蕾瓦嫁給了自己的附庸赫文男爵（Herluin de Conteville）。對埃爾蕾瓦來說，這在當時已經是最好的歸宿了。她得到了一份體面的婚姻，她的子女可以過上富裕的生活。羅貝爾送給埃爾蕾瓦的父親一把椅子，是全村唯一的椅子，可見當時的民眾有多窮。

羅貝爾卻把小威廉留下來。

奧斯本，忠心耿耿的老管家，替公爵大人擔心起來。

羅貝爾已經三十歲了，到了結婚的年齡，應該娶一位身分高貴的女子，生幾個合法的兒子。至於這個威廉，雖然招人疼愛，畢竟是個雜種。長大了就是個普通人，沒有什麼前途。

奧斯本（Osbern）勸羅貝爾趕緊結婚。至於威廉，乾脆也送給赫文，買一送一嘛。

羅貝爾很生氣。他盯著奧斯本的眼睛大聲對他說，「威廉就在這裡，哪裡也不去。而且，我要求你對待他就像對待我一樣。」

諾曼第公國的首府盧昂（Rouen）是一座迷人的千年古城，位於巴黎西北一百二十公里處。藍色的塞納河從盧昂城中蜿蜒穿過，繼續向北注入英吉利海峽。如果你在盧昂城中蜿蜒穿過，你就會發現高聳的大教堂、古老的鐘樓、豐富的博物館、高塔（曾關押聖女貞德）、法式風情酒館、咖啡館，到處都是數百年歷史的、五彩繽紛的房子。出生於這裡的名人包括福樓拜（Flaubert）、法國前總統歐蘭德（Hollande）以及特雷澤蓋（Trézéguet）。

在羅貝爾時代，盧昂比巴黎要富裕、繁華得多。

羅貝爾有時在自己的領地巡視，有時鎮壓外地叛亂的貴族。每次羅貝爾外出，威廉都能準確地預測出父親哪天回來。

如果羅貝爾半夜到家，威廉就不睡覺，強睜著眼睛等著父親。

羅貝爾父母雙亡，沒有妻子，他把小威廉當成唯一的親人，唯一的牽掛。

有一天，威廉在塞納河的一處淺灘玩耍。

這時候來了三、四個孩子。他們仗著人多，圍著威廉起鬨，嘲笑威廉是狗雜種。

威廉雖然不太明白，但明顯感覺到他們不懷好意。

威廉猛地衝上前去，用頭把其中一個孩子頂到河裡去了。

落水的孩子不會游泳，在水裡掙扎著，哀嚎著。

其他孩子嚇得飛速跑了。

威廉回到家裡，就問羅貝爾，「爸爸，什麼是雜種？我是不是雜種？」

羅貝爾收起笑容，說道，「威廉，你記住這句話，用一生去記住它。在這個世界上，如果你輸了，你就是雜種。如果你贏了，你就不是雜種。」

「那我不是雜種，」小威廉笑了，「爸爸，給我一把劍吧。」

「你用它來做什麼？」羅貝爾微笑地問。

「要是再有人欺負我，我就殺了他。」

看著小威廉凶狠的眼光，羅貝爾的後背感到一股涼意。

羅貝爾用短刀削了一把小木劍，送給威廉。

小威廉拿著小木劍，就好像小狗叼著小骨頭，一刻也不分開。

西元 1035 年，羅貝爾決定去聖城。

什麼是聖城？

聖城是這樣一個地方：不管你有多窮，哪怕是賣唱要飯，連滾帶爬，你都要去的地方。聖城是這樣一個地方：不管你多富有，不管你有多少老婆，要是你沒去過那裡，那你這輩子算是白活了。

在你的心中，是否有這樣一座城市？

我不知道中國有多少座聖城，我只知道很多人磕十萬個長頭到拉薩。

羅貝爾要去哪座聖城？

位於地中海東岸的巴勒斯坦地區，大名耶路撒冷。

為什麼是這裡？

因為耶穌在這裡被釘上十字架，在這裡埋葬，在這裡復活。

為什麼去聖城？

因為人犯了罪，到聖城可以得到赦免。

從諾曼第到耶路撒冷，按今天的地名，一路上要穿過德國、奧地利、匈牙利、羅馬尼亞、土耳其，敘利亞、以色列等多個國家。我用地圖查了一下，兩地直線距離約 4,500 公里，徒步往返約七個月。古代沒有精確的地圖，沒有平坦的道路，一來一回至少一年以上。一千年前交通、食宿、治安、醫療條件非常落後，長途旅行的人常常死在半路。

羅貝爾公爵沒有結婚，沒有合法子女。諾曼第的主教和貴族都在猜想，臨行前公爵大人會把偌大的公國交給誰。其中幾位候選人如下：

塔盧伯爵（William of Talou）是羅貝爾同父異母的弟弟。按照慣例，他是公國第一繼承人。

布列塔尼公爵[01]阿蘭三世（Alan III, Duke of Brittany）是羅貝爾姑姑的兒子，在候選人中地位最高。

勃艮第的蓋伊（Guy of Burgundy）是羅貝爾姐姐的兒子。

還有幾位親戚已經是教會神職人員，失去了繼承人資格。

在大庭廣眾之下，出乎所有人的意料，羅貝爾把七歲的小威廉抱到自己的座位上，然後大聲宣布，這就是我為你們選定的繼承人。

議事大廳裡就像是一鍋沸騰的開水，咕嘟咕嘟起來。

偉大的諾曼第公國難道要交給一個狗雜種？

我們是諾曼第開國者羅洛（Rollo）的後代，難道要做一個下流胚的僕人？

「砰砰砰！」羅貝爾用標槍重重地敲擊著大理石地面。

「肅靜！肅靜！各位大人！我知道你們在說什麼，千萬別讓我聽見。要是我知道哪張嘴裡冒出『雜種』這個詞，我就割下他的舌頭，送給尖牙。」

「尖牙」是羅貝爾的獵狗。牠聽見主人叫牠的名字，警惕地抬起身子，看了看四周，又趴下了。

羅貝爾接著說，「阿蘭表兄，你的地位最高，請你上前向威廉效忠。」

阿蘭走到威廉面前，跪下來，雙手合十，放進威廉的小手裡，說道：

「您的朋友就是我的朋友，您的敵人就是我的敵人。從現在起，我發誓服從您，捍衛您。我的誓言不可撤銷，終生有效。」

布列塔尼和諾曼第是兩個地位平等的公國。阿蘭為什麼要向威廉效

[01] 布列塔尼公國位於法國的西北角。公國的西部是大西洋，北部是英吉利海峽，東部與諾曼第公國接壤。

忠呢？當時的貴族們交叉持有彼此的土地。阿蘭在諾曼第有一些城鎮，他就以這些城鎮的名義向威廉效忠。

塔盧伯爵、蓋伊、奧斯本、厄鎮伯爵吉爾伯特（Gilbert）等人合起被刀劍磨得堅硬的雙手，依次向小威廉跪下效忠。

由於威廉還沒有成年，羅貝爾委託阿蘭在自己去國期間監管諾曼第。

效忠儀式結束之後，羅貝爾穿著髒舊衣服，光著大腳上路了。兩名隨從拿著木棍，不時抽打公爵一下。羅貝爾一路施捨，一路行善，順利到達耶路撒冷。回程的時候，卻不幸染上瘟疫，客死於尼西亞（今土耳其境內）。

諾曼第的大小顯貴在羅貝爾的強壓下向威廉效忠。他們出門之後忿忿不平，以跪在一名皮匠外孫的腳下為終生不可洗刷的恥辱。

羅貝爾一死，塔盧伯爵、蓋伊等人招兵買馬，割據一方。塔盧伯爵控制了諾曼第東部。蓋伊控制了諾曼第西部。

阿蘭公爵是諾曼第攝政，是威廉的保護人，很快就被人毒死了。

阿蘭一死，叛軍的眼睛盯上了小威廉。一杯無色的毒酒，一柄袖子裡的匕首，甚至一雙有力的大手，就可以瞬間殺掉這個擋路的雜種孩子。

貴族齊聚盧昂公爵府，盯著一張諾曼第地圖，要把整個公國大卸八塊。

小威廉拿著小木劍要把他們趕出去。

蓋伊奪過小威廉的木劍，折成兩段。

小威廉忍住眼淚說道，我爸爸回來一定把你們趕走。

蓋伊等人哈哈大笑。

為了安全起見，奧斯本帶著小威廉逃出盧昂，去找他的媽媽埃爾蕾瓦。

這六年裡，埃爾蕾瓦又生下厄德 (Odon) 和羅貝爾 (Robert) 兩個男孩。

埃爾蕾瓦一見到威廉，就像母狼一樣撲過去，死死抱住威廉嚎啕大哭。每天讓厄德和羅貝爾吃飯、洗澡的時候，埃爾蕾瓦總在想著：威廉在哪裡，他在做什麼，他長成什麼樣子了，我什麼時候還能見到他。

埃爾蕾瓦的家裡很安全，一個月下來沒有發現一個可疑人物。

諾曼第每一個貴族都知道威廉在哪裡，也知道埃爾蕾瓦住在哪裡。

他們為什麼不派刺客來呢？難道他們不想殺了威廉？

奧斯本最後想明白了。

塔盧伯爵、蓋伊等人就是希望威廉留在他的母親身邊。這樣，每個諾曼第人都會認為，威廉是民女埃爾蕾瓦的兒子，是個雜種。

奧斯本決定帶著小威廉離開，另找一個安全地點。

埃爾蕾瓦強烈反對威廉離開。她提議讓威廉出家為僧，一可以保住生命，二可以衣食無憂。

奧斯本強烈反對。他已經發誓要保護威廉，要幫助威廉奪回諾曼第公國。

為了威廉的前途，埃爾蕾瓦不得不接受這個悲慘的結果，對一個母親來說最壞的結果。威廉這一走，也許就是最後一面。

實際上，整個諾曼第公國都沒有什麼安全地點。奧斯本帶著小威廉經常住進普通農戶的棚屋裡，有時還得在森林中過夜。小威廉臉上有泥巴，身上是破衣，和農夫的兒子看起來沒什麼兩樣。

現在，只有一個人能夠保護威廉，那就是諾曼第公國的上一級主人，法國國王。

當時的法國國王叫亨利一世 (Henri I)。

羅貝爾生前曾經率領軍隊幫助亨利一世奪回王位。所以，亨利一世痛快地答應了老管家奧斯本的請求。

舉行儀式那天，威廉身披白色大氅，象徵純潔的心靈。外罩紅色長袍，代表鮮血的代價。紅袍外繫著黑色短上衣，寓意死亡的陪伴。

威廉來到亨利一世面前，跪下，合起雙手，放在法國國王的手中說道：

「我發誓，從今天起，我就是您，法蘭西人的王亨利的臣子。我會以生命、身體和世俗的榮耀為您效忠，直到死去。」

亨利一世點點頭，說道：「我接受你做我的附庸，並不遺餘力保護你的人身和財產安全。從今天開始，你就是第七代諾曼第公爵。」

亨利一世接過侍從送上的一把沾著泥土的小草，遞到威廉手裡。

古代中國的儀式也是給受封者一些草和土，即所謂的分茅裂土。

威廉站起來，兩人親吻臉頰。

儀式結束之後是豐盛的宴會，精彩的表演。

亨利一世很喜歡小威廉。當時他是名鰥夫，沒有子女。

第二天，亨利一世把小威廉單獨叫到自己的房間，對他說，「我將派一位全權代表跟你一起回到盧昂。有他在，沒有人能阻止你行使公爵的權利。」

小威廉點點頭。

「我會派一支軍隊進駐諾曼第的蒂利耶爾，威懾那些不服從你的人。」

小威廉點點頭。

「維辛地區是我賜給你父親的，作為他幫助我奪回王位的回報。現在你的父親去世了，我要把它收回來。」

小威廉似乎明白點什麼，又不完全明白。除了同意，他還能說什麼。

亨利一世幫助威廉的目的很簡單，向年幼的威廉敲詐一筆，並透過小威廉來干涉或控制諾曼第公國。

當時的法國是典型的封建社會。整個法國是王國。國王占有其中不到百分之十的土地，其餘百分之九十的土地掌握在數十個大貴族的手中，比如諾曼第公爵。

諾曼第公爵掌握著自己的公國，有自己的政府、收稅官和軍隊。從名義上講，諾曼第公爵是法國國王的下屬。從實際上講，諾曼第公國是一個獨立的國家。

法國國王就是個名義元首，或者說是個盟主。亨利一世的治國之術就是「平衡策略」，強大的諸侯國壓一壓，弱小的諸侯國扶一扶。

亨利一世公開賜封威廉為諾曼第公爵，諾曼第的諸侯們不予承認，繼續執行暗殺威廉的計畫。

為了保護威廉，老管家奧斯本把自己的兒子菲茨奧斯本（FitzOsbern）叫來，作威廉的貼身侍衛。「Fitz」在法語裡是兒子的意思，菲茨奧斯本就是奧斯本之子。

白天，菲茨奧斯本教威廉騎馬、擊劍。晚上，奧斯本向威廉講歷代諾曼第公爵的戰鬥成績。當時沒有軍事院校。要想成為一代名將，除了上馬操練外，最主要的途徑就是聽戰爭故事。

一天深夜，四個黑衣人翻過圍牆，躡手躡腳地走進威廉的房間。

房間的窗戶很小，非常陰暗，依稀能看見有個人躺在床上睡得正酣。

黑衣人輕步上前，拔出寶劍，對著床上的人一陣猛砍，然後迅速離去。

奧斯本忍著刺心的巨痛，咬著床單一聲沒吭。因為威廉就在床下。老人在心中默默地念著，羅貝爾大人，我盡力了。您放心，我死了，還有我兒子。他也會拚死保衛威廉的。

後來，威廉的第三任監護人提切爾死於非命，威廉的第四任監護人厄鎮伯爵死於非命。

威廉看來得改個名字，他不僅保護不了他的公國，甚至連自己的性命都保不住。他就像個小獅子，在土狼草原上隱藏、逃亡。

雖然有很多人想要威廉死，但也有不少人拚死保衛威廉。和威廉血緣越近的人越想除掉威廉，和威廉不來往的遠親卻要保護他。遠親沒有得到諾曼第公爵的希望，如能幫助威廉守住公國未來就有可能得到爵位和土地。

顛沛流離、九死一生的童年生活塑造了威廉兩個鮮明的性格：一是像獵犬一樣警覺，能夠嗅到空氣中危險的味道。二是像惡狼一樣凶狠，他見到了太多的屍體和鮮血。

威廉就盼著一件事：趕快長大，能騎馬，能打仗，能殺人，能復仇。

諾曼第公國人物關係圖

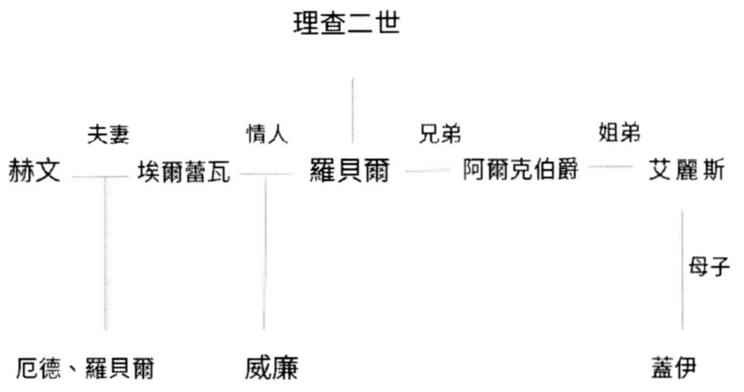

垂直是父母關係，水平是同輩關係

第二集　小丑的警告

瓦洛涅（Valognes）位於諾曼第西部科唐坦半島。它的南部是一大片森林，禽獸橫行，是個狩獵的好場所。

西元 1046 年秋天，威廉率領著十幾名侍衛來到這裡。此時的他已經長成一名十八歲的英俊青年，最突出的特徵就是一百八十公分的身高，比身邊的人要高出一個頭（中世紀的人比現代人要矮得多）。也許生存環境太險惡，威廉天天盼著自己長大長高，結果長超標了。

威廉不敢輕易向諾曼第的軍閥開戰，打獵相當於戰爭演習。

打獵的最佳時間是黎明，這天晚上威廉早早睡下。

「咚咚咚！咚咚咚！」門外突然響起一陣急促的敲門聲。

睡得正酣的威廉被吵醒了。他火冒三丈，翻身下床，順手抄起了床邊的長劍。

「我先殺了你，再去睡覺！」

一個滿臉白油，鼻頭鮮紅的人走了進來。只見他上衣左邊紅，右邊綠，褲子左邊綠，右邊紅。頭上的帽子伸出四五個枝來，掛著鈴鐺叮叮直響。

「小丑，你要做什麼？」威廉生氣地問。

「我的主人！」小丑邊喘氣邊說，「蓋……蓋……蓋伊帶著大隊人馬衝著這裡來了。」

「這是你的新節目？」

「我說的是真的！真……真的！」小丑一著急，誇張的臉更加滑稽了。「我在巴約替他們表演節目，晚上睡在馬廄裡。我聽見馬夫說，餵好戰馬，晚上來瓦洛涅抓你。」

小丑在諾曼第各地為貴族們表演，沒人防備他，反而能刺探出大量情報。

威廉的耳朵快速地抽動了兩下。

「主人！快跑吧！晚了就來不及了！」

威廉在胸前畫了一個十字。

所有的侍衛都過來了，都拿著武器，準備保護威廉。

「所有人不要動，都待在這裡！」威廉對他們說。他心中暗想，也許出賣我的人就在你們當中。

威廉問小丑，「他們從哪邊來？」

小丑用手一指，「南邊，那條小路。」

侍衛遞上來盔甲。威廉拒絕了。要跑得快，跑得遠，就得減負。

威廉翻身戰馬，單人獨騎，順著小丑指的方向跑去。

「錯了，錯了！」小丑急得直跳高，「我的主人啊，您這不是送死嗎？」

一頓飯的工夫，蓋伊帶著四、五十名騎兵到了，每個人都拿著武器。他們下馬逐個排查，就是找不到威廉。

「誰告訴我威廉在哪裡，我封他為爵士，」蓋伊說。

沒有人說話。

蓋伊急躁起來。「不說話是吧！」他拔出長劍，頂在一名侍衛的喉嚨上說道，「讓我看看你是不是啞巴。」

「我知道！我知道！」小丑尖叫著跳出來。

蓋伊大喜，連忙走上前去，笑著對小丑說，「告訴我，威廉在哪裡？」

小丑用手一指蓋伊前來的方向，說道，「威廉往那邊去了」。看到蓋伊沒有抓住威廉，小丑放心了。

蓋伊氣得立即變了臉色，他用長劍指著小丑的鼻子。

「我說的是真的！」小丑換上一幅嚴肅的表情，在外人看來卻更加滑稽。

蓋伊舉起了長劍，準備砍下去。

「殺死一個半瘋半癲的人恐怕不是什麼好事。」有人勸蓋伊。

「你說得對！」蓋伊臉色一變，露出詭異的笑容。他拍了拍小丑的肩膀，然後上馬帶人向南追去。蓋伊心想，威廉要去法萊斯，法萊斯又在南邊，剛才我一定是和威廉擦肩而過。

有人會問，小丑參與政治，是不是我編的。不是，中國同時期的宋朝也是一樣。

宋高宗趙構（殺死岳飛那位）有一次要殺死一名廚師，因為他煮的餛飩夾生。

幾名演員決定把廚師救下來。

第二天，宋高宗觀看表演。

兩名演員在臺上互問年齡。一個說是甲子年生的，另一個說是丙子年出生。

第三名演員立即向宋高宗大叫：「陛下，趕快把這兩個傢伙下獄，處死！

宋高宗問他為什麼。

演員說，混沌生要處死，夾（甲）子生、餅（丙）子生也要處死。

宋高宗哈哈大笑，下令把廚師放了。

再說威廉。他跑進森林，下了戰馬，躲在一棵大樹的後面，用手撫摸著戰馬的脖子（防止牠出聲）。看著蓋伊的軍隊從面前呼嘯而過，猜想有四、五十人。

直到這一刻，威廉才相信小丑說的是真的。

除了自己的眼睛，威廉不敢相信任何人。

蓋伊的人馬一走，威廉打馬向南方跑去。他不敢走大路，不敢進市鎮，一直在森林中奔跑。威廉被帶刺的樹枝掛得渾身是傷。他忍住疼痛不敢停歇。

現在是在和死神賽跑。

黎明時分，威廉衝出森林，上百公尺寬的杜沃河攔住了去路。

威廉心中一驚，這可怎麼辦？蓋伊很快就會追到河邊。以我一個人的力量無論如何也對付不了數十名騎兵。

威廉沿著河岸跑，看能不能找到船隻或者橋梁。

這時候，森林裡傳出急促的馬蹄聲。

完了！蓋伊追上來了！

原計劃這個時辰打獵的，沒想到我成了蓋伊的獵物。

威廉一橫心，一咬牙，催馬下河，一步一步踩著水向對岸走去。

蓋伊熟悉地形，比威廉的速度快。他剛追出森林，就看到了河裡的威廉。

「快！快！下水！」蓋伊一邊催促手下的騎兵，一邊衝著威廉大喊，「狗雜種！看你往哪裡跑！」

蓋伊的人馬也跟著叫嚷起來，「狗威廉！雜種威廉！」

威廉回頭看著追兵。現在已經沒有別的辦法，只得緊踢戰馬。可是雙腿已在水下，用不上力。

看著威廉在河裡的狼狽相，蓋伊等人哈哈大笑。

威廉在前，蓋伊的人馬在後，在寬闊的河水中蹣跚而行。

威廉竭力過河。蓋伊卻不著急。現在天光大亮，看你能跑到哪裡去。

這時候旭日東昇，漲潮的時間到了。杜沃河水就像是突然放開閘門的野牛，瞬間奔湧而至。

威廉已經渡河大半，他順著水勢掙扎著到了對岸。這也幸虧威廉沒有穿著盔甲，否則人和馬禁不起洪水的衝擊。

蓋伊的人馬可就慘了，十幾個士兵嚎叫著被沖向下游。

蓋伊等人只得往回撤退，一邊撤退一邊咒罵該死的河水。

威廉疲憊地渡過杜沃河，渾身的傷口被河水浸得生疼。他猛踢馬刺，希望繼續跑起來。可是，他已經沒有力氣了，馬也沒有力氣了。

威廉騎馬艱難地向前挪動，突然看到正前面一人一馬攔住了去路。

威廉使出最後的力氣，舉著劍衝過去，沒想到失足跌落馬下。

前面的人騎馬過來。他跳下馬來一看，不禁叫道，「這不是公爵大人嗎？」

威廉努力睜開雙眼，認出來人是休伯特爵士。威廉擔心蓋伊等人追過來，於是簡短地說道，「有人在追殺我。」

休伯特明白了。他立即把威廉扶上自己的戰馬，兩人一馬向自己的城堡跑去（威廉的馬也不要了）。

威廉太累了，禁不住閉上了眼睛。等他醒過來的時候，發現自己躺在床上。

威廉一骨碌從床上坐起來，環顧四周。

休伯特說，「公爵大人，此地不容久留。您現在就得走。」

威廉只說了一個好字，立即起身向外走去。休伯特跟著出了門。

城堡的院子裡站著三名年輕的騎士。旁邊的僕從牽著四匹高頭大馬。

休伯特說，「公爵大人！這是我三個兒子！他們將一路護送您到法萊斯。」

威廉向休伯特做了一個致謝的動作，然後翻身上馬。

休伯特對三個兒子說，「在公爵大人確保安全之前，你們不要回來！」

威廉帶著三名騎士出城門向南跑去。

逃回法萊斯後，威廉累得不能站立。他躺在床上越想越生氣。

我現在可以騎馬，可以擊劍，我不想再躲了！我不想再忍了！我不想再等了！

威廉打聽到，那天晚上追捕自己的不只是蓋伊一支隊伍。整個諾曼第西部的貴族，如科唐坦子爵和貝信子爵都加入了蓋伊的叛軍。

威廉不想再忍，可是自己的兵力實在太少，在蓋伊的軍隊面前如羊入狼群。

威廉打馬跑到巴黎，跪倒在亨利一世的腳下說道，「陛下！我曾發誓要效忠您，您也發誓要保護我。我現在受到了迫害，請您履行自己的諾言。」

「身為法國國王，我說到一定做到，」亨利一世答道。

西元 1047 年秋天，諾曼第西部的瓦爾斯丘。

威廉的軍隊從東北來，亨利一世的軍隊從東南來，蓋伊的軍隊從西北來，泰松爵士 (Ralph Tesson de Thury) 的軍隊從西南來。四支軍隊在地圖上形成一個「X」的形狀。

威廉和泰松的軍隊先遇上了，他打馬走到陣前。

「泰松！你曾經向我效忠，今天為什麼反對我？」

「我的確向您效忠過。不過，三天前我又向蓋伊發誓，要用劍擊在你的身上。」

「你遵守哪一個？」威廉問他。

「這個……」泰松有些為難。

「那就兩個都遵守。」威廉說。

泰松疑惑地看著威廉。

「快過來，用劍擊打我！」

泰松一催戰馬，來到威廉身邊。他拔出寶劍，在威廉的肩膀上輕輕地敲打了兩下。

然後，他調轉馬頭，對自己的士兵喊道：「從現在起，我又是威廉公爵的人了。」

泰松的士兵一齊喊道：「威廉公爵！威廉公爵！」

蓋伊的叛軍和亨利一世、威廉的軍隊勢均力敵，戰鬥異常激烈。

大地在顫抖、在晃動，戰馬在咆哮、在踢騰。威廉在刺殺，在錘擊。他就像一頭不知疲倦的小獅子，撕咬著，衝撞著。

威廉用盡全身力氣，享受著戰爭的樂趣，復仇的快感。

亨利一世被人打下馬來，侍衛上前救起了他。

一小時之後，叛軍徹底潰敗。蓋伊帶著逃兵來到諾曼第西南的阿朗松。

幾天後，威廉帶著自己的人馬追到阿朗松城外，要求蓋伊投降。

「我投降了，你能給我什麼？」蓋伊在城頭上說。

「我的表親，一切都可以談。」

「表親！我呸！」蓋伊對他身邊的侍衛說，「拿過來！」

侍衛雙手遞上一張牛皮。

蓋伊接過牛皮，伸出城牆晃了晃，然後衝著威廉大聲說道，「這才是你的表親！」

說完，蓋伊和他的士兵哈哈大笑。

威廉就覺得血往臉上湧。他握得手關節嘎嘎作響。

蓋伊一揮手，牛皮落到城下。

「如果你親手替我做雙鞋子，我就投降。」

威廉再也忍不住了，他咬著牙吼著：「攻城！攻城！」

阿朗松城高牆厚。蓋伊的士兵居高臨下，不停地射箭、拋擲石頭、傾倒熱油。威廉的士兵痛得「嗷嗷」嚎叫，傷亡慘重，紛紛撤退。

蓋伊更加得意了。他命令士兵一起大聲喊叫：「雜種威廉，滾出諾曼第！雜種威廉，滾出諾曼第！」

威廉的肺都快氣炸了。

他命人押上來一個瓦爾斯丘的俘虜。

威廉舉起長劍，砍下俘虜的左手，俘虜在哀嚎中昏死過去。看著俘虜不動了，威廉手起劍落，砍下俘虜的右手。俘虜在疼痛中醒來，哀嚎一聲，又昏死過去。接著，威廉砍下俘虜的左腳。俘虜在疼痛中醒來，哀嚎一聲，又昏死過去。最後，威廉砍下俘虜的右腳，俘虜再也醒不過來了。

威廉命令衛兵按照這個程序，對第二個、第三個俘虜行刑。

就這樣，城下的慘叫聲持續了兩個多小時。此時夕陽西下，秋風刺骨，就連生性殘忍的蓋伊都禁不住打了一個冷顫。

三十二個俘虜躺在地上，沒有一個活下來。

只要我聽見雜種兩個字，就得有人死。

「蓋伊，我給你最後一次機會，投降吧。」

「威廉（蓋伊改變了稱呼），俘虜你都殺光了，我看你還能做什麼？」

威廉命令士兵，「抓起地上的俘虜，放進投石車上，扔進城裡。」

一個沒有四肢的「人」飛進城裡，摔在地上，血肉模糊。接著，第二個「人」飛進城裡。

阿朗松的守軍兵嚇得苦膽都吐出來了。

蓋伊不得不打開城門，戰戰兢兢地向威廉投降。

威廉沒有為難蓋伊，只是將他驅逐出境。原因有二。其一，按照慣例，不殺投降者。其二，蓋伊是威廉的親戚。

這場平定諾曼第西部的戰役，史稱「沙丘谷戰役」。這是威廉的處女之戰，也是威廉奠定統治基礎之戰。

戰後，威廉來到康城（Caen）。他發現這座城市具有重要的策略價值。1944 年盟軍在諾曼第登陸後，第一個攻占的目標就是康城。如果把諾曼第比做兩個左右並列的正方形，盧昂是右邊正方形的中心，康城則是左邊正方形的中心。我在康城住過三天，這座城市的確是樞紐，方便到達法萊斯、巴約、利雪等很多城市。

威廉決定在這裡修建一座巨型城堡，作為西部行政與軍事中心，諾曼第公國的副都。今天這座宏偉的城堡還在，可以免費參觀。

威廉封二弟厄德為巴約主教。諾曼第有一位大主教、下轄六位主教。主教是高級神職人員，主管一個地區所有的教堂和教士。

威廉封三弟羅貝爾為莫爾坦伯爵。

三人三地相互倚靠，相互響應，保障了諾曼第西部的穩定。

沙丘谷戰役剛剛結束，威廉就做出一個重大決定，結婚。其理由如下：

第一，威廉藉助亨利一世的軍隊戰勝了蓋伊，但他不想永遠依賴亨利一世。威廉想盡快找一個可靠的盟友。而結婚這種方式最有效、最迅速。

其二，為什麼那麼多貴族勇於反抗威廉？他們認為威廉是單身，說不定哪天就會死於某場戰爭。到時候，諾曼第還不知道屬於誰。如果威廉結婚生子，就是告訴那些貴族。我活著，我是諾曼第公爵。我死了，我兒子是諾曼第公爵。你們就不要抱有任何幻想了。

直白地說，威廉這是出賣自己的「肉體」，置換成金錢和軍隊。

威廉的結婚對象都選好了：佛蘭德伯爵鮑德溫（Baudouin V de Flandre）（簡稱「鮑五」）的女兒瑪蒂爾達（Matilda）（簡稱「瑪蒂」）。

從地緣上看，諾曼第北方是英吉利海峽，東南部是亨利一世的領土。西邊的布列塔尼公國、西南的安茹伯國與諾曼第一直衝突不斷。而東部的佛蘭德伯國是一個強大的諸侯國，疆域包括今天的比利時和法國東北部部分地區。

從血緣上講，瑪蒂是亨利一世的外甥女，甚至是英國國王阿佛烈的後代。還有人告訴威廉，瑪蒂長得很漂亮，擅長刺繡。

「亨利一世的外甥女」，就是這句話打動了威廉。如果和她結婚，我的兒子就有了高貴的法國國王血統。我就成了亨利一世的外甥女婿，他會更加支持我。

婚姻就要門當戶對。門不當，戶不對，那是愛情。

威廉立即派出兩路使者，一路去羅馬拜見教宗，一路去佛蘭德徵詢瑪蒂本人的意見。

普通人結婚需要神父的同意，高貴的人結婚需要主教、大主教的同意，更高貴的人則需要教宗（最高宗教領袖）的批准。

不久，威廉等來兩個壞消息。

教宗良九世（Leo PP. IX）認定威廉和瑪蒂是近親，不准他們結婚。

瑪蒂的母親在嫁給鮑德溫之前，曾經是威廉伯父理查（Richard III, Duke of Normandy）的妻子。其實從嚴格意義上講，威廉和瑪蒂不能算是近親。

歷史學家認為，是羅馬皇帝亨利三世（Heinrich III）指示教宗，否決了這樁婚姻。

為了便於理解，請允許我把當時的西歐局勢做個簡要介紹。

查理大帝（西元 742 ～ 814 年）征戰無數，統一了西歐，被後人稱為「歐洲之父」，以及「紅桃 K」。西元 843 年，他的三個孫子簽署《凡爾登條約》，把西歐分成西法蘭克（法國）、中法蘭克（義大利）和東法蘭克（德國）三個國家。

西元 962 年，東法蘭克國王鄂圖一世自稱為羅馬帝國皇帝，西歐唯一的皇帝。

中法蘭克並沒有形成一個完整的義大利國家，而是由諸多城邦組成。其中，教宗在羅馬掌管全歐洲的宗教事務，聽命於羅馬皇帝。

佛蘭德恰恰位於德國和法國之間。佛蘭德和法國王室的聯姻，已經引起了皇帝的警惕。如果佛蘭德再和諾曼第結盟，那就更不好對付了。皇帝命令教宗否決威廉的婚姻，其目的是削弱佛蘭德的實力。

威廉哪裡會想到，這場婚姻竟然打破了整個西歐的平衡，竟然遭到皇帝和教宗的雙重反對。

瑪蒂小姐也不同意。我身上有英法雙王血統，怎能嫁給一個雜種？

威廉對這樁婚事寄予了很大的希望，一種很快就能統一諾曼第的希望。他為此一直處於極度興奮的狀態當中。

兩盆冷水澆頭，威廉沉默了。

雜種！雜種！雜種威脅我的生命，雜種奪走我的土地。現在，雜種要阻止我的婚姻。

為什麼？我究竟做錯了什麼。

「雜種」已經成了我擺脫不了的魔咒。

父親的聲音在威廉耳邊響起：「如果你輸了，你就是雜種。如果你贏了，你就不是雜種。」

如果我娶不到瑪蒂，我就是雜種。如果我娶到瑪蒂，我就不是雜種。

威廉決定親自出馬。

佛蘭德伯國首府布魯日（Brugge）在佛蘭德語中是「橋」的意思。這座城市水道交叉密布，橋梁高低錯落，人稱「小威尼斯」，是今天比利時最美麗的城市。如果讓我用一個詞形容她，那就是「童話」。

威廉帶著幾個侍從，在布魯日聖救世主教堂的大門攔住了瑪蒂小姐和她的侍女。

「我是諾曼第的威廉，你一定是瑪蒂小姐吧。」威廉說道。

「就是那個私生子啊。」瑪蒂說。

威廉的臉一下就紅了。他下意識地握了握自己的拳頭，無論哪個男人提到這個詞都會受到迎面重重地一擊。

「我是以公爵的身分，正式向您求婚。」威廉故意加重了公爵這兩個字。

「公爵大人，我能問您一個問題嗎？」

「當然！」

「如果我和你結婚的話，生出來的兒子是不是雜種？」

威廉一怔。他突然伸出右手，一把抓住瑪蒂胸前的領口，再一使勁把她拎了起來。

《金氏世界紀錄大全》記載，瑪蒂身高 127 公分，是世界上最矮的王后。1959 年，根據她留下的一塊骨頭估算，其身高應為 152 公分，在中世紀並不算矮。不過，在 180 公分的威廉面前，瑪蒂的確像是一個孩子。

瑪蒂的侍衛抽出長劍。威廉瞪了他們一眼。他們不敢動了。

威廉一鬆手，瑪蒂掉在地上。她踉踉蹌蹌，沒有站穩，一屁股坐在地上，沾了一身的泥 (當時的道路就是黃土)。

圍觀的人群中爆發出哄堂大笑。

瑪蒂滿臉通紅。她爬起來，掄起手臂要和威廉拚命。

威廉一伸手，抓住了瑪蒂的手臂，拉著她緊走幾步，來到自己的馬前。

瑪蒂的侍衛想上前，威廉的朋友拔劍攔住了他們。

威廉把瑪蒂扶到馬上，自己也翻身上馬。

「放開我！我是不會和你結婚的！」瑪蒂一直在掙扎。

「駕！」威廉一踢馬肚，飛奔起來。

威廉的侍衛也上了馬。他們邊跑邊想：公爵大人果然是羅貝爾親生的。看來，這次又要搞出個私生子了。

早有人把消息跑著報告給鮑五伯爵。

這個威廉真是個瘋子，敢在我的地盤上綁架我的女兒！

鮑五伯爵的軍隊很快就追上了地形不熟的威廉，把他們圍在當中。

威廉不想打鬥，怕傷著瑪蒂小姐。他把瑪蒂小姐交給了鮑五伯爵。

經過這番騷動，瑪蒂小姐竟然喜歡上了威廉。

西元 1050 年，威廉和瑪蒂在諾曼第的厄鎮舉行了隆重的婚禮。兩人先後把自己的手放在對方手裡，就像附庸放在主人的手裡一樣。

中式婚禮有一個類似的程序，叫夫妻對拜。我覺得含義是一致的：夫妻平等，互為主僕。

威廉的母親埃爾蕾瓦欣慰地參加了婚禮。她的三個兒子都獲得了令人羨慕的地位。

不久之後，埃爾蕾瓦就去世了。如果不是羅貝爾搶走了她，埃爾蕾瓦就是千千萬萬的無名的「皮匠的女兒」之一。因為羅貝爾搶了她，英國現任女王的身上都有她的血統。

歷史就是這麼神奇。

西元 1051 年，威廉收到一個天大的好消息：英國國王愛德華（Edward the Confessor）要把王位傳給他，要把整個英國交給他。

這真是雙喜臨門！

第三集　王位召喚

寫到這裡，請允許我簡要介紹一下英國方面的情況。

本書所稱的英國，指的是不列顛島南部的英格蘭，不包括北方的蘇格蘭和西部的威爾斯。

自八世紀開始，丹麥、挪威等北歐海盜輪番到英國燒殺搶掠。

西元 1002 年，埃塞爾雷德（Æthelred the Unready）成為英國國王。為了和平，他向丹麥人進貢。

同期，中國大宋國向遼國進貢。

埃塞爾雷德娶法國諾曼第公爵理查一世（Richard I of Normandy）（威廉的曾祖）之女愛瑪（Emma）為妻，其目的是聯合諾曼人（諾曼第人簡稱）對抗丹麥人。

西元 1016 年，丹麥國王克努特（Canute the Great）占領英國。埃塞爾雷德病死，愛瑪帶著兒子愛德華（Edward the Confessor）、阿爾弗雷德（Alfred Aetheling）逃回諾曼第避難。克努特你可能沒聽說過，他的爺爺你肯定知道。你的手機和電腦裡都有他的名字：藍牙（Bluetooth）。

有一次，克努特面對海洋無盡的力量大發感慨。

一位馬屁精官員諂媚地說道，即使是海洋，也要聽命於國王。

是嗎？克努特於是命人搬來一把椅子。他坐在椅子，命令大海不能打溼他的鞋子。

不到一分鐘，克努特的鞋子和褲腳全泡在前浪和後浪裡。

西元 1017 年，愛瑪返回英國，嫁給克努特，再次成為英國王后。愛德華兄弟兩人繼續流亡諾曼第。父親被丹麥人逼死，母親嫁給父親的敵人。莎士比亞（William Shakespeare）以愛德華的故事為原型，創作出經典悲劇作品《哈姆雷特》（*Hamlet*）。

西元 1035 年，克努特病故。

愛德華的弟弟阿爾弗雷德回到英國，想繼承王位。英國威塞克斯伯爵戈德溫（Godwin）殺死了這個可憐的年輕人。隨後，戈德溫扶持克努特的兩個兒子為王。不想，這兩個兒子先後死於西元 1040 年、1042 年。

丹麥國王和挪威國王是克努特的親戚。他們擁有強大的軍隊，本人也驍勇善戰。

與他們相比，流亡在諾曼第的、無依無靠的愛德華能滿足戈德溫繼續掌權的願望。

這一年威廉十四歲。按輩分來講，愛德華是威廉的表叔。他是看著威廉長大的。他喜歡這個好強的孩子。

躊躇滿志的愛德華返回英國之後，悲憤地發現戈德溫大權獨攬，自己不過是個王座上的傀儡。戈德溫還強迫愛德華國王娶自己的女兒伊迪絲（Edith of Wessex）為妻。愛德華覺得自己就像是住在戈德溫家裡的客人。宮廷裡的官員是戈德溫的人。回到臥室，還是戈德溫的人。

愛德華國王怨恨戈德溫，何況兩人還有殺弟之仇。

西元 1051 年，經過多年準備，愛德華向戈德溫宣戰。一開始，愛德華成功地將戈德溫家族驅逐出境。後來，戈德溫率領大軍從海外歸來，迫使愛德華國王回復原狀。愛德華數量不多的支持者全部流亡法國。

不久，戈德溫去世。他的次子哈洛德（Harold Godwinson）（長子已死）掌權，相當於英國首相。

哈洛德比戈德溫更難對付。他既有政治手腕，又有軍事才能，還和藹可親。在擂臺上連蹦帶跳的打拳者都是花架子。那種看著不起眼，笑咪咪的打拳者才是真正的高手。

哈洛德還有四個有實力的弟弟。一個是東盎格利亞伯爵戈斯（Gyrth Godwinson）、一個是肯特伯爵利夫奧文（Leofwine Godwinson）。另外兩個弟弟托斯提（Tostig Godwinson）和烏諾思（Wulfnoth Godwinson），還沒有封號。

除了哈洛德，英國還有兩大家族：北方的諾森布里亞王國和中部的麥西亞王國。

諾森布里亞王國與蘇格蘭王國接壤。兩國之間隔著一道羅馬人修建的長城。這裡就是美劇《權力遊戲》(*Game of Thrones*) 中北境王國的原型。Northumbria 也是北方的意思。

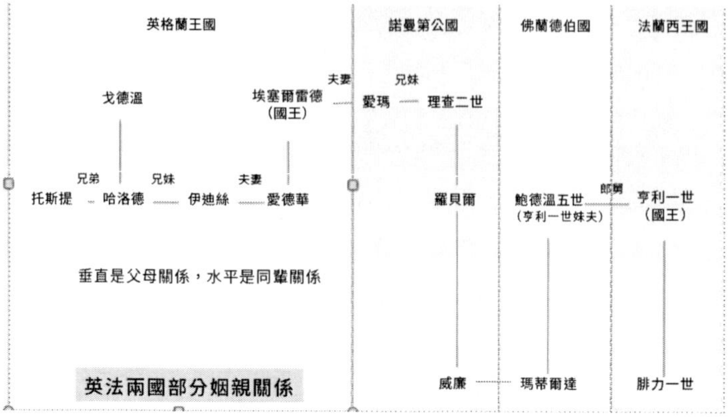

諾森布里亞伯爵（以下簡稱「北境伯爵」）西華德 (Siward) 是世界知名人物，經常出現在影視戲劇當中。他就是莎士比亞四大悲劇作品《馬克白》(*Macbeth*) 中，殺死馬克白的那位英雄。西華德伯爵去世之後，將他廣袤的領地留給了自己的兒子瓦爾夫 (Waltheof, Earl of Northumbria)。哈洛德以瓦爾夫年幼不能理政為由，沒收了他的領地，轉而賜給自己最喜歡、最英俊的弟弟托斯提。

托斯提告別愛德華國王和兄長，高高興興去約克 (York) [02] 上任去了。

哈洛德五兄弟的領地加起來，占英格蘭財政收入的百分之七十。

英國只剩下國弱力微的麥西亞王國了。哈洛德沒把後者放在眼裡，與之維持表面的和平。

英國最高宗教領袖，坎特伯雷大主教斯蒂甘德 (Stigand)，是在哈洛德的推薦下當選的。

[02]　美國的紐約 (NewYork) 就是指新的約克。

哈洛德表面上輔佐愛德華國王，實際上是英國真正的主人。

伊迪絲王后是哈洛德的妹妹。

愛德華國王死後，哈洛德以國舅的身分可以繼續掌權，輔佐自己的外甥。

然而，王后和國王結婚十年了，始終沒有懷孕。

哈洛德知道真相後，大吃一驚。

原來，愛德華從不和王后過性生活。

愛德華也不和別的女人過性生活。

他忍住自己烈火般的慾望，就是要報復哈洛德家族。

愛德華國王沒有孩子，英國王位傳給誰？

在哈洛德的追問下，愛德華國王在一次賢人會議上給出了答案，威廉。

愛德華國王認為，威廉年輕，有軍隊、有土地、有妻子、有盟友。他成為英國國王之後，可以毀滅哈洛德家族，為我復仇。

賢人會議成員由英國大貴族和主教、大修道院院長構成，集中了全國的權貴。賢人會議的決議相當於法律。

哈洛德顯然不會同意國王的決定。他開始尋找一位能取代威廉的繼承人。

西元 1152 年，瑪蒂夫人為威廉生下一個胖嘟嘟的男孩。

威廉毫不猶豫替兒子取名叫羅貝爾，紀念他的父親。

諾曼第公國有了繼承人，民眾個個興高采烈，企圖篡位的貴族則垂頭喪氣。

沒有教宗的批准，威廉的婚姻是非法的，羅貝爾也是雜種。

諾曼第貝克修道院[03]院長蘭弗朗克 (Lanfranc) 服從教宗的旨意，始終不承認威廉的婚姻。

威廉派人砍了貝克修道院一百棵樹。

蘭弗朗克仍然不屈服。

威廉下令把蘭弗朗克驅逐出境。

蘭弗朗克穿著一身又髒又爛的衣服，騎著一頭瘸驢出發，半路上遇上了威廉。

威廉斥責他故意拖拖拉拉。

蘭弗朗克對威廉說，我的老驢當然不能和你的西班牙快馬相比。

威廉說，我可以把快馬給你，你能給我什麼？

蘭弗朗克說，我能更快地離開你。

威廉怒氣沖沖說道，「我娶瑪蒂夫人難道是一種罪行嗎？」

「是的！教宗已有定論。」

---

[03] 修道院就是一些虔誠的教徒，跑到最偏遠的地方，建立起侍奉上帝的處所。在那裡，他們天天讀經禱告，天天勞動工作，過著最貧窮最簡樸的生活。

「上帝能寬恕任何罪行。你能不能懇求教宗原諒我？」

蘭弗朗克點頭同意。

威廉緊繃的臉部鬆弛了。他下了馬，走上前和蘭弗朗克擁抱。隨後，他把蘭弗朗克扶上自己的戰馬，對他說：「回貝克修道院換一身好衣服。明天我派四名騎士到修道院，一路護送你到羅馬。事情辦成了，我給貝克修道院加倍的土地，我給你你想像不到的前途。」

現在，威廉上有法王亨利一世的支持，下有菲茨奧斯本、羅貝爾和厄德兩個弟弟，以及蒙哥馬利（Montgomery）等一批貴族的輔助，內有民眾支持，外有佛蘭德盟軍。

近兩年來，威廉利用諾曼第西部的騎兵和稅金又打贏了幾場戰爭。他信心大增，開始謀劃如何統一諾曼第全境。

威廉的心情，可以套用電影《英雄本色》裡的一句臺詞：

我等了十幾年，就是想等一個機會，我要爭一口氣，不是想證明我了不起，只是要證明我失去的東西，我一定要奪回來。

我要奪回我的草，我的小木劍，我的公國。

朱吉米斯修道院院長從英國來到諾曼第，當面告訴威廉，愛德華國王要將英國王位傳給他。

威廉是「握草不放」的人，對土地和財富的態度歷來都是來者不拒，多多益善。

他欣然接受了愛德華國王的「大禮」。

英國有比諾曼第更多的財富和上萬名士兵，可以幫助我實現諾曼第的統一。

威廉高興得太早了。他沒想到一場滅頂之災即將到來。

威廉的崛起引起了法王亨利一世的警惕。

法王領地和諾曼第有漫長的邊境線，共享著塞納河，實際上是一對傳統的敵人。亨利一世支持威廉的目的是控制他、利用他。現在威廉羽翼漸豐，企圖單飛，看樣子早晚會變成一個強大的對手。

亨利一世不能等待威廉坐大。他立即把威廉最大的敵人，塔盧伯爵召到巴黎。

塔盧伯爵對威廉的仇恨最深。他是羅貝爾的合法弟弟。按理說早在西元 1035 年他就是第七代諾曼第公爵了。這些年來他像個「國王」一樣管轄著自己的領地，既不向威廉效忠，也不向威廉納稅。

兩人商議結果如下：

1. 亨利一世賜塔盧伯爵為新的諾曼第公爵。
2. 亨利一世率領人馬沿塞納河北上，他的弟弟安都率領人馬南下。南北兩軍到塔盧的阿爾克城堡匯合，集中優勢兵力，一戰而全殲威廉。

此時威廉才意識到，愛德華將英國王位傳給自己，看起來完全是一場災難。三路敵人已經來到城下。陷入哈洛德家族包圍的愛德華國王不能提供一兵一卒。

雖然塔盧從不向自己效忠，但威廉忌憚他的軍力，不敢向他開戰。

至於亨利一世，威廉一直視之為自己的主人。

今天的威廉不比以往。他不僅要保護自己，還要保護自己的妻子，自己的兒子。

威廉反覆盤算，最後痛苦地得出結論：

無論如何，我都無法戰勝亨利一世和塔盧的聯軍。

威廉打馬跑到巴黎，跪倒在亨利一世的腳下，苦苦請求國王不要和塔盧結盟，不要入侵諾曼第。

亨利一世傲慢地說，你把諾曼第公國交給塔盧。我在諾曼第之外替你找一塊土地，並保護你。

以威廉的「握草」性格，當然不會答應。他在極度無奈之中回到盧昂，硬著頭皮準備迎接挑戰。

面對三路強敵，威廉的策略是在南北兩路軍匯合之前，以閃電般的速度擊敗塔盧伯爵，以此威懾南北兩軍。如果他們為此而退兵，這將是最好的結果。

時間急迫。威廉回到盧昂後不敢耽擱，召集軍隊立即出發，一路狂奔，累死了兩匹馬。到達阿爾克城下的時候，威廉回頭一看，身後只跟著六人六騎。

此時，阿爾克城外有一百多名塔盧的士兵剛剛搶劫村民回來。他們押送著牛羊、葡萄酒、還有淡水，準備送進城堡，做長期防禦的準備。

威廉帶著六個人直接衝上去，邊衝邊喊，「我是你們的公爵！請立即放下武器！向我投降！」

這夥人被從天而降的威廉嚇傻了。一百多人沒有一個敢反抗。他們丟下物資狼狽逃進城去。畢竟，阿朗松的恐怖故事已傳遍了諾曼第全境，無人不知。

越來越多的威廉士兵趕到了，將阿爾克城堡團團圍住。

威廉衝著城上的塔盧喊道：「我的叔叔，放下武器吧，我可以答應你的條件！」

「你能把諾曼第公國給我嗎？」

「不能。你可以換一個（條件）。」

「換一個？」塔盧想了想，有了。他接著說道，「如果你敢當著城上城下的人，喊一聲我是雜種，我就立即打開城門。」

威廉的臉瞬間就紅了，他沒有說話，似乎在醞釀著什麼情緒。

「怎麼樣，答應不答應啊，」塔盧有些得意，他笑著看了看身邊的人。那意思是說，你看我，我抓住威廉的把柄了。

「威廉！快叫吧！大聲一點！你不答應我的條件，你就是破壞和……」

塔盧的話音未落，威廉突然大喊三聲：「我是雜種！我是雜種！我是雜種！」

有時候，越辯解越失敗。承認是最大的防禦武器、反擊武器。

這麼多年來，我聽到最有道理的一句話就是：

不要因為有人罵你而生氣，因為你比他們所知道的要壞得多。

所有人的眼光都投向塔盧。

塔盧的笑聲戛然而止。他的喉嚨卡住了。如果他不打開城門，那他就是諾曼第和平的破壞者，還是一個不講信用的人。

一個當眾違背諾言的人，誰還願意支持他成為諾曼第公爵呢？

塔盧懊悔地打開了城門。

威廉就像對待蓋伊一樣，把塔盧驅逐出境。

亨利一世和安都很快得到了阿爾克城投降的消息，但是他們並不在意。在他們眼裡，威廉的軍隊少得可憐，不堪一擊。

威廉不能同時和南北兩路法軍開戰，他帶著數量有限的軍隊迎著亨利一世而去。

安都的北路軍一路暢通。他們想殺就殺，想燒就燒，哼著下流歌曲就占領了莫蒂默。白天，他們洗劫了這座城市。晚上，他們喝得爛醉，抱著女人沉沉睡去。

諾曼軍隊表面上是迎著亨利一世的南路軍去的，但威廉的眼睛一直盯著北路軍。眼看就要與亨利一世的軍隊正面遭遇了，威廉突然虛晃一槍，率領全部軍隊調頭向北路軍出發，並在半夜到達莫蒂默城外。

威廉一聲令下，諾曼軍隊殺向幾乎沒有任何防備的北路軍，就像野狼衝進羊群一樣，專咬喉嚨，一口一個。

安都在自己的護衛拚死保護下逃了。

威廉不敢在莫蒂默停留。諾曼士兵擦乾刀斧上的血跡後，又調頭奔向亨利一世的南路軍。

天亮之後，威廉與亨利一世的軍隊正面相遇。

亨利一世還不知道北路軍覆滅的消息。他想等安都的消息，於是約定兩天後開戰。

當天吃罷午飯，菲茨奧斯本帶著小丑等十餘人悄悄地登上法軍駐地背後的一座小山，在樹林中早早睡下。午夜時分，菲茨奧斯本把眾人叫醒。

此時，法軍士兵個個睡得東倒西歪，打鼾聲此起彼伏，放屁聲抑揚頓挫。

突然，在寂靜的夜裡，響起一聲長長的哀嚎。

「嗚 —— 嗚 —— 嗚嗚嗚嗚 —— 」

「媽的！誰哭喪呢！」被吵醒的法軍士兵破口大罵，翻了個身。

聲音停了，法國士兵接著睡。

他們剛剛進入夢鄉，「嗚 —— 嗚 —— 嗚嗚嗚嗚 —— 」哀怨的哭聲再次響起。

這他媽沒辦法睡了，法國士兵個個怒氣沖沖。

「莫蒂默的法國人全都被威廉公爵的人殺死了。」小丑的聲音男不男，女不女，又細又尖，在寧靜的夜裡特別有穿透力，就像在刮人的耳膜。

「我的頭掉了，我的腿斷了，我的肚子破了。」小丑的聲音顫抖起來，充滿著疼痛和恐懼。

菲茨奧斯本敬佩地看著小丑。真是術業有專攻啊。

「我的法國弟兄們，快起來吧！快跑吧！凶惡的威廉殺過來了，快跑吧！」

這句話就是訊號。威廉示意，掌旗官一揮大旗，所有諾曼士兵大喊起來，隨著喊聲衝向亨利一世的大寨。

法軍大營沒有人敢睡覺了。所有人都在找衣服，穿鞋子。有的找不到自己的衣服就搶別人的衣服。有的找不到鞋子，乾脆光著腳跑吧。

亨利一世想穩住軍心，自己都穩不住了。跑吧！他帶著一支騎兵向南方跑去，狼狽地渡過伊普河。

威廉的軍隊追上就殺，殺完再追，一直追到伊普河邊。

這時候天近黎明，水面暴漲，把正過河的法軍士兵急速沖向下游。

法國士兵進退兩難。他們根本無力抵擋殺氣騰騰的威廉追兵，以及滔滔洪水。鮮血把水面染紅，屍體壅塞了河道。

亨利一世在對岸看著自己的士兵就像羔羊一樣被人屠殺，急得在岸邊捶胸頓足。

「快！給我一艘船，我要回去！」

「陛下！我們沒有船。就算是有船，又能把幾個人運回對岸呢？」

「我不管。我要和我的士兵在一起。」亨利一世跪倒在地，大哭起來。

威廉在河邊俘虜大量法國官兵。

在當時，處理俘虜的方式是向家屬索要一大筆贖金，然後放人。

威廉卻想了一個可以說是有些滑稽的辦法。他命令這些俘虜在伊普河上修一座橋。橋修好了，俘虜就可以回家了。

這個辦法得到了全體俘虜的熱烈擁護（省錢了）。

「莫蒂默之戰」，是威廉的生死存亡之戰。

戰後，威廉逐漸恢復了對諾曼第東部的統治，全面控制了諾曼第。

西元 1057 年，不甘失敗的亨利一世拉著安茹伯國的鐵錘伯爵一起入侵諾曼第。威廉在瓦拉維爾把他們擊潰。

西元 1058 年，威廉收復了被亨利一世侵占多年的蒂利耶爾。

西元 1059 年，在蘭弗朗克的斡旋下，教宗尼閣二世（Nicolaus PP. II）終於批准了威廉的婚姻，條件是威廉夫婦出資在康城修建一男一女兩座修道院。這是一場重大勝利，它意味著威廉，包括他的兒子羅貝爾，都有了合法的身分。

今天的康城市中心坐落著威廉修建的巨型城堡，城西有高大的哥德式男子修道院，城東有古樸的羅馬式女子修道院。康城因此得名「愛情之城」。

西元 1060 年，亨利一世第三次和威廉開戰，第三次失敗。

亨利一世因氣致病，臥床不起。

8 月 4 日半夜，他從夢中醒來，呻吟著說道，「水！給我水！」

正值夜深，醫生都回家休息了。侍衛不敢怠慢，趕緊從桌上拿起一杯水，送到國王嘴邊。

亨利一世張開嘴，咕嘟咕嘟喝了幾大口。不一會兒，他就覺得腹痛難忍，在床上連喊帶叫，掙扎了幾下，不動了。

侍衛事後才發現，國王喝的是瀉藥。

同年，威廉的老對頭鐵錘伯爵病逝。威廉兩大外部敵人同時攜手離去。

諾曼第公國南部和安茹伯國北部中間有一個緬因伯國（美國的緬因州就是因為這個緬因命名的）。其首府勒芒是一座漂亮的古城，至今還保存著羅馬時代的城牆。緬因伯國原屬安茹伯國的勢力範圍。鐵錘伯爵死後，安茹伯國內部陷入繼位之爭。威廉趁機攻占緬因伯國，並封長子羅貝爾為緬因伯爵。

1060 年，八歲的法國王太子腓力在蘭斯舉行了加冕儀式，史稱「腓力一世」（Philip I of France）。

威廉在加冕儀式上看得比任何人都認真。他默默地想，有朝一日，我也會在英國的教堂裡加冕為王。

看著看著，威廉突然笑了。因為他發現了一個解決雜種身分的辦法。

公爵是國王賜封的，國王卻是上帝賜封的。

如果我成了英國國王，那麼一定是經過上帝同意的。上帝既然同意我為英國國王，那上帝就赦免了我雜種的身分。

這一年威廉三十二歲，愛德華國王將近六十。

神聖的英國王位，我什麼時候才能得到你？

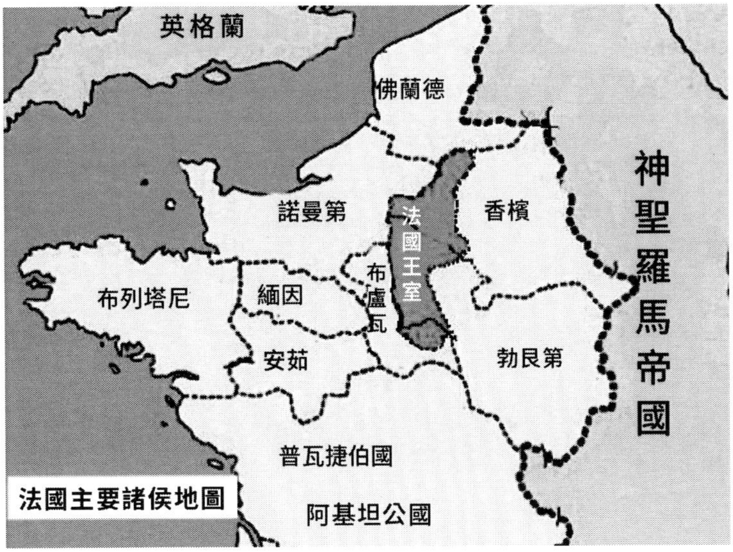

法國主要諸侯地圖

諾曼第部分歷史事件地圖

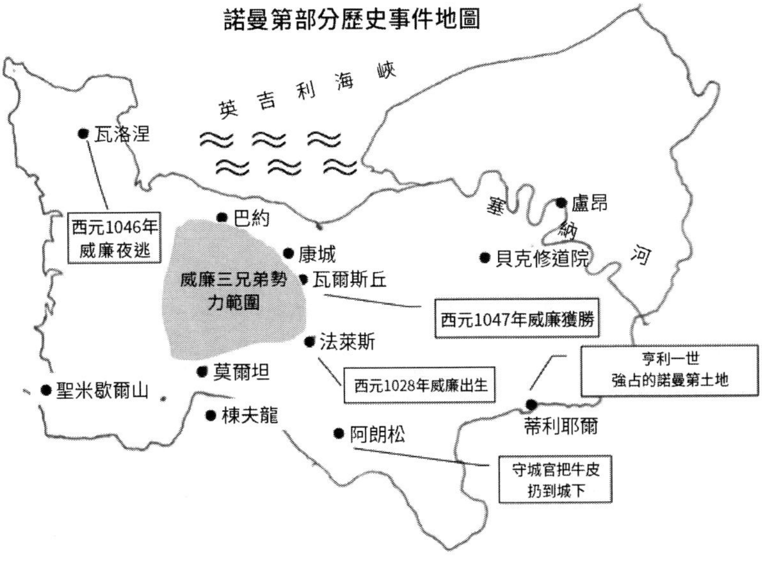

威廉公爵

瑪蒂夫人

法國國王亨利一世

哈洛德伯爵

第四集　雙雄會

愛德華國王宣布將王位傳給威廉的時候，哈洛德沒有當面反對。一來，他從不與國王發生直接衝突，而是視情況進展再調整策略。二來，謹慎的他想在了解威廉之後再下結論。當威廉大勝亨利一世和塔盧聯軍的消息傳到英國，哈洛德發現威廉和愛德華國王有三個不同。

第一，國王幾乎沒有上過戰場，威廉卻身經百戰，幾乎百勝。

第二，國王沒有自己的武裝力量。威廉在諾曼第有一支強大的軍隊。

第三，國王信仰虔誠，性格柔弱。威廉完全相反，強硬殘暴，絕不允許任何人挑戰他的權威。

哈洛德把戈斯、托斯提、利夫奧文和烏諾思叫來一起商議。五兄弟達成三點共識：

第一，以威廉強硬的性格，絕對不會甘當「傀儡國王」。

第二，以威廉貪婪的性格，絕對不會允許哈洛德家族坐擁如此眾多的財富。

第三，絕不能接受威廉為王位繼承人。

當年，愛德華國王打敗了戈德溫，五兄弟都有流亡國外的悲慘經歷。這種情況絕不能發生第二次。

可是愛德華國王沒有兒子、沒有兄弟，英國王位傳給誰呢？丹麥國王、挪威國王和先王克努特有血緣關係。不過，他們驍勇善戰，和威廉沒什麼區別。

只有找一位無權無勢的傀儡國王，或者未成年的小國王。

哈洛德告訴四個弟弟，不要在愛德華國王面前提繼位的事情，不要向別人提英國王位的事情，當務之急是尋找一位比威廉更合適的王位繼承人。

皇天不負苦心人。

這個人也叫愛德華，是愛德華國王的親姪子。西元 1017 年，克努特大帝在位的時候，把他流放到歐洲大陸。羅馬皇帝亨利三世 (Heinrich III) 收留了他，安排他娶了基輔公國的公主，定居在匈牙利。

哈洛德大喜，立即派使者前往歐洲，還真的找到了愛德華 (史稱「Edward the Exile」，簡稱「流亡者」)。

儘管使者百般勸說，流亡者就是不想回英國。他說自己既沒有能力，也沒有興趣當這個英國國王。

哈洛德心想，你不回來，我們五兄弟都得死。我要親自去歐洲大陸請你，綁也要把你綁回來。

哈洛德首先拜訪了亨利三世皇帝。他勸皇帝說，您如此厚待愛德華，不就是希望他有一天成為英格蘭國王嗎？現在，全體英國人民都視他為真正的王位繼承人，請您勸他回國。

亨利皇帝覺得有道理，寫信給流亡者。

流亡者收到羅馬皇帝的信後，不能再拒絕了。回英國不是願意不願意的問題，這是聖旨。

流亡者攜全家長途跋涉，歷經坎坷，終於平安抵達英國的多弗。他還沒有來得及見哈洛德，也沒有見他的叔叔愛德華國王，就直接見上帝去了 (因水土不服病逝)。

哈洛德垂頭喪氣。花了幾年的時間，就接回一具屍體。

他轉念一想，又高興起來。流亡者對英國一無所知，將來事事要依靠自己。但他畢竟是一個四十多歲的成年人，不是那麼容易控制的，何況背後還有皇帝。至於他的兒子，六歲的埃德加 (Edgar Ætheling) 就不同了。只要我像他的父親一樣照顧他，到時候我說什麼他都不會反對的。

愛德華國王五十六歲（西元 1060 年），埃德加只有六歲。說不定老國王駕崩的時候，埃德加還沒有成年，由我代為攝政也是順理成章。

和威廉相比，埃德加有兩點壓倒性的優勢。

第一，埃德加身上流淌著古老的英國王室血脈，而威廉身上一丁丁點點都沒有。和皇帝有血緣關係的，是親，有繼承權。和皇后有血緣關係（除皇子外）的，是戚，無繼承權。中國有句話叫皇親國戚。威廉只能勉勉強強沾點國戚的邊。

第二，埃德加的背後是羅馬皇帝。威廉反對埃德加，就是反對皇帝，反對歐洲勢力最強大的人。

哈洛德還有一個超級武器，那就是好友坎特伯雷大主教斯蒂甘德。任何人加冕都要經他的手。

哈洛德從血緣、法律、外交、宗教等各個方面堵死了威廉踏入英國為王的道路。至於軍事，英國的領土和人口比諾曼第多得多。英國還有一個諾曼第不具備的優勢，她周邊沒有敵國。也就是說，威廉找不到盟友。

愛德華國王自從和哈洛德家族鬥爭失利之後，心灰意冷，逐漸淡出政務，對國事幾乎不聞不問。他藉著喝酒、打獵、開玩笑來發洩自己的不滿。終於有一天，他了解到不能揮霍自己的人生，以無能昏君的面目離開人間，於是他決定把全部精力用來做一件事情，敬拜上帝。

從清晨到深夜，他不是在教堂，就是在前往教堂的路上。由於虔誠的名聲，愛德華國王在國內的威望越來越高。有很多平民賄賂國王的侍衛，購買愛德華的洗澡水，用來替盲人洗眼睛，或者讓皮膚病人塗抹。

西元 1064 年，愛德華國王年過六旬。他自覺大限將至，應該為威廉加冕做一些準備工作了，於是叫來哈洛德，命令他到諾曼第向威廉效忠，承認威廉為英國王位繼承人。

愛德華國王認為，哈洛德只要承認威廉為王儲，並發下誓言。上帝就會監督哈洛德，不讓他背叛威廉。

哈洛德一口答應。他吩咐戈斯、托斯提、利夫奧文三兄弟留守英國，自己帶著最小的弟弟烏諾思去諾曼第。出發地點定在英國海港城市博沙姆。

藍天白雲，微風拂面，冷熱適中，真是一個航海的好天氣。

上船之後，烏諾思拉著長臉對哈洛德說，「哥哥，你真的要向威廉發誓？效忠於他？違反誓言可是要遭受上帝懲罰的。」

「我當然不會向威廉發誓。」

「那威廉要是囚禁我們，逼迫我們怎麼辦？」

哈洛德詭異地一笑，說道，「我向你保證，這種事情不會發生。」

烏諾思搖搖頭。

大船乘風快速向諾曼第駛去。

中午，廚師端上酒肉。哈洛德談笑風生，烏諾思卻沒有食慾。

「我的弟弟，高興一點。」哈洛德說。

「讓我高興的方法只有一個，不去諾曼第。」烏諾思抱怨道。

「那我們就不去！」哈洛德對船長大聲說，「調頭，返航！」

「遵令！」船長向舵手發出信號。

烏諾思吃了一驚，「哥哥，你說不去就不去啊！」

「白痴！」哈洛德一笑說道：「我從來就沒有打算去諾曼第，也不想見那個雜種威廉。」

「可是，你如何向國王交代呢？」

「我的確去了。海上天氣不好，我只好回來了。」

「連我都瞞著，」烏諾思終於敢笑了。

這就是哈洛德。他是一個表面隨和，內心卻非常堅持己見的人。

也就十來分鐘的工夫，好端端的天氣突然烏雲壓頂、電閃雷鳴、狂風暴雨，巨浪滔天。船隻劇烈顛簸，隨時就要傾覆。

眾人緊緊抓著船舷，嚇得臉色慘白。久經沙場的哈洛德也緊張起來。

千萬不要欺騙老天爺。

搖搖晃晃，也不知道過了多長時間，突然有人高喊：「陸地！那邊有陸地！」

落湯雞們掙扎著爬上了岸。

兩個漁民看到他們，迅速報告了當地官員，皮蒂耶伯爵蓋伊。

皮蒂耶屬於諾曼第，蓋伊是威廉的附庸。他帶著士兵把哈洛德等人押入監獄。

哈洛德向蓋伊抗議，我們是來自英國的客人，不是俘虜。

蓋伊說，這片海裡的東西，海龜、海蟹、海老鼠，都是我的。

哈洛德說，你瞪大眼睛好好看看，我們是人，不是什麼海老鼠！

蓋伊說，人也一樣。你們遭遇風暴，肯定是受了上帝的詛咒。

哈洛德說，惡魔才詛咒人，上帝只會幫助人。

蓋伊說，你說得再好聽我也不會把你放出來。快派一個代表回英國取贖金吧。錢一到我就放人，絕不食言。

機關算盡，反而成了威廉的階下囚。

這可怎麼辦？

哈洛德用英語吩咐委派的代表，不要回英國，立即去盧昂向威廉求救。

多掌握一門語言真的能救命啊。

威廉收到哈洛德的求救訊息，大吃一驚。

哈洛德來到諾曼第之前，威廉是否去過英國？歷史學家有兩種觀點，一種觀點認為威廉沒有去過英國。另一種觀點認為，西元 1051 年，應愛德華國王邀請，威廉曾在英國短暫停留。無論哪種觀點，在西元 1060 年之前，威廉正在為自己的生存奮鬥，沒有精力關注英國。

西元 1060 年，法王亨利一世駕崩之後，威廉的外部威脅解除了。他有更多的時間去了解英國國內的局勢。特別是參加完腓力一世的加冕儀式後，威廉對英國的事情更加上心了。

威廉已經了解到，哈洛德是一個不得不面對的強大人物。可以說，他守著威廉登上英國王位的大門。只要他點頭同意，威廉可以兵不血刃，順利加冕為王。如果哈洛德反對，即使動用一支龐大的軍隊，也未必能夠戰勝他。

從哈洛德接回流亡者一事可以看出，他已經拒絕了我。他已經是我的敵人。

沒想到哈洛德今天竟然自投羅網。我該拿他怎麼辦？

殺？囚？放？

殺了哈洛德，他的幾個兄弟還在。他們視我為殺兄仇人，必定會團結一心，與我奮戰到底。殺了哈洛德，斯蒂甘德大主教會宣判我是罪人，號召英國全體神職人員反對我。殺了哈洛德，英國人民會認為我是一個殘忍的暴君。哈洛德是一個人，他的背後是英國的貴族、教會和人民。

不能殺。

囚禁他？什麼罪名？囚禁到什麼時候？

放了哈洛德？即使放了他，他也不會感激我，更不會支持我到英國稱王。

哈洛德，我該拿你怎麼辦？

乾脆，我們見上一面。我倒要看看你是個什麼樣的人物。

威廉命令蓋伊立即把哈洛德送到盧昂。

蓋伊說，我還沒收到贖金呢。

威廉說，我給你贖金。你馬上把哈洛德從監獄裡請出來，好好款待。

威廉和瑪蒂夫人、兒子羅貝爾、盧昂大主教、弟弟莫爾坦等諾曼第貴族穿著華麗的衣服，出城十里，以迎接國王的陣勢，隆重歡迎哈洛德。

一見哈洛德，威廉大步上前，雙臂緊緊抱住他，左右各貼一下他的臉頰，就像是見到一位失散多年的親兄弟。

威廉放下雙臂，這才仔細打量哈洛德。只見他留著紅色的長髮，長著一張方形厚實的臉，嘴巴上面的八字鬍還向上翹起，顯得很滑稽。

哈洛德打量著威廉。只見他留著褐色的短髮，眼睛又黑又亮，鼻梁又高又直，後腦的頭髮剃得精光，顯得很滑稽。

威廉向哈洛德介紹自己的妻子、兒子，以及諾曼第的權貴。

然後，威廉拉著哈洛德的手說，宴會已經準備好了，請大人隨我進城。

「奏樂！」喇叭嘀嘀嗒嗒吹起來，手鼓咚隆咚隆敲起來。

盧昂公爵府的大廳上方掛著像樹枝一樣的水晶吊燈，牆上貼著彩色的掛毯。

威廉和哈洛德坐在中間，瑪蒂夫人和哈洛德的弟弟烏諾思坐在兩邊。主教和貴族們居於兩側。

桌上擺著精緻的美食；有各種形狀的麵包，冒著熱氣的烤肉，香醇的美酒，種類繁多的水果和令人垂涎的蜂蜜蛋糕。

「嘀 —— 嗒 —— 嘀嘀 —— 嗒嗒」，傳來一聲高昂的喇叭聲，人們紛紛避讓。

哈洛德納悶，什麼重要人物來了？

四個人推著一輛車走進來。車上是一隻孔雀，還開著屏。

這是諾曼第最珍貴的菜品。頭和脖子、尾巴是孔雀標本，中間的身體是菜餚。

宴會上，威廉對哈洛德不斷勸酒，不斷恭維。

哈洛德呢，對威廉不斷感謝，不斷讚美。兩個人都不提政治外交大事。

晚上回到房間，哈洛德難以入眠：威廉究竟是什麼意圖？看來他不想要我的性命，他到底想從我這裡得到什麼？我一定要謹言慎行，不讓他留下什麼口實。

晚上回到房間，威廉難以入眠：哈洛德是一個什麼樣的人，能不能信任？能不能做我的朋友？能不能將來支持我為英國國王？

從第二天開始，威廉放下手中一切事務，天天陪著哈洛德。今天野外狩獵，明天參觀城堡，後天比賽射箭。

白天，兩人滿臉笑容，親如兄弟。

晚上，兩人皺起眉頭，相互猜忌。

威廉不想馬上提英國王位的事情，以免造成兩人關係的尷尬。哈洛德呢，假裝什麼都不知道。過了幾天，兩個大男人就沒有什麼話說了。

為了打破沉悶，威廉讓瑪蒂夫人上陣。

說起來，瑪蒂夫人和哈洛德還是親戚。瑪蒂夫人父親的妹妹是哈洛德弟弟托斯提的妻子。身為女人，瑪蒂夫人比威廉有更多的談資，比如親戚朋友，子女生活、奇聞軼事。哈洛德風度翩翩，語言幽默，逗得瑪蒂夫人咯咯直笑。

有幾次，瑪蒂夫人和哈洛德聊到深夜還不回來，氣得威廉獨自在房間裡生悶氣。

就在這個時候，布列塔尼公爵康南（Conan）突然率軍入侵諾曼第邊境。康南的父親就是為保護威廉而死的布列塔尼公爵阿蘭。

威廉不得不率軍前去抵抗。他為自己的出征向哈洛德表示歉意，並委託瑪蒂夫人陪伴、照顧哈洛德。

「既然諾曼第發生了如此危險急迫的事情，而我在這裡只能給公爵大人增加麻煩。我看我還是回國為好，下次再來拜訪大人。」哈洛德靈機一動，想出一個脫身的藉口。

「不！您不能走。別人會責怪我們諾曼第人沒有禮貌的。」威廉盯著哈洛德。

「請讓我與您一起出征吧！」

「我怎麼能讓貴客置身生死之地，我不能這麼做！」

「您待我如同至友，就讓我為您做一件事情吧，否則我會愧疚不安的。」

「好吧。」威廉一想，這也是一個觀察、考驗哈洛德的機會。

哈洛德在諾曼第待了一個月，就像困在囚籠裡的野獸。他把滿腔怒火都發洩在布列塔尼人身上。

在現存的一份歷史文獻中有這樣一幅圖畫。哈洛德揹著一名受傷的諾曼士兵，又伸手把一名陷入淤泥的諾曼士兵拉出來。

威廉偷偷觀察哈洛德，心想，哈洛德真是一員神力猛將。

哈洛德偷偷觀察威廉，心想，威廉真是一名優秀統帥。

占領布列塔尼的雷恩之後，威廉下令屠城。

諾曼貴族感到很疑惑。近幾年來，威廉公爵總是原諒那些反叛的人。

哈洛德也被眼前血腥的景象驚呆了。早就聽說威廉是一個殘暴的人，果然不假。

威廉這是在演戲給哈洛德看。你忠於我，我對你很好。你反叛我，我血腥鎮壓。

巴頓（George S. Patton）將軍崇拜威廉，用威廉命名他的狗。他專門考察了威廉在布列塔尼戰鬥中使用的道路，發現當年的道路依然能夠使用。

平叛之後回到盧昂，威廉冊封哈洛德為騎士。

威廉站立，手持一把長劍。哈洛德單膝跪在威廉面前。威廉說道：

強敵當前　不畏不避

勇敢真誠　無愧上帝

不說謊言　直至辭世

永誌不忘　今日我誓

說完，他用劍背在哈洛德的肩部敲擊了三次，哈洛德跪著說道：

我發誓：

對抗強暴　糾正不義

永助弱者　有求必應

以誠交友　善待兄弟

不傷女人　忠於我愛

哈洛德站起來。威廉把手中的長劍賜給他，並贈送給他一根白蠟桿長矛，一面繪有兩頭獅子的盾牌，一對金馬刺（穿在腳上踢馬肚用的，相當於汽車的油門）。

哈洛德知道，做騎士的代價，就是承認威廉是自己的領主。

威廉還是覺得自己和哈洛德的感情不夠深厚，關係不夠密切。他絞盡腦汁，想出一個好主意。

有一天，威廉對哈洛德說，大人，我想介紹一個人給你。

哈洛德心想，諾曼第的貴族我大都見過了，這次又要向我介紹什麼人呢？

威廉舉起雙手，拍了三下。

瑪蒂夫人拉著一個小女孩走了進來。

「這是我的女兒阿德莉薩（Adeliza），」威廉問瑪蒂夫人，「八歲還是九歲？」

「八歲。」

威廉笑著對哈洛德說，「我想把她許配給您做妻子，不知您是否願意。」

「公爵大人！您知道，我已經有一個妻子和五個孩子了，」哈洛德連忙回絕。他暗想，這肯定是威廉拉攏我，或者制約我的手段。

威廉說，我知道您是丹麥婚。

所謂丹麥婚，是指身分高貴的人不用結婚就可以和自己喜歡的女人住在一起，生兒育女，如同夫妻一樣。一旦出於事業和感情的需求，他可以隨時拋棄前者，和別的女人結婚。當然，如果他不和別人結婚，那前者就是他的妻子。

「您知道，我都四十二歲了，」哈洛德還想推脫。

「難道您覺得我的女兒不好，或者配不上您？」威廉提高了語調。

「不不不！恰恰相反，能娶到您的女兒是我的榮幸，」哈洛德趕緊答道。他暗想，我不能當面惹怒威廉。反正阿德莉薩還小，結婚至少也是幾年之後的事情。

儘管哈洛德的弟弟的妻子的兄弟是威廉的岳父，儘管哈洛德的妹夫的媽是威廉的爺爺的妹妹，儘管哈洛德比威廉年長八歲，反正從現在起，哈洛德就是威廉的女婿了。

從另一個角度講，哈洛德是自己弟弟托斯提的外孫輩親屬。恕我不知道這種關係怎麼稱呼了。

「您有幾個女兒？」威廉問自己的「女婿」。

「三個。」

「您是否願意將您的一個女兒嫁給諾曼第的貴族。」

「我願意。」

威廉的提議，實際上是向哈洛德索要一個人質。

威廉一味地討好哈洛德，使用了三種手段：天天相處，培養感情；花費巨資，經濟「賄賂」；送出女兒，結成親人。

這些都是激勵手段。威廉沒有約束手段。

什麼是激勵手段？什麼是約束手段？

我舉個例子。

一個王子想要得到公主的身體。於是他送給公主一個比西瓜還大的鑽石。公主的內心是同意的。出於女孩子的矜持，她決定第二天約會時再把身體獻給王子。

當天晚上，歹徒掏出匕首，強姦了公主。

鑽石就是激勵手段，匕首就是約束手段。

威廉送給哈洛德很多鑽石，但沒有匕首。

一旦把哈洛德放回英國，威廉就沒有手段控制他了。

有一天，威廉收到愛德華國王的一封書信。他聽人讀完之後，心中大喜。威廉把信送給哈洛德。

哈洛德讀完之後，心急如焚。他心想，我不能再等了，我必須馬上回到英國。

第五集　懺悔者的預言

關於英國的麥西亞家族，最著名的是一個裸體女人遊街的故事。

有一年，麥西亞王國的首府考文垂發生了嚴重的災情，市民們缺衣少食，很多人餓死了。伯爵夫人戈黛娃 (Lady Godiva) 請求丈夫利奧弗里克 (Leofric, Earl of Mercia) 免掉市民當年的稅收。

利奧弗里克一口拒絕。

戈黛娃夫人再三懇求。

利奧弗里克不勝其煩，最後憋出一個亂七八糟的主意：

夫人，只要你敢光著身子，在市中心走上一圈，我就馬上答應。

戈黛娃夫人回擊說，你以為我不敢嗎？

夫人命人貼出告示：三天之後，我將裸體騎馬從家裡走到市中心，歡迎市民前來圍觀。

那一天，市內所有店鋪關門歇業，所有窗戶拉上布簾，街道上一個人也沒有。

戈黛娃夫人從出門到回家，路上沒有遇上一個人。

利奧弗里克深受感動，答應了戈黛娃夫人的請求。

戈黛娃的孫子埃德文（Edwin, Earl of Mercia）現在是麥西亞伯爵。

趁哈洛德在諾曼第，托斯提在布倫特福德陪愛德華國王打獵，埃德文伯爵和弟弟莫爾卡（Morcar）突然出兵進攻北境伯國。他們這麼做，有兩個理由：

（一）哈洛德從西華德家族手中搶走北境伯國，交給弟弟托斯提。唇亡齒寒，麥西亞家族感到了極大的威脅。

（二）托斯提在北境伯國橫徵暴斂，不得人心。很多中小貴族跑到麥西亞，慫恿埃德文奪取北境伯國。

很快，埃德文的軍隊就拿下約克。他們殺死了托斯提的親信，搶劫了他的金庫。隨後率軍南下，占領林肯。

埃德文上書愛德華國王，請求國王罷免罪人托斯提，將北境伯國賜給自己的弟弟莫爾卡。信裡說，如果國王不答應，他們就繼續南下，攻占牛津，直至倫敦。

托斯提得到消息，立即跪倒在愛德華國王的腳下。

「陛下，請您主持公道，懲罰叛黨。」

托斯提年輕、嘴甜，一向深得老國王寵愛，所以才作為近臣陪王伴駕。愛德華國王立即召集國內權貴商議對策。

與會人員一致表示，不願意支持有錯在先的托斯提。

埃德文也不想和國王開戰，雙方陷入僵局。

愛德華國王束手無策，只得寫信給威廉，讓哈洛德趕緊回來。

哈洛德讀完書信，心急如焚。他立即向威廉告辭。

亮底牌的時候終於到了。

威廉對哈洛德說，「大人，您辦完一件事情之後，就可以回國了。」

「什麼事情？」

「愛德華國王是我的表親。十幾年前，他指定我為英國王位繼承人，這件事您知道吧。」

「知道。」

「您怎麼看？」

「我服從國王的旨意，」哈洛德從不當面反對，但也避免做出明確的承諾。

「如果我有朝一日登上英國王位，我想請您做首席大臣。如果我在諾曼第，我就請您代我治理英國。」威廉送給哈洛德一顆定心丸。

「如果您有朝一日加冕為王，我會服從您的任何命令。」哈洛德也加了「如果」兩個字。

「那好，我希望您能在諾曼第貴族面前重複剛才的話。在此之後，您就可以回國了。」

「如您所願，」哈洛德看到了返回英國的希望。

第二天，公爵府裡熱鬧非凡，教俗兩界權貴都來了。

威廉坐在寶座上，大聲宣布，「十三年前，愛德華國王承諾把英格蘭王國交給我。哈洛德大人就在現場。他說他會服從愛德華國王的命令並全力支持我加冕為王。」

威廉停下來，看著哈洛德。

哈洛德發現所有人的眼睛都盯著他，不得不說了。

「我，哈洛德——」

「大人」，威廉打斷了他，「這邊請。」威廉從座位上站起來，拉著哈洛德來到大廳中間的一張桌子旁邊。桌子上擺著一個箱子。

「大人，請您將手放在箱子上發誓，」威廉說。

哈洛德猶豫了一下。他心想，這個箱子有什麼寓意？裡面有什麼東西？他看了一眼大廳裡的人群。又一想我沒有選擇，尤其這時候必須配合威廉。只要我能回英國，我就能做任何事情。

於是哈洛德將手放在箱子上，大聲說道，「本人哈洛德，在此承諾：愛德華國王在世的時候，我願作威廉公爵駐英國的代表。愛德華國王蒙召（上帝召喚）之後，我願意擁護威廉公爵為王並作他忠實的附庸。」

發誓完畢，哈洛德趕緊抽回自己的手。

威廉打開箱子，對哈洛德說，「大人請往裡看！」

哈洛德低頭一看，裡面有一顆發黃的骷髏頭，放在紅色的天鵝絨布上。最可怕的是，骷髏的眼眶裡竟然射出兩道藍色的凶光（兩顆藍寶石）。

哈洛德情不自禁地打個了冷戰，他竭力讓自己鎮定下來。

「這是聖人康德的頭骨，」威廉說，「哈洛德大人在聖人面前立下誓言是最莊嚴的誓言，是不可撤銷的誓言。」

哈洛德大吃一驚，如果我違反誓言，就是與聖人為敵啊。

歐洲教堂和修道院有保存聖人遺體遺物的習俗。據記載，曾保存過如下聖物：

- 聖阿波羅尼亞的上千顆牙齒（傳說中的牙神）
- 施洗約翰的頭顱（法國安傑和亞眠各有一個）
- 聖彼得的一滴血（豬血）

◈ 天使翅膀的一根羽毛（鵝毛）
◈ 聖詹姆士身上的死腦筋（牛筋）

這些聖物的主要用途是吸引信眾捐款。

至於真假，你懂的。

哈洛德恢復了平靜。他在心裡重複了一下自己的目標：

活著，回到英國。其他事情都不重要。

收到誓言，威廉放心了。

可以回家了，哈洛德放心了。

第二天，威廉親自送哈洛德到港口，又送給他很多禮物。

威廉說，哈洛德大人，昨天晚上我有了一個新的想法。

哈洛德心中一驚。難道威廉變卦了？他要留住我？

威廉說，我忘了賞賜您的弟弟。讓他空著手回去是非常不禮貌的。因此，我要帶著他去挑選一些土地和莊園。稍後再送他返回英國。

人質？哈洛德馬上明白了。可是，不把烏諾思留在這裡，我也走不了。哈洛德於是對烏諾思說，弟弟，你就在諾曼第多待幾日吧。

烏諾思心中暗暗叫苦。我不要土地，我寧願空著手回去。

看著哈洛德的船隻揚帆遠去，威廉長長地吁了一口氣。

一位目擊者說，公爵大人是唱著歌一路回到盧昂的。

瑪蒂夫人對威廉說，「親愛的丈夫，我發現你現在真的變了。」

「是嗎？」

「最早，你鎮壓反對你的人。後來，你容忍反對你的人。現在，你討好反對你的人。」

「大部分的戰爭是對敵人凶，對敵人狠，消滅敵人的肉體。還有一種戰爭是對敵人愛，對敵人好，得到敵人的靈魂。」

「你贏了嗎？」

「我也不知道。我只是盡力了！」威廉長嘆了一口氣。

哈洛德將手放在聖物盒上向威廉發誓

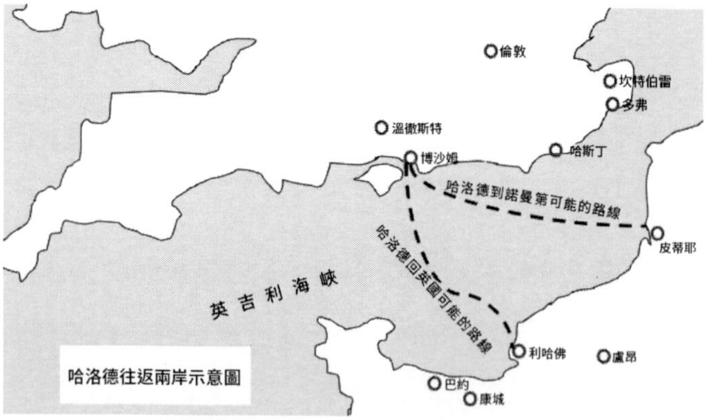

返程的船上，哈洛德緊緊盯著波濤起伏的海面，一直沒有說話。

在諾曼第的每一個夜晚，我躺在床上盼望著今天這個激動人心的時刻。在皮蒂耶我是囚犯，在盧昂，在威廉身邊，我何嘗不是一名囚犯呢？我那時以為，今天一定是我最高興的一天。

然而，當我已經站在了回程的船上，卻一點也高興不起來。

昨天晚上，我心情愉快，喝了不少酒。按理說，威廉應該比我更高興。但他照樣只喝了三杯酒。能控制住自己慾望的人最可怕。

能戒掉身上任何一個毛病的人，都是很了不起的人。戒掉香菸的是強人，戒掉淫慾的是高人，戒掉毒品的是超人，而戒掉手機的人，我們只能仰望他們，尊稱他們為聖人。

威廉，你是一位優秀的君主，一位可靠的朋友。如果我是英國的一名小貴族，那我衷心希望你成為英國國王。但是，以我現在的地位，我不能接受你這樣的國王。你也不能接受我這樣的權貴。

威廉，對不起，我絕不能讓你來英國加冕稱王。

哈洛德剛剛回到英國，托斯提就氣沖沖地找上門來，「哥哥！你什麼時候幫我奪回北境國？」

哈洛德強壓怒火。多年來，他一直在安撫麥西亞家族，從爺爺（利奧夫克）到孫子（埃德文），沒想到雙方還是變成了戰場上的敵人。

「我的弟弟，你先待在倫敦。以後我再幫你尋找一塊新的領地。」

「什麼？你，你這是什麼意思？」

「你是不是在北境國加倍收稅，又無故殺害了巫爾夫和蓋莫爾？」

「我難道不是為了防範丹麥人、挪威人嗎？修築城堡，購買馬匹，做什麼不需要錢？哥哥，如果你不方便的話，借給我一支軍隊，讓我去滅了他們。」

「住嘴！給我惹了這麼大的麻煩，還不知錯？」

「欸！他們才是叛國者。你不去征討他們，卻一味指責自己的親弟弟？」

「為了我們的家族考慮，你先出國避一避。比如去佛蘭德待上一段時間。」

「為了我們的家族？為了你自己吧！」托斯提鼻孔裡「哼」出一聲冷笑，「好！好！你不幫我，自然有人幫我。」他怒氣沖沖走出房間，「碰」一聲關上大門。

在愛德華國王病入膏肓，威廉虎視眈眈之際，哈洛德並不想挑起一場曠日持久的內戰。雖然他有足夠的信心將埃（德文）莫（爾卡）兄弟打敗。不過，戰爭需要付出龐大的時間成本和金錢代價。如果把埃莫兄弟逼得走投無路，說不定他們會投靠威廉。

只有一個統一的、團結的英國，才能成功地抵禦威廉的入侵。哈洛德決定暫時犧牲托斯提，把埃莫兄弟從敵人變成盟友。未來時局有變，再安排托斯提。

哈洛德親赴約克，答應了埃莫兄弟的全部條件。

埃莫兄弟依然懷疑哈洛德。難道你真的能為我們犧牲自己的親兄弟。

如何獲得他們的信任？

哈洛德從威廉身上學了一招。他休掉了丹麥婚妻子（因脖子細長被稱為鵝頸夫人），娶了兄弟二人的姐姐伊迪絲（Edith of Mercia）。具有諷刺意味的是，伊迪絲的丈夫還是哈洛德在一次戰爭中逼死的。

哈洛德很愛鵝頸夫人。為了國家利益，犧牲一個女人算得了什麼。再說了，我和伊迪絲結婚，就不用娶威廉的女兒了。

西元 1066 年 1 月 4 日，倫敦陷入重重霧霾包圍當中。北風像惡狼一樣嚎叫著，追逐著路上匆匆的行人。

愛德華國王腦部出血，時昏時醒已經半個月了。北方叛亂給了老國王致命的一擊。他悲哀地發現，自己的話還是沒有人聽，也幫助不了寵愛的托斯提。

國王命人將自己抬到嘔心瀝血修建的西敏寺[04]。

哈洛德代替國王主持了這所大教堂的獻堂儀式（獻給神），又代替國王主持了聖誕節慶祝活動。他要求外地的主教和貴族留下，靜候大事發生。

晚上，愛德華穿著修道士的麻布衣服躺在床上，半睡半醒。房間裡很安靜，國王卻覺得有什麼異常。他睜開眼睛，嚇了一跳。

兩個高大粗壯的人站在床邊。他們一身黑衣，裹著腦袋，看不到臉。

「你們是誰？」老國王驚恐地問。

「我們是傳信者。因為英格蘭的子民犯下了不可饒恕的罪行，上帝要把這片領土交給惡魔。」

「不！這些罪行都是我犯下的，要懲罰就懲罰我一個人吧。」

「你質疑上帝的決定？」

「我不敢！上帝是仁慈的，他能原諒我們嗎？」

「如果被雷電劈開的大樹能夠復合，長出綠葉，上帝就會把和平還給英格蘭。」說完，兩個人倏地消失不見了。

「你們回來，都是我的錯。」愛德華國王剛抬起頭，就重重地倒在床上，劇烈地咳嗽著。

第二天上午，伊迪絲王后、哈洛德兄弟和斯蒂甘德大主教都來了，圍在愛德華身邊。

「大主教，我不是一個合格的國王。」愛德華有氣無力地說。

---

[04]　威斯敏斯特大教堂是皇家教堂，是倫敦必去景點。教堂正門的雕像還有一位中國人，叫王志明。

「在這個世界上，沒有比您更虔誠的君主了。」斯蒂甘德說。

愛德華拉著王后的手說，「我不是一個合格的丈夫。我對你的愛，不是丈夫對妻子的愛，是父親對女兒的愛。」

王后開始哭泣。她是一場政治婚姻犧牲品。可悲的是，她連女人的樂趣都沒有享受過，連當母親的權利都被剝奪了。

愛德華轉頭看著哈洛德說，「我把王后託付給你了，替我好好照顧她。」

哈洛德點點頭。他怕國王昏死過去，連忙問，「您把王位傳給誰？」

「昨天晚上，我夢見了上帝。上帝說，上帝說，英國王位將交給，交給 —— 」可憐的老國王話還沒有說完，就永遠閉上了眼睛。

眾人豎直了耳朵，愛德華再也沒有說話。

《盎格魯 - 撒克遜編年史》(*Anglo-Saxon Chronicle*)（本書簡稱為《編年史》)寫道：

身居王位的愛德華，統治英國之君，
向救世主交上他那正義的靈魂，
這位清白的國王總是心情歡快，豪氣如雲，
高貴善良，仁慈嚴正，保衛著他的祖國和臣民。
直到突然之間，痛苦的死亡降臨，
將如此可親的一位君主帶離人世，
天使們將他正直的靈魂帶進天國的榮光之中。

愛德華經常悔罪，悔過，史稱「懺悔者 (Edward the confessor) 」。

基督徒要經常懺悔。而懺悔這兩個字，還是一個佛教詞彙。

有一種觀點認為，中國人最缺少的美德當中，懺悔排在第一位。因為中國人愛面子，死不認錯。

有的人問臨死的親屬，有什麼想吃的就吃點吧，以後就吃不著了。

有的人問臨死的親屬：這輩子做過什麼缺德事快說說吧，以後沒機會說了。

一個人臨死之前，重要的不是往嘴裡放什麼，放多少，而是從這張嘴裡說什麼，說多少。

愛德華因虔誠、仁慈，終身保持處子之身，被羅馬教廷封為聖人。

在《權力遊戲》當中，泰溫·蘭尼斯特（Tywin Lannister）問即將加冕的托曼（Tommen Baratheon），「成為明君最重要的特質是什麼？」

托曼回答道：「聖潔（Holiness）。」

在當時，歐洲國王的最高榮譽，就是聖。

在當時，中國皇帝的最高評價，就是仁（「為人君，止於仁」）。

三年前（西元1063年），在中國歷史上評價甚高、卻少人知道的宋仁宗去世了。

和宋仁宗相關的事蹟有狸貓換太子、包公、范仲淹的〈岳陽樓記〉、發行世界上最早的紙幣。就連一貫自負自大的乾隆皇帝都說他平生最佩服三位帝王：康熙、唐太宗和宋仁宗。

當天下午，賢人會議就召開了。參加會議的有英國兩名大主教（坎特伯雷大主教和約克大主教）、十名主教、六位伯爵、八位修道院院長以及一些王室官員。他們針對幾名王位候選人展開了激烈的討論。

第一個提到的候選人是威廉。因為十幾年前的一場賢人會議上，愛德華國王提名威廉，並得到了與會者的同意。有人提出三點反對意見。首先威廉是個外國人，其次他沒有王室血統，第三，他是個雜種，不被上帝認可。沒有人支持威廉。因為英國人一貫反感諾曼人，何況威廉在他們的耳朵當中早已被描繪成一位凶狠的暴君。

接著有人提到了埃德加。多年來，人們視他為唯一的、合法的王位繼承人。也有人提出兩點反對意見。一是埃德加只有十五歲，屬於未成年人，沒有執政經驗。二是他出生於匈牙利，對英國一點也不了解。其實，這兩點都不是問題。三歲的皇帝五歲的國王，古今中外並不罕見。至於對英國不了解，也是藉口。

挪威國王冰臉王、丹麥國王斯文 (Sweyn) 是克努特大帝的親戚，沒有人提到他們。

斯蒂甘德大主教告訴眾人，愛德華國王臨死前親口說要把國家交給哈洛德。

一些歷史學家認為，愛德華國王的確說過把王位交給哈洛德。他們提出兩點理由：

1. 如果把王位傳給威廉，英國就會掀起一場哈洛德和威廉的血腥大戰。相反，把王位交給哈洛德，讓威廉知難而退，英國就會得到和平。愛德華國王選擇哈洛德，是為了國家和人民。
2. 愛德華發現自己病床前全都是哈洛德的人。如果自己非要說把王位交給威廉，這些人不但不會執行，反而把自己的話當成笑話。

哈洛德一直沒有說話。他在想自己要不要接受王冠。諾曼第的誓言始終是他的一塊心病。

斯蒂甘德說，威廉是非法婚姻的產物，向非法的人宣誓本身就是違法。

哈洛德勉強接受這個理由，接受眾人勸進。

由於缺乏資料，歷史學家至今沒有發現哈洛德是什麼時候開始有了不臣之心。有人說最早起源於流亡者死亡的當年 (西元 1057 年)。有人說哈洛德從諾曼第回到英國之後，意識到只有自己為王，才能抵禦威廉。

有人說，哈洛德在愛德華國王死後，才下定決心。總之，這件事本身反映了哈洛德的本性，他隱藏得很深，從未透露自己內心的真實想法。

愛德華國王死後的第二天，哈洛德就在西敏寺加冕為王。

哈洛德知道，自己加冕相當於向威廉、向諾曼第宣戰。

我是英國國王，我要保護我的國家和人民。

威廉，你最好不要來，否則我會讓你有來無回。

四月的一個夜晚，一顆巨大的毛毛星（哈雷彗星）[05] 拖著尾巴從英國的夜空飛過。這預示著一場重大災難即將降臨英國。看見的人無不大驚失色。

哈洛德率領著兩千名長斧手（專門對付法國騎兵）、五千職業士兵，一萬民兵，來到博沙姆。選擇這裡有三個理由：

第一，博沙姆向南，跨過海峽就是諾曼第的康城，威廉的船隊很可能從這裡出發。

第二，博沙姆位於英國南部海岸線的中段。無論威廉的船隊從東邊或西邊登陸，從這裡都可以迅速前去阻攔。

第三，這裡是哈洛德出生、成長的地方。當重大時刻來臨的時候，家鄉最能給你信心和力量。

除了博沙姆集中了上百艘船隻，英國東南沿海的五個港口城市，哈斯丁、多弗、海瑟、羅馬尼、桑威奇也各布置了十艘巡邏船。

英國歷史上從未有過一支如此強大的陸軍、海軍。

大海阻隔，消息不通。哈洛德派出大量間諜偽裝成農民和商人，到諾曼第探聽虛實。很快，哈洛德就掌握了威廉修造船隻、招募士兵的大量情報。

---

[05]　《宋史・天文志》記載：治平三年三月己未，彗出營室，晨見東方，長七尺許。

然而，六月、七月、八月過去了，眼前秋季即將來臨，威廉還沒有出發。

哈洛德不明白。威廉是個沾火就著的人，愛德華國王去世八個多月了，他怎麼還不來？今年他還來不來了？

農民比哈洛德更著急。中世紀可沒有超市。冬天的食物必須在秋天儲備好，包括牲口所需的草料。

9 月 13 日，天氣轉冷，北風呼嘯，年底之前應該沒有戰爭了。

哈洛德解散民兵，只留下少數巡守人員。

回到倫敦，哈洛德就像得勝歸來一樣，受到市民隆重歡迎。

9 月 20 日深夜，哈洛德從一陣刺骨的疼痛中醒來。他懊惱地撫摸著右小腿（抽筋了）。

「急報！陛下！急報！」門外有人大聲喊道。

哈洛德翻身坐起來，示意侍衛開門。

「一支、一支艦隊登、登陸了，」探馬結結巴巴地說。

「威廉，你終於來了！」哈洛德一下子從床上站起來，腿部的隱痛讓他皺了皺眉頭。

第六集　歐洲總動員

碧藍寬闊的塞納河從盧昂城中蜿蜒穿過。大河的南岸是茂密的蘭德羅夫賴森林，人煙稀少，禽獸橫行。威廉常在這裡打獵。

「中了！」

「又中了！」

侍衛們興奮地叫喊著。

威廉放下弓，嘴角掛笑，今天的運氣真是太好了。

遠處傳來一陣「噠噠」的馬蹄聲，越來越近。一名使者飛奔到威廉近前。他跳下馬匹，看著威廉的表情，怔住了。

「怎麼了？說話啊！」

使者張了張嘴，又合上了。

「你是想讓我去踢你的屁股嗎？」威廉火了。

使者結結巴巴地說，「愛德華國王死了。哈洛德他，他在倫敦加冕了。」

這回輪到威廉怔住了。他張了張嘴，又合上了。

威廉從皮筒裡抽出一支箭，搭在弓上，用力拉開，瞄準使者的眼睛。

使者覺得頭皮發涼，渾身發冷。他不敢動，只能閉上眼睛禱告。

威廉抬起手臂，「啊——」地大叫一聲，把箭射向天空。隨後，他把弓使勁扔到草地上。

使者睜開眼睛。

威廉胸脯一起一伏。他解開了斗篷的帶子。停了一下，又繫上了。

威廉一踢馬刺，飛奔而去，一口氣跑到塞納河邊，跳下戰馬。船夫看他一臉陰沉，不敢多問，默默地拉上馬匹，送威廉過河。

進了公爵府，威廉快步走進大廳，一屁股坐在寶座上。身子向後緊貼著椅子靠背，伸手將斗篷拉起蓋住自己的臉，一動不動。

諾曼第的每一個農民都知道我是未來的英國國王。不光諾曼第人知道，佛蘭德人知道，布列塔尼人知道，整個歐洲人都知道。現在，哈洛德成了國王，我卻成了一個人人譏笑的大傻瓜、大蠢豬！當年我花了多少心血去招待他，巴結他。現在，他或許正坐在王位上嘲笑我呢！

陪同威廉打獵的貴族陸續回到公爵府。眾人躲得遠遠的，嘀嘀咕咕，沒有人敢進大廳。

「我的主人，從來沒有見您生過這麼大的氣。」有人說道。

威廉拉下臉上的斗篷，說話的是菲茨奧斯本。

「愛德華國王死了，哈洛德偷走了我的王位！他是個騙子！」威廉雙手放在扶手上，身體向前，做出馬上要攻擊的樣子。

「愛德華國王去世，這是一個不可改變的事實。哈洛德竊取您的王位，我們一定要把它奪回來！」

「我要割掉他說謊的舌頭！」

「好，我出去把大家叫進來！」

「回來——」，威廉叫住了自己的管家。「把厄德叫來，讓其他人都回去吧。」

生氣歸生氣，威廉不會衝動。

威廉吩咐厄德寫一封信給哈洛德，說只要哈洛德願意退位，威廉可以寬恕他的所作所為，雙方還是「翁婿」關係，還像過去一樣友好相處。

很快，哈洛德的信就回來了。

「首先，是英國人民選擇了我作為他們的國王。無論是你還是我，或者任何人，都不能違背人民的意願。第二，誓言只能發生在自願的基礎上。一個人在被脅迫、被欺騙的狀態下，說出的任何話都不是真實的、也不能生效。第三，我已經結婚了，沒必要再娶您的女兒。第四，我的女兒不幸死了，我想你不需要一具屍體吧。第五，你在諾曼第招待我，花了很多錢，我現在可以把錢還給你！」

威廉握著拳頭、壓著怒火聽完了回信。他沒有動，白臉卻漲得通紅，鼻孔呼呼帶響。威廉情不自禁地吼了一聲，「哈洛德！」

在等待哈洛德回信的日子裡，威廉的憤怒與日俱增。他想起了瑪蒂夫人陪著哈洛德聊到半夜，他想起了哈洛德答應娶自己的女兒。

哈洛德！你不僅欺騙了我，你還羞辱了我的妻女。

王位、英國領土的事情放在一邊不談，我們先解決一下個人恩怨。我要親手抓住你，把你放在火上烤死，把你推到山下摔死，把你按到水裡淹死，把你關進蛇坑裡咬死，我要殺死你一百回。

威廉下令，立即召開公國政務會議，主題只有一個，征討英國。

眾人在公爵府大廳裡三三兩兩，議論紛紛。他們看見菲茨奧斯本走過來，連忙上前圍住了他。

「管家大人！公爵會出兵嗎？」

「他一直在猶豫，還沒有做出決定。」

「我看還是不要去的好。英國人可以組織兩、三萬人的軍隊，我們的士兵太少了，」一名貴族說道。

「您一定好好勸勸公爵，千萬不能衝動啊，」另一名貴族說。

「諸位大人，你們說的我都同意。」菲茨奧斯本說。

威廉匆匆走進會場，面無表情。他坐上寶座，看了眾人一眼，然後說道，「哈洛德欺騙了諾曼第的聖人、欺騙了我們和人民。哈洛德殺害了愛德華國王的弟弟阿爾弗雷德（Alfred），驅逐了英國的諾曼第人（這些事是哈洛德的父親做的）。我想出兵英國，你們怎麼看。」

大廳裡很安靜，沒有人想第一個說話。

現場的氣氛有些尷尬。

「我先說吧，」菲茨奧斯本說。

威廉看了自己的管家一眼，心想，你的觀點和我是一樣的，有什麼好說的。

菲茨奧斯本看著大家說道，「剛才我聽到一些議論，和我的想法完全一致。是不是啊，各位大人。」

「對對對！」

「菲茨奧斯本大人可以代表我們！」

「噢 ——」威廉好奇地看著自己的管家。

菲茨奧斯本一字一句地說道：「在座的每個人都願意跟隨公爵大人前往英國討伐哈洛德，無論出多少人，多少錢。」

菲茨奧斯本的話音未落，會場就群情激憤了。

「菲茨奧斯本！你胡說！」一名貴族急得脫口而出。

「我們根本沒說過那些話！」

每個人都搶著發言，也不去聽別人在說什麼。

會場陷入爭吵和混亂當中。

「砰砰砰！」威廉用標槍使勁敲打著地板。

「你們一個一個說。」

大廳再次陷入安靜。

「理查，你剛才說菲茨奧斯本胡說，你想說什麼？」

「公爵大人！英國人可調動的軍隊是我們的三、四倍。如果我們去英國的士兵少了，全軍覆沒。如果我們去英國的士兵多了，誰來保護諾曼第？」

「有道理，誰還想說。」

「如果我們要渡海的話，至少需要一千艘船。可是現在，我們連一百艘都沒有！」一名貴族小聲說道。

「還有誰想說。」

會場再次陷入安靜。

「你們也太害怕哈洛德了吧。我告訴你們，我們肯定能打敗哈洛德，」一個又細又尖的聲音響起。

眾人一看，是格如斯修士。他身體細長、腿細長，聲音細長，經常穿著一身灰衣，像一隻灰鶴。

看著眾人不說話，特別是威廉也盯著他，灰鶴有些得意。

「昨日我夜觀天象，一顆毛毛星（即哈雷彗星）從諾曼第飛向英國。知道這意味著什麼嗎？」灰鶴故意停了一下，接著說道，「這預示著我們的軍隊將要在英國登陸。而且，我還特意觀察了一下，這個毛毛星有兩條尾巴。知道這意味著什麼嗎？這意味著，英格蘭諾曼第將合而為一。」

格如斯說完，眾人都洩氣了。

這算什麼理由？

會議不歡而散。

威廉原以為貴族們會當場咒罵哈洛德，拿起武器叫囂著自己出發。沒想到，貴族們不僅不願意出兵，還想勸自己放棄。

古代中國是皇（帝）有獨資集團。打仗花的是皇帝的錢。

歐洲中世紀國家是股份制集團。打仗，每個貴族要自己投資，當然享受收益和風險。

貴族們並不害怕戰爭。他們本來就是為戰爭而生，為戰爭而死的。他們反對威廉有兩個理由：

英國王位繼承問題是威廉的家事，與諾曼第貴族無關。

征服英國是以卵擊石，根本不可能成功。

威廉反覆思考貴族們的話，覺得也不是完全沒有道理。如果我遠征英國，法國國王會怎麼看？周邊的諸侯會怎麼做？

威廉派出大量使者，尋找諸侯支持。他自己則親赴巴黎，面見法國國王腓力一世。

首先，這是慣例。如此重大的軍事行動，威廉必須告知自己的主人。其二，和平。法王能出兵最好，雙方成為盟軍。即使法王不參與，也要他的承諾，不偷襲諾曼第的承諾。其三，示範作用。一旦法王首肯威廉的軍事行動，則法國其他貴族就失去了進攻、偷襲諾曼第的正當性。

經歷過無數生死考驗的、三十八歲的威廉去見十四歲的腓力國王，心裡還是有一絲惴惴不安。

國王就是國王。

腓力一世問威廉，「你離開諾曼第，由誰來看管它呢？」

「我信賴的妻子和忠實的臣子。」

「如果你真的征服了英國，成了國王。我也是國王。那我們之間是什麼關係？剛才我稱您為公爵大人，以後我是不是要稱您為陛下呢？」

「作為諾曼第公爵，我永遠是您的附庸。作為英國國王，我願意將英國的部分領土贈送給陛下。」

「你覺得有把握嗎？」

「凡事都沒有十分的把握。」

「要是我的話，我就不會去英國冒險。」

「您應該支持您的附庸，保護他的財產不受損失。」

「英國的財產不受法國國王的保護。」

威廉不知道，腓力國王早就和自己的顧問討論過了。他們認為，威廉始終是法國王室的威脅。因此，絕不能支持威廉吞併英國。另外他們還認為，威廉是個「握草」的人，他說要把英國的土地分給法國國王，這事並不可信。

腓力國王的敵意是明顯的，威廉滿懷失望地回到盧昂。

派去布列塔尼的使者回來了，帶來了康南的回覆：「我支持您北伐。如果您征服了英國，請把諾曼第還給我。」

威廉心想，這個康南，他恐怕早就盼著我離開諾曼第呢！只要我一條腿邁出諾曼第，他一條腿就會邁進來。

派去佛蘭德的使者回來了，帶來了小舅子鮑六伯爵的回覆：「妹夫，你先說好給我多少土地，我再決定是否支持你。」

鮑六伯爵的回覆讓威廉有些尷尬。

威廉急切地想四處求助。結果是主人不支持，附庸不支持，鄰居不支持，就連親戚也不支持。

在這個世界上，無數人可以給你一個笑臉。但關鍵時刻，能有幾個人給你一隻手臂呢？

內外反對，四處碰壁，威廉陷入絕望之中。

是的，我想當英國國王，我想懲罰哈洛德。

但我不想死在英國。我不想把一個混亂的諾曼第公國留給我未成年的兒子羅貝爾。羅貝爾，我的愛兒，我發誓絕不會讓你經歷我當年的坎坷。我一定要把一個強大的、完整的諾曼第交給你。

可是，讓我就這樣放棄英國，我絕不甘心。

讓我看著哈洛德冷笑著坐在王位上，我絕不甘心。

威廉又想起自己總結的理論：貴族是國王封的，國王卻是上帝封的。

如果我當上國王，就是上帝赦免了我，我就不是雜種了。

讓我當一輩子的雜種，我不甘心！

我生於屈辱，但不想死於屈辱。

最後，威廉下定決心：去！我要去英國！

威廉決定向另一位主人，亞歷山大教宗（Alexander PP. II）（以下簡稱歷山教宗）求助。

在當代領土爭端問題上，聯合國支持哪國，哪國就有相對正當性，就會得到輿論的支持。羅馬教廷就相當於當時的聯合國，羅馬教宗說的話就相當於聯合國決議。

蘭弗朗克院長再次出使羅馬。他很有信心，歷山教宗是他的學生。

歷山教宗上任以來，為了遏制日益墮落、臭氣熏天的教會，發動了一場「反腐敗」運動。其核心有二；一是禁止主教買官賣官。二是禁止主教結婚。

古今中外，腐敗就是兩個字，錢和女人。

英國的斯蒂甘德在教宗眼裡就是個典型的「大老虎」。他身兼兩個主教，三個修道院長，領取多份酬勞，賣出多個官位。他還拒絕離婚。

再看威廉，簡直就是「擁教模範」。出於雜種的原因，威廉比別的諸侯更虔誠，更慷慨，在諾曼第出資修建眾多教堂和修道院。

不過，歷山教宗認為，哈洛德沒有王位繼承權，威廉也沒有，真正的英國國王應該是埃德加。

蘭弗朗克沒能說服教宗。他思前想後，變通了威廉的主張，向歷山教宗提出一個新的方案。

由威廉率領一支軍隊討伐英國（討伐斯蒂甘德），勝利之後將英國交給教宗，再由教宗來決定誰是英國國王。

歷山教宗聽著很順耳，欣然同意，並賜給威廉一面白底紅十字聖旗和一枚戒指。聖旗象徵著教會、正義和道德。戒指不僅有黃金和寶石，裡面還藏了一段聖彼得[06]的頭髮。那段頭髮是不是聖彼得的？教宗說是就是。

當聖旗和戒指到達諾曼第時，威廉已經獲得了道義上的勝利。

諾曼第的子民呼朋喚友，扶老攜幼，來到盧昂大教堂，傾心崇拜，晝夜不絕。

有了教宗的支持，其他諸侯很快就表態了。

羅馬皇帝亨利四世（Heinrich IV）支持威廉。哈洛德曾向皇帝的父親亨利三世承諾支持流亡者和他的兒子為英國國王。亨利四世認為哈洛德背叛了自己的承諾，應當討伐。

丹麥國王斯文支持威廉。十幾年來，挪威的冰臉王不斷入侵丹麥。斯文希望威廉成為英國國王之後，和自己結盟，對抗「戰爭狂」冰臉王。

鮑六伯爵收到威廉的一封信，上面寫著：「我的好兄弟，裡面有你想要的。」

鮑六伯爵打開信囊，裡面有一張紙，一個字也沒有。翻過來看，還是一個字也沒有。

鮑六伯爵自我解嘲道，看來威廉得不到英國了，所以也不會給我什麼。

威廉的使者說，公爵大人說了，沒有付出，就不要考慮收穫。沒有上床，就不要脫衣服。

鮑六伯爵最終決定支持姐夫。

《孫子兵法》云，上兵伐謀，其次伐交，其下伐兵，最下攻城。威廉把

---

[06]　彼得，耶穌十二門徒之一，首任教宗。

自己與哈洛德個人之間的戰爭，升高到歐洲多國集團征討英國的戰爭（雖然多國並不真的出錢出兵），升高到基督教會討伐異端（指邪教）的聖戰。

威廉再次把諾曼第的權貴召集在一起，宣布了 5W1H 作戰方案：

原因（Why）：為什麼要發動戰爭？

因為哈洛德是篡位者、偽誓者和壓迫者，是諾曼第的敵人。

發動戰爭之前，一定要把你的敵人描述成一個十惡不赦的壞人。不是我要滅掉你，是全天下的人都要滅掉你。而我滅掉你，不是為了我自己，而是為了天下人。

目標（What）：今年夏天登陸英國，利用兩到三個月的時間消滅哈洛德的主力，一舉攻占倫敦是上策。如果兩軍僵持，至少占領英國東南沿海 3 ～ 5 座重要城市（如多弗）作為基地，以待來年發動新的攻勢。

時間（When）：速戰速決，幾個月內消滅哈洛德。如果留給哈洛德一年時間，他就能團結英國民心民力，就很難推翻他了。

另外，秋冬季節不宜作戰。諾曼第軍隊最遲應於 8 月中旬登陸英國，11 月底之前結束戰爭。招募軍隊、建造船隻，後勤保障，各項工作必須於 8 月上旬前完成。

地點（Where）：英國南部的海岸線很長，目前沒有足夠的時間和人力去英國調查海岸地形及兵力部署，這種方式也不安全。

諾曼第的費康修道院在英國南部海岸的佩文西有一些地產（愛德華國王賜給他們的）。根據費康修道院院長的描述，那裡有平坦的海灘，可以停泊船隻。而且，佩文西還有一座羅馬時代留下的堡壘。諾曼第軍隊登陸後，可以利用其作為防禦設施。

人員（Who）：埃莫兄弟已經成為哈洛德的內弟。英國從南到北，已經找不到任何友軍。諾曼第軍隊不得不做好孤軍奮戰的準備。因此，必須招募到足夠的士兵，兵力至少五千人，多則上萬，其中騎兵至少要兩千人。

措施 (How)：第一，必須籌集足夠的船隻 (估算在八百到一千艘之間)，一次把所有的軍隊與物資運到英國。如果只運送一部分的話，就分散了力量，容易被英軍逐個擊破。第二，尋找合適的機會和哈洛德決戰，將其擊斃或囚禁。

最後，威廉用充滿魅力的磁性聲音對他們說：

「我父親對我說過，你輸了，你就是雜種。你贏了，你就不是。所以，我一定要去英國。你們在座的，就有幾位的父親因為保護我而死。你們也曾在瓦爾斯丘、莫蒂默和我並肩站在一起。今天，我再次邀請你們，和我一起去英國，一起去參加一場更大的冒險！你們將成就更偉大的事業，創造更偉大的榮耀。」

「我支持公爵大人！」厄德說。

「我支持！」莫爾坦說。

「我支持！」蒙哥馬利說。

貴族們一個接一個表態，最後所有人都叫嚷著。他們之所以改變主意，一個重要的原因就是他們在內心深處對歷山教宗的服從。另外，他們上次反對出征，並不是反對威廉，而是認為攻打英國肯定會失敗。

在威廉做了大量準備工作之後，他們覺得征服英國是有希望的。

會議最後，厄德宣讀了投資條件。

每名貴族上報自己可以提供的船隻數量。一艘船搭載三十名步兵，或五名騎兵，十匹馬匹。貴族們須自行負擔從開始到戰爭結束之間的所有費用。

大事落定，威廉非常高興。

厄德卻一臉嚴肅。他對威廉說，「哥哥，您別看這些人表態支持北伐。真叫他們出錢的時候，他們就開始算計了。能出三十艘船的，只肯出十艘。能出十艘的，只出四艘。最終還是達不到我們需要的數量。」

「那怎麼辦？」

「我們必須如此如此。到時候，就能擠出他們最大的積蓄。」

「好，就這麼辦！」

理查忐忑不安地走進公爵府。他心裡早就盤算好了，出十艘船沒問題。如果威廉覺得少，就說二十艘。如果他再不滿，那就最多最多三十艘。

威廉一見理查，快步上前拉住他的手，和他來到一張桌子前。

「快看看這裡吧，」威廉熱情地說。

桌面上放著一張羊皮紙，上面寫著幾行字。理查仔細一看：

威廉，一百五十艘船；

巴約主教，一百艘船；

莫爾坦伯爵，一百艘船；

菲茨奧斯本，八十艘船；

理查心中一驚。這些人都瘋了？他們哪裡有那麼多錢？

威廉一笑，接著說道，「大人，您出的船隻不會比菲茨奧斯本少吧。」

「我，」理查說不出話了。

威廉拿起桌上的鵝毛筆，遞給理查，熱情如火地看著他。

「寫多少都行，我是不會在意的。」

理查覺得臉上有些發熱。他真希望來把火，把這根鵝毛筆給燒了。

理查接過筆，手感異常沉重。

「大人！」威廉提醒他。

理查一咬牙，把筆放在羊皮紙上，哆囉哆嗦寫下一個最難看的簽名：

理查

他停了一下，寫下一個數字：

六十艘船。

「您真是太慷慨了！我對北伐更有信心了，」威廉命令侍衛，「快上酒來，我與理查大人好好慶祝一下。」

第七集　跨過海峽

西元 1066 年 4 月，北方的寒氣還沒有散盡，諾曼第濱海的迪沃小鎮就開始熱鬧起來。

威廉將這裡設為諾曼軍出發地點。一來，迪沃的對岸是英國的懷特島，兩地距離約一百海里（一百八十五公里左右）。船隻按五節（一節指一海里每小時）的航速行駛，二十小時可以到達對岸。二來，迪沃離康城很近，不到三十公里。平日，威廉在康城處理公國政務。一旦需要，一小時內可以趕到迪沃現場。

五十多艘大船鋪滿了水面。船頭是張牙瞪眼的巨龍，船身從五十到一百英尺不等，船後的龍尾高高翹起。

十多個船塢正在加緊製造新的船隻。

一百多名士兵在威廉當年夜逃的森林裡瘋狂地砍樹，將木料拉到海灘，裝上船隻，沿海岸線送到迪沃河口。

木材卸下，十來個木器廠晝夜開工。把圓木鋸成各種形狀的木板，釘在船架上。粉刷匠一遍又一遍地塗抹著油漆，雕塑工把木頭鑿刻成怪獸和紋飾。

除了造船，木匠們還要趕製攻城用的雲梯、投石機、箭桿和槍桿。

一些圓木就地擺放，沒有加工，準備登陸後用來搭建防禦用的木製城堡。

一車一車的礦石拉到鐵匠鋪裡。火爐熊熊燃燒，鐵錘叮叮作響。頭盔、鎖子甲、長劍、馬刺、鐵釘、箭鏃、槍尖。除了武器之外，還要打造一些鐵鍋鐵壺。

皮匠們剝皮鞣革，製作馬鞍、手套、鞋子、劍鞘。

裁縫們手拿尺刀，他們的任務是縫製戰袍、被褥、帳篷、帆布，還要製作大量的繩索。

廚房不下十個。每天都有數十車的麵粉、葡萄酒，成群的豬羊送進來。採辦、屠夫、廚師、侍應，加在一起，不下三、四百人。

管家帶著帳簿，採購的時候指著貨主的鼻子說以次充好，缺斤短兩。付款的時候被貨主追著屁股說惡意剋扣，不講誠信。

有製造業就有服務業。

超級市場初具規模。巴黎的穀物、勃艮第的美酒、荷蘭的鹹魚、佛蘭德的毛衣、中東的香料、應有盡有。農民帶來了自種的菜果，農婦擺上了自做的手工。

妓院實現了國際化，東方和非洲女人都有供應。男人們的身體迅速地進進出出，丟下一堆堆白色的東西。

我說的是銀子。

報到處每天都在接待新來的貴族和士兵。

諾曼第將領除了威廉三兄弟，管家菲茨奧斯本之外，還有厄鎮伯爵、埃夫勒伯爵、吉法德家族的華特、托尼家族的雷夫、瓦倫納家族的威廉、博蒙特家族的羅貝爾等人。很多家族族長留守諾曼第，派他們的兒子參戰。這些年輕人血氣方剛，像一群躍躍欲試的小豹子。

對威廉來說，這也是一個保障諾曼第安全的方法。你們這些老傢伙的兒子在我手裡，別在後方給我添亂。

威廉的妻舅派來一支軍隊，由布洛涅伯爵尤斯塔斯（Eustache）指揮。作為愛德華國王的姐夫，尤斯塔斯的王位繼承權排在威廉和哈洛德之前。不過，他本人並沒有這方面的意圖。

布列塔尼公爵康南本來要找威廉的麻煩，恰在此時被一隻手套毒死了。康南的兒子非常支持威廉，指派紅髮阿蘭（Alan Rufus）帶來一支軍隊。盎格魯 - 撒克遜人入侵不列顛的時候，一部分不列顛人渡海到法國避難，法國人稱他們為布列塔尼人，即不列顛人。這次他們北伐英國，有點打回老家的意思。

法國南部的圖阿爾子爵艾默里（Aimery IV）來到迪沃，不是為了實現威廉的大業，而是為了響應教宗的號召。

軍隊中除了法國人，還有德國人、義大利人。

他們當中，一些是好戰分子，以戰為榮。一些是信教分子，以服從教宗為己任。最多的還是好錢分子。

通往康城的道路上擠滿了騎士和士兵。有的三五成群，有的就是獨自一人。到了六月分的時候，已經有一萬多人報名。而按照目前的進度，最多只能完工八百艘船隻，搭載七千名士兵。接待處無奈地掛上了名額已滿的招牌，勸退一個人比招募一個人還難。當然，被勸退的人一律報銷往返路費。

菲茨奧斯本、莫爾坦、尤斯塔斯等人帶著士兵排兵布陣、演習登陸、訓練衝殺。

雖然人頭混雜，到處是錢物和武器，但整個小鎮在威廉的管治下井然有序。

記史人說道，一個農民趕著羊群，唱著小調經過這裡，不必擔心有任何損失。

威廉和厄德主教站在山頂向海灘望去。山腳下是生活區，大小不一的帳篷成排成列。帳篷和帳篷之間還有街道和廣場。再往遠處是生產區和訓練區。場面氣勢宏大，令人震撼。

西元 1066 年，迪沃的士兵、工匠、民眾加在一起，不下一萬兩千人。

2016 年，法國濱海迪沃小鎮的人口據推測不到六千人。

這場戰爭在短短數月之內硬生生造出了一座城市，造出了驚人的 GDP。

一名士兵匆匆跑上山來，報告威廉，「我們抓住了一個英國探子！」

「把他帶到我的大帳。」

「難道不是絞死他嗎？」

「不！讓他和我一起午餐。」

在餐桌上，威廉對戰戰兢兢的探子說，「你回去告訴哈洛德，不要再派人來了。因為我很快就會到英國去，比他想像的要快。要他趕緊躲到一個安全的地方。如果在聖誕節之前我還找不到他，我就認輸，退回諾曼第。」

8 月 5 日，各項準備工作按時完成，艦隊隨時可以起航。

威廉回到康城，安排後方事宜。

威廉指定瑪蒂夫人攝政，蒙哥馬利和休易 (Huey) 輔政。瑪蒂夫人在後方也有任務，每天早晚兩次到教堂為出征禱告。

威廉宣布長子羅貝爾為公國繼承人，命令所有貴族向他效忠。威廉想起三十年前，父親朝聖前，命令貴族向自己效忠。現在，父親的模樣已經記不清楚了。

上次是羅貝爾命令貴族向威廉效忠，這次是威廉命令貴族向羅貝爾效忠。

威廉夫婦將女兒塞西莉婭（Cecilia）送到康城的女子修道院，獻給上帝，獻給教會。

最後，威廉夫婦做了很多不能寫的事情。

這也許就是生離死別，永不相見了。

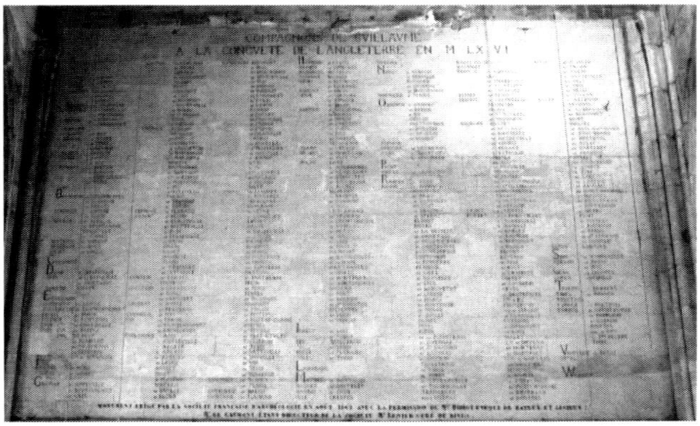

迪沃小鎮的教堂裡有參加北伐英國的諾曼貴族名單

8 月 12 日，諾曼艦隊集結完畢，準備出發。

羅馬時代，海船前進依靠數十名奴隸划槳。威廉一是找不到那麼多奴隸（至少兩千人以上），二是也不想找。因為養奴隸會耗費一大筆費用。兩千奴隸在船上，就會減少兩千士兵過海。

聰明的人也許會想，這裡有幾千將士，他們可以學習划船啊。

高傲的貴族和騎士打死也不去做奴隸的工作。

諾曼人的船是帆船，完全靠風。

第一天，沒有南風。

第二天，沒有南風。

第三天，沒有南風。

第四天，沒有南風。

第五天，沒有南風。

第十天，沒有南風。

整個八月分，沒有南風。

九月五日，沒有南風。

萬事俱備，只欠南風。

時間一小時一小時過去，一天一天過去。威廉坐立不安，心急如焚。

出發越晚，留給在英國作戰的時間越短。原計劃今年完成策略決戰。

如果照這樣拖下去，今年打不了什麼仗，就得返回諾曼第過聖誕節了。

一萬人，五、六千匹馬，每天的吃喝消耗都是大把大把金幣銀幣。

一萬人，五、六千匹馬，每天的屎尿產出也是大把大把的。

海灘上衛生條件極差，臭不可聞。不少人病倒了，死亡人數天天都在增加。

沒有考慮天氣因素是不是威廉的一項重大失誤？

完全不是。

八月分正是南風頻繁的時候。我查了一下 2016 年 8 月康城的天氣，將近一半左右是 3 ～ 4 級的南風。

9 月 13 日，久違的南風終於來了，威廉心情大好。

士兵登船，搬運物資，最後小心翼翼拉上馬匹。戰馬在顛簸的海上容易暈船患病，如果大批死亡，諾曼軍隊就喪失了最具威力的武器。

這還是人類有史以來第一次運送大量馬匹跨海作戰。

好在天公作美，一路順風，威廉的心情反而緊張起來。他在想，我會以什麼樣的方式遭遇英軍，打一場什麼樣的登陸戰。

四個多小時之後，風向突然從西南轉向東北，風力也由三、四級升到七、八級。船隻在海上劇烈顛簸，根本無法前進。

為了安全起見，威廉下令，船隊順風航行。

一個小時後，諾曼船隊在東諾曼第的聖瓦萊里登陸。相當於在諾曼第來了個環海岸半日遊。

聖瓦萊里是座風景迷人，氣候舒適的小鎮。維克多·雨果（Victor Hugo）、儒勒·凡爾納（Jules Verne）、愛德加·竇加（Edgar Degas）在這裡都有自己的別墅。

威廉可不是來度假的，他的心情糟透了。

9 月 14 日是秋分。從這一天開始，晝短夜長。南風逐漸消失，北風一直持續到第二年春季。狂風夾雜著大雨。巨浪重重地拍打著海岸。

有的船隻被吹翻了，有的船隻被撞沉了。不少人淹死在海裡，經過海水浸泡，屍體腫脹、錯位，隨著波浪伸臂擺腿，就像喪屍在招手。

威廉命人以最快的速度，偷偷埋掉屍體，以免影響軍心。

謠言比北風還快。什麼一百艘船壞了，五百名士兵死亡了，上帝今年不會給我們所需要的南風了，威廉公爵馬上就要取消出征了。

海灘不遠處有一座四百年歷史的修道院。修道院教堂的頂上有個鐵烏鴉做的風向標，烏鴉嘴指著風的方向。

威廉天天去教堂禱告，抬頭看看烏鴉。

烏鴉天天朝著北方。

威廉苦惱不已，我什麼都能做，我什麼都做了，就是不能自己造風，或者向別人買風。縱使付出萬般努力，終須一分天意啊。

厄德主教出了個主意，借風。

「向誰借？」

「天氣的主人，萬能的上帝。」

第二天，諾曼聯軍吃罷早餐，盛裝列陣，整齊地站在海灘上。

一個半人高的祭壇已經搭好。

威廉站在祭壇前面，一臉嚴肅。

神職隊伍從聖瓦萊里修道院出來。康斯坦斯主教高舉教宗的十字旗走在最前面。厄德主教跟後，手捧從聖瓦萊里修道院裡請出的聖骨，再往後是二十四名教士，排成兩列。

康斯坦斯主教走上祭壇，站在一邊。

厄德主教走上祭壇，把聖骨放在臺子中央的桌子上，隨後舉起一支巨大的十字架，大聲呼喊：

最仁慈的全能的上帝啊！

我們謙卑地祈求您，賜給我們所需要的天氣吧，賜給我們所需要的大風吧。

最可敬的聖人啊！

請把您神聖的護佑給我們吧！我們將全力懲罰偽誓者、騙子和邪惡的哈洛德，讓十字旗飄揚在英格蘭的上空。」

所有人一起高喊：阿門！

大隊人馬在海岸邊浩浩蕩蕩巡遊一圈，將聖骨送回聖瓦萊里修道院。

由威廉開始，向聖骨前面的一個箱子裡扔下一枚錢幣。

每一個人都這麼做。很快，錢就溢出了箱子。

修道院成為戰爭的第一個受益者。

到了中午，太陽當頭，沒有一絲微風。

到了晚上，還是沒有一絲南風。

威廉在失望之中進入夢鄉。

第二天黎明。有人喊道：「公爵大人！公爵大人！」

威廉一屁股坐起來。

「風來了！風來了！」

威廉馬上清醒了。他像一條魚一樣蹦起來，光著腳跑出營寨，抬起頭。

烏鴉的嘴轉向了南邊。

「風來了！哈哈！」威廉張開雙臂，迎著南風，喜悅地流下眼淚。

「大人，這不是西南風，是東南風。」

東南風？威廉心頭一緊。

東南風也是南風。

威廉又張開大嘴笑了！

上帝到底是看上了他們的誠意，還是他們的錢？

大風把諾曼船隊從迪沃吹到聖瓦萊里也不是一點好處都沒有。從這裡到英國的距離近了，航行時間縮短了五到六個小時。

威廉可不想半夜在英國登陸。所以，理想的出發時間是晚上八點以後，第二天中午可以到達海峽對岸的佩文西。

晨霧中，一艘巨艦衝進了碼頭，看起來比這裡所有的戰艦都高大、都華麗。

「難道是英國人來了？」諾曼軍營一片恐慌。眾人趕緊抓起武器。威廉在前，所有人的眼睛都緊盯著大船。

船尾上雕著一個金色的小天使，右手拿著一支旗子，左手拿著軍號在吹。仔細一看，模樣好像是威廉的兒子羅貝爾。

有人高喊，「快看，是公爵夫人！」

瑪蒂夫人站在船首，旁邊是蒙哥馬利，還有五、六名官員和隨從。

「噢 —— 」人群中響起了歡呼聲。

有人搭好舷梯，瑪蒂夫人走下寶船。

看著威廉頭髮淩亂，眼窩深陷，瑪蒂夫人有些心疼。

看見夫人，威廉掩飾不住內心的喜悅。他問瑪蒂夫人，「我從沒有見過這麼漂亮的船，它有名字嗎？」

「耽擱號。」

「耽擱？」一聽到這個詞，威廉不由得皺了皺眉頭。

「我親愛的丈夫，如果耽擱號都能夠起航了，說明你們都能走了。」

原來如此！

威廉轉憂為喜，「把我的東西都搬到耽擱號上，我要乘坐這艘船渡海。另外，把教宗的十字旗掛在桅桿上。」

今天終於可以出發了，又見到了夫人，威廉心情大好。

夫人送來了美酒，中午舉行了盛大的宴會，每個士兵都美美飽餐一頓。

下午，威廉命令所有的士兵，穿戴明亮的盔甲，拿上漂亮的武器，舉起五彩的旗子，拉出所有的戰馬，在沙灘上排列整齊，邀請夫人檢閱部隊。

士兵們個個挺胸疊肚，比威廉檢閱的時候還有精神。

男人，只有見女人之前，才知道有個詞叫儀容儀表。

夜色中，耽擱號在桅頂掛上一盞異常明亮的燈籠。鳴笛之後，第一個出發。八百餘艘戰艦陸續出港，像一群鯊魚駛向英國。

南風輕拂，海面平靜，一夜無話。

第二天，威廉早早就起來了。躺在床上想著明天的登陸，想著將要經歷一場未知的大戰，他一晚上都沒有睡好。

威廉走出船艙。

前方濃霧瀰漫，什麼也看不見。

史蒂芬船長趕緊跟了過來。

「還需要多長時間到岸？」

「四個小時左右。」

威廉走到船尾，也是濃霧瀰漫，什麼也看不見。

耽擱號似乎和諾曼船隊走散了。

菲茨奧斯本、厄德、莫爾坦等人出來了。

「史蒂芬，我們是不是偏離了航線？」威廉問。

「不會的，我保證。」

「我們是不是先把船停下來，等一等。」厄德說。

「停下來，先吃飯，」威廉命令道。

坐在餐桌前，厄德、莫爾坦、菲茨奧斯本等人惴惴不安。厄德甚至想起兩年前哈洛德船隻失事，在諾曼第被俘的事情。

水手們私下嘀咕，一定是海妖把他們引到了未知的海域。

威廉在船上吃肉喝酒，神情自若，就像在自家客廳一樣。

「你們猜一猜，我們是在戰場上殺死哈洛德，還是俘虜他？」

「應該把他送到諾曼第，他的弟弟烏諾思很想他，」厄德說。

眾人一笑，心情輕鬆了很多。

水手在瞭望塔上喊道，「後方出現了四個小黑點，可能是船隻。」

不一會兒，水手又喊起來了，「是四艘船隻，後面有更多的黑點。」

原來「耽擱號」行駛得太快了。

此時離英國海岸已經很近了，如果遭遇到哈洛德的海軍就危險了。

威廉下令，升帆，與所有船隻保持同速前進。

9月28日上午12點，「耽擱號」第一個到達英國南部海岸佩文西。和之前預想的一樣，這裡有不少海灣可供停泊。

威廉兩眼一眨不眨地看著岸邊，尋找著英軍的蹤跡，一個人也沒有。船隻剛剛停下，他拿起鐵錘，第一個跳下戰船，激動地向岸上跑去。

也許是踩到了泥坑，也許是被一塊石頭絆倒，後面的人只見威廉突然向前撲倒，結結實實摔了個狗吃屎，鐵錘飛出老遠。

所有人都驚呆了！

剛剛踏上英國的土地就摔個大跟頭，這是一個多麼可怕的兆頭！

這難道預示著我們會輸掉這場戰爭，我們會死在英國？

只見威廉雙手扶地，撅起屁股，慢慢爬起來。

威廉站好，轉向自己的士兵，嚴肅、陰沉的臉上還沾著不少泥沙。

威廉慢慢伸開雙臂，鬆開手掌，手心向上。

眾人疑惑地看著他。

突然，威廉的嘴巴張開，大笑起來。

「我的雙手已經擁抱了英格蘭的大地。從這一刻起，它屬於我了！」

「英格蘭屬於威廉國王，」一名士兵機敏地回應。

「說得好！」威廉彎腰從地上撿起一塊石頭，問這名士兵，「你叫什麼名字？」

「羅傑斯。」

「跪下！」

羅傑斯莫名其妙，又不敢問，只好跪下。

「羅傑斯，我以英國國王的名義，將這塊石頭賜給你。占領倫敦之後，你拿著這塊石頭找我，我給你一海德[07]的土地。」

羅傑斯雙手接過石頭說道，「我將永遠保存這塊石頭，它比一百海德的土地更值錢。」

威廉命菲茨奧斯本、尤斯塔斯帶著軍隊去不同的方向尋找敵軍。

八百艘船有快有慢，五、六個小時才登陸完畢。經統計，兩艘船隻失蹤，很可能在海岸觸礁沉沒了，「灰鶴」就在上面。

「上帝啊！」威廉大發感慨，「這傢伙有多愚蠢！他能看見天上的星星，卻看不見海裡的石頭！」

晚上，菲茨奧斯本和尤斯塔斯等五十多個渾身泥漿的人回來報告。一是沒有發現英軍出沒。二是附近全是泥塘地，沒有可以行軍的道路。

之前，威廉曾經設想過不下十種方式的登陸戰。

現在，一個英國人的影子都沒有。

在諾曼第等風的時候是如此的曲折，在英國登陸的時候卻是如此的順利。

威廉下令，舉行盛大晚宴，慶祝登陸成功。很快，沙灘燒烤大會就開始了。烤肉串，烤全雞，烤全魚，烤麵包，就著葡萄酒和蘋果酒。威廉選了一塊大石頭當餐桌，據說這塊石頭今天還在。

---

[07]　一海德（Hide）等於一百二十英畝，七百二十畝，約六十個足球場大小。

諾曼聯軍在海灘上忐忑不安地度過了第一個夜晚。

佩文西是最佳登陸地點，卻不是最佳駐軍地點。

第二天，諾曼第騎兵和步兵沿海岸線東進，船隻沿海同行。行軍十英里後，諾曼軍隊在哈斯丁 (Hastings) 停下腳步。

駐軍哈斯丁的理由如下：

第一，這裡海岸線彎彎曲曲，可供大量船隻停靠。如果你今天站在哈斯丁的海邊，你不會看到當年的那些海灣，千年的泥沙抹平了彎曲的海岸線。

第二，哈斯丁位於一個細長半島的末端，一條小河將其與大陸隔開，就像一個天然城堡，可守可攻。

第三，哈斯丁向北有一條大道，是當年羅馬人用礦渣堆砌的，沿著這條路可以直達倫敦。

第四，這是一個古老的港口，附近有很多居民，可以搶劫。

威廉下令在一處高地修建城堡，可以俯視整個小鎮和海灘 (今天遺址尚在)。

每到一個新的地點，威廉首先想到的就是尋找或者修建防禦設施。

威廉不想孤軍深入，不敢和自己的艦隊分開。所以，他要等哈洛德率軍前來。

第二天，沒有發現英軍的蹤跡。

第三天，沒有發現英軍的蹤跡。

第四天，沒有發現英軍的蹤跡。

真是奇怪。難道沒有人告訴哈洛德諾曼軍隊來了？

威廉急躁起來。他一天也不想等。

威廉衝著北方的丘陵大喊：「哈洛德！騙子！叛徒！快給我出來！如果你害怕的話，我可以不用一個士兵，就我們兩人決鬥，怎麼樣？」

威廉下令在哈斯丁附近燒殺搶掠，逼著哈洛德前來應戰。

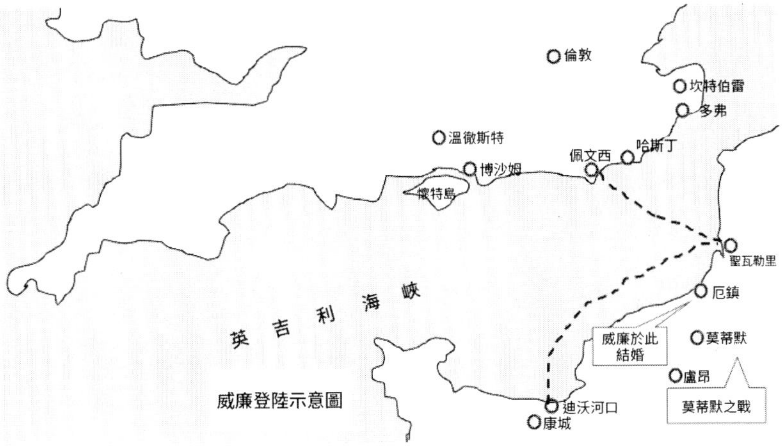

威廉的戰艦「莫拉號」，上面是教宗的十字旗，船尾的雕塑是羅貝爾吹軍號。
士兵們把盾牌整齊地擺放在船舷上。右側的船上有兩匹馬。圖片來自〈巴約掛毯〉

第八集　冰臉王

挪威古都特隆赫姆（Trondheim）集都市便利與鄉村風情於一體，號稱是「世界上最完善的城市」。

聖克來芒教堂中間停放著挪威先王奧拉夫（Olaf Tryggvasonn）的遺體，盛殮在一艘精美的龍頭船。三十六年了，屍體還沒有腐爛，和剛去世的時候一樣，皮膚光澤，表情安祥。

挪威國王哈拉爾三世（Harald Hardrada）（綽號「冰臉王」）坐在椅子上，左手輕輕地托著奧拉夫的手，右手拿著一把小剪刀，神情專注地剪著指甲（屍體每年都會長出頭髮和指甲）。

冰臉王邊剪邊說，「哥哥，告訴你一件大事。愛德華國王死了，奪回英格蘭的時間到了。明天我就出發，和托斯提一同前往英國。」

說完，冰臉王把剪刀交給侍衛，托著奧拉夫的手輕輕放回原位。然後，他站起來，走到教堂一側，拿起架子上一把長柄銀斧，回到奧拉夫身邊說道，「哥哥！請允許我借您的斧頭一用。我發誓拿英國王旗裹著它還給您。」

今天挪威國徽上的斧頭，就是奧拉夫的銀斧。

托斯提丟人現眼地離開英國之後，發誓要報復哈洛德。

威廉對哈洛德是氣，托斯提對哈洛德是恨。

在某些情況下，我們恨父母勝過恨親戚，恨親戚勝過恨朋友，恨朋友勝過恨陌生人。

托斯提首先向蘇格蘭國王求助，一無所獲，又去勸說丹麥國王，再次遭到拒絕。這兩位國王垂涎英國領土已久。但是他們清楚得很，打敗哈洛德，不可能。

托斯提找到妻舅，佛蘭德的鮑五伯爵。

鮑五伯爵暗想，敵人的敵人就是朋友。托斯提可以幫助女婿威廉對付哈洛德，有利用價值。於是給他一支迷你艦隊，讓他去騷擾英國邊境去。

這支迷你艦隊，用來搶劫綽綽有餘，用來作戰就是送死。

走投無路的托斯提抱著一線希望北上，找到了冰臉王。沒想到兩個人一拍即合。冰臉王要英國王位，托斯提要北境伯國。

據說托斯提之前還找過威廉。

總而言之，只要能毀滅哈洛德，托斯提甚至願意與魔鬼合作。

冰臉王比一百八十公分的威廉還高出半個頭。九歲時，他參加了人生的第一場戰鬥。此後，冰臉王輾轉於俄羅斯、波蘭、保加利亞、北非戰場，逐血而行，殺人無數。這個能把敵人嚇出屎尿的無敵霸王還有多才多藝的另一面，據說他是八項全能冠軍：釘馬掌、騎馬、游泳、射箭、滑雪、標槍、彈奏豎琴及寫詩。

自從西元 1063 年和丹麥國王斯文簽署停戰協定以來，冰臉王已經有兩年多沒有作戰了，比兩年多沒做愛還難受。

打！再不打人都老了。

9 月 13 日，一場北方風暴把威廉的艦隊吹回諾曼第。就在這場風暴當中，冰臉王和托斯提率領三百艘龍頭戰船、一萬名精銳士兵，裹挾著北海的肅殺之氣，撲向英格蘭。

同一天，兩支龐大的艦隊，一南一北殺向英國。

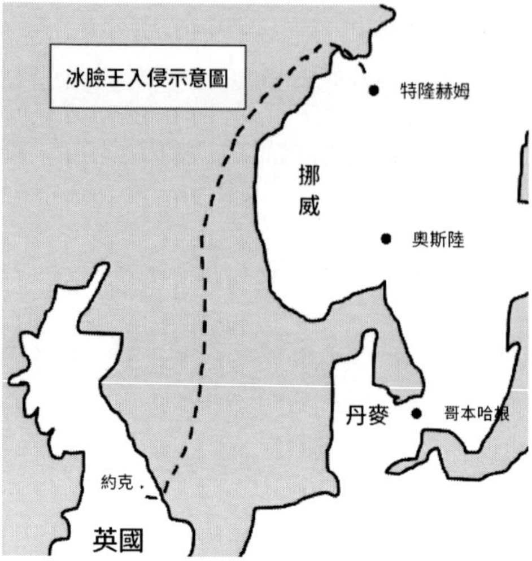

說起來挪威人，和諾曼人還頗有些不解之緣。諾曼人的祖先就是從挪威來的。挪威的意思是北方之路，諾曼第的意思是北人之地。

挪威人的船隻是現成的，比威廉臨時建造的船要大上一倍。

挪威人不需要準備麵包和葡萄酒（他們喝啤酒），他們走到哪裡搶到哪裡。

挪威人不需要馬匹，他們都是手持長斧的壯漢。

挪威人不需要木材，他們只攻不守。

挪威人不需要藉口，不需要外交，不需要動員，想打就打。

挪威人不怕寒冷，到英國相當於取暖。

看著漸近的英國海岸，再仰望偉岸的冰臉王，托斯提的心跳加快了。

有冰臉王相助，此番必當打敗哈洛德，奪回北境伯國！

挪威軍隊順利在里卡登陸，向北境伯國的首府約克出發。

埃莫兄弟迅速召集了一支軍隊，在約克城南三公里的福爾佛德進行攔截。

9 月 20 日，兩支軍隊隔著一條水渠對峙。

托斯提激動起來。埃德文！莫爾卡！今天我要親手宰了你們這兩頭豬！

冰臉王帶領一支軍隊正面進攻，托斯提帶領另一支軍隊從隱蔽處越過水渠，偷襲英軍後方。挪威人大敗埃莫兄弟，將他們的軍隊剁成肉餡。

9 月 24 日，膽顫心驚的約克市民向兵臨城下的挪威人投降。

冰臉王大喜，準備放如狼似虎的士兵進城搶劫。

「不要！」托斯提伸手攔住了他，「約克是我的都城，考慮到今後的統治，請陛下手下留情。」

「我們和平進城。」

托斯提也不同意。惡狼進了羊群，哪能管住自己的嘴？他對冰臉王說，「我們要求約克市民籌集一大筆錢，明天中午之前交給我們。今天晚上，我們還回里卡駐紮。」

冰臉王答應了。

第二天上午十時，冰臉王和托斯提舉著「大地蹂躪者」的旗幟，帶著三分之一的兵力就大搖大擺上路了。剩下的三分之二留在里卡看守船隻。

今天是來取錢的，不用打仗，他們拿著武器，但沒有穿盔甲。

挪威人的前鋒部隊剛剛走過德文特河上的一座木製小橋，就發現前方塵土飛揚，伴隨著有節奏的「隆隆、隆隆」的響聲。

不一會兒，塵土中露出了一面高高飄揚的黃底紅龍旗，隨後出現了一排騎兵，以及越來越多的騎兵。

只有托斯提心裡清楚，那面旗幟上正是自己的家族徽章，威塞克斯之龍。旗幟下方，正是自己的哥哥，哈洛德。

哈洛德在倫敦聽到挪威軍隊入侵的消息時，還不知道埃莫兄弟兩人已經戰敗。但他知道冰臉王這三個字意味著什麼。

哈洛德不敢耽擱，四天四夜急行軍一百八十五英里。騎兵在前面跑，步兵在後面追，農民就地加入隊伍。

24 日傍晚，王軍來到約克城外。挪威人剛剛離開，前後不超過六個小時。

約克市民打開城門，放入哈洛德的軍隊，並向國王報告了挪威人的行蹤。

第二天早上，挪威人還在睡覺，哈洛德就率領軍隊出城了。他們繞過一條山脊，來到斯坦福橋，擋在挪威人的前面。

一名王軍代表向托斯提喊話：

「我親愛的弟弟，回來吧！我現在是國王了，可以答應你的條件，恢復你的地位。不光是我、戈斯、利夫奧文，還有我們的母親，都盼著你回來。」

托斯提有些心動。

「那麼，冰臉王能得到什麼？」

「七英尺，或者九英尺的土地（墓穴）。」使者想起來冰臉王的身高。

托斯提向冰臉王轉達了使者的條件。

「你怎麼想？」冰臉王問他。

托斯提猶豫了。一個是一母所生，從小愛護自己的兄長，一個是陷入絕境時熱心幫助自己的朋友，我究竟應該選擇哪一個？

在我人生最谷底的時刻，我哥哥拋棄了我。

在我人生最谷底的時刻，冰臉王支持了我。

答案是明顯的。

托斯提選擇戰鬥。他認為英軍有兩大弱點，不一定贏得了今天的戰鬥。一是長途跋涉，將士疲憊。二是英軍單兵作戰能力遠不如高大威猛的挪威人。

哈洛德也知道自己的弱點。能夠拯救英國軍隊的，就是眼前這座不起眼的木橋了，它把挪威軍隊分成了前後兩部分。哈洛德的策略是，集中優勢兵力殲滅過橋的挪威人，接下來再以人數優勢殲滅未過橋的挪威人。

經驗豐富的冰臉王迅速下達兩道作戰命令：

1. 派傳令兵以累死馬的速度去通知留在里卡的後軍前來增援。
2. 已經過橋的挪威人快速衝向英軍，為後軍過橋騰出足夠的空間。

哈洛德發現挪威人有一個明顯的弱點，沒穿盔甲。他吩咐弓箭手向前，全力射殺挪威人，避免與他們近身肉搏。

挪威步兵奮勇向前，身上扎著十幾根箭照樣劈死英國弓箭手。衝殺了一會兒，他們還是敵不過密集的箭雨，紛紛後退，在木橋前後擠成一團。

冰臉王一看局勢不好，立即大步向前，站在橋頭，手持銀斧，怒視英國士兵。只要我在這裡，你們誰也休想過橋。

一個英國士兵拿著長矛向他刺來。

冰臉王扔掉斧頭，伸出右手抓住長矛，使勁一拉。這名士兵「噔噔噔」向前踉蹌幾步。還沒等他反應過來，冰臉王左手就掐住了他的脖子，將他拎起來，伸到嘴前，在這名士兵的臉上狠狠咬了一口。

隨後，冰臉王左手一甩，把他扔到河裡。

三名英國士兵一起刺過來，冰臉王右手拿著剛奪來的長矛一掃，三個士兵站立不穩，幾乎跌倒。冰臉王大步上前，一槍一個。

挪威士兵站在橋後，紛紛叫好。

五、六名英國士兵同時衝上來。冰臉王這時撿起銀斧，和他們戰在一起，就像一頭高大的黑熊和五、六隻獵犬搏鬥。

冰臉王腿部受傷，五、六名英國士兵全部倒地。

更多的英國士兵衝上來。

為了安全，冰臉王退守橋上，這樣不用顧忌兩邊的威脅。很快，又有七、八具屍體倒在他的腳下。

冰臉王的策略是拖延英軍過橋，等我的援軍來了再與你們決戰。

「誰敢過來？誰敢過來？」冰臉王咆哮著，聲如霹雷。

英國士兵臉上紛紛露出懼色，不敢上前。

這時候，突然從橋下伸出一根長矛，箭一般的速度，不偏不倚正刺進冰臉王的肛門。

「啊！」冰臉王一聲慘叫，他扭頭看著橋下偷襲的英軍士兵。

這名士兵鬆開手，「撲通」一聲，鑽進水裡，奮力向遠處游去。

冰臉王伸手從屁眼裡拔出長矛，大叫一聲，用力擲向河裡的英國士兵，將其扎死。

等冰臉王再扭過頭來，七、八名英國士兵已經衝到他的跟前，寬劍長矛在冰臉王的身上刺出六、七個血窟窿。

看著冰臉王瞪圓的血眼，他們嚇得鬆開武器，退回去老遠。

冰臉王「撲通」一聲倒下。史上最後一個北歐海盜國王，就此斃命。

英軍士氣大振，紛紛叫嚷著向木橋衝去。

「停！」哈洛德大聲制止他們。

使者再次走上前去，詢問挪威人是否願意投降。

英軍傷亡慘重，哈洛德希望控制損失，保存兵力。

這時候，挪威後軍頂盔貫甲，匆匆趕來。挪威前軍士氣大振。他們齊聲喊道，寧可戰死，也不投降。

托斯提舉起了「大地蹂躪者」的旗幟，接管了指揮權。

英軍如潮水般地衝過木橋。

挪威的援軍穿著厚重的鎧甲跑了一路，個個累得彎腰喘氣，根本沒有戰鬥力。

很快，托斯提死於混戰。

冰臉王的兒子奧拉夫（Olav Haraldsson）一看不好，向英軍舉起了白旗。

哈洛德立即下令停戰。

奧拉夫向哈洛德發誓，再也不會入侵英格蘭。

哈洛德允許他帶著冰臉王的屍體，以及殘兵敗將回家。

三百艘戰船浩蕩而來，最後只有二十四艘黯然而去。

冰臉王實際上是被哈洛德突襲了。如果雙方戰前做好充分的準備，最後的勝利者很可能是冰臉王。冰臉王史稱哈拉爾三世，是挪威首都奧斯陸的建立者。

今天的挪威國王也叫哈拉爾（Harald V），也是英國王位繼承人之一。

挪威王國恢復元氣，至少需要五年的時間。丹麥國王和蘇格蘭國王被哈洛德的無敵戰力嚇傻了。就連半心半意的埃莫兄弟，也對哈洛德佩服得五體投地。

英國北方的和平，斯坦福橋一戰而定。

托斯提的屍體葬在約克大教堂，這個地方是他的。

哈洛德的損失也不小，至少五千士兵，特別是弓箭手。

10 月 1 日晚上，哈洛德和趕來的埃莫兄弟在約克開懷暢飲。

一個渾身是泥的使者飛奔而來，邊跑邊喊：「威廉來了！威廉來了！」

10 月 5 日，哈洛德來到自己家族建立的沃爾瑟姆修道院。該修道院位於倫敦北方四十公里處。

當時的王公貴族一般都會捐建一至兩所修道院，讓修道院院長和修道士日日夜夜為自己的家族禱告，畢竟貴族的手都沾過人血。

捐建修道院的好處如下：

1. 首先奉獻給神。
2. 保佑家族平安。
3. 修道院平時救濟窮人，算是積德行善。
4. 遇到困難、挫折時，到寺院閉關修行。
5. 年紀大了，把家業交給兒子，自己出家為僧。
6. 死後葬在修道院。

多年前，有人在附近的山上挖出一具聖母石像。哈洛德委託工匠替石像鍍上一層銀，放在修道院的教堂裡。

哈洛德跪在聖母像前，獨自禱告。

「萬能的聖母啊！邪惡的諾曼侵略者來了，一場生死大戰就在眼前。我向您祈求，賜給我，賜給英國人民一個完全的勝利。」

說完，哈洛德站起來，向神像點頭告別，轉身走出教堂。

「我看見神像對國王點了一下頭，」一個修道士說。

「你眼花了吧，」另一個修道士回答。

「看看就知道了。」

他們走上近前檢視。

神像從正視變成俯視了，既沒有銀粉掉下來，脖子那裡也沒有褶皺。兩人吃驚不已。

冰臉王和哈洛德出征前，要到教堂禱告。

中國皇帝出征前，也要祭告祖廟。和威廉同時期的是宋朝。《宋史·禮志五》中說：

古者，天子將出，類於上帝。

這個類就是祭告的意思。

巧的是，中國當時也用上帝這個詞。

戈斯、利夫奧文兩兄弟站在教堂門口等著哈洛德。

「陛下，我們現在不能和諾曼人作戰！」戈斯說。

「威廉已經踏進國門，天天殺人放火，難道我們能坐視不管？」

「當然能，」戈斯說道，「陛下，我們就在倫敦，哪裡也不要去，什麼事也不用做。最多三個月，威廉就會主動撤回諾曼第。」

「噢，為什麼？」

戈斯分析道，威廉面臨著五大威脅，哪一樣都足以讓他大敗而歸。

第一威脅是天氣。從現在開始，英國進入雨期。洪水氾濫，道路泥濘，不能行軍。弓弦因為潮溼失去張力，攻城機械因膨脹而難以組合。

《三國演義》裡多次提到，「雨水不住，營中泥濘，軍器盡溼，衣甲皆毀，人不得睡，晝夜不安，軍士怨聲不絕。」

第二威脅是疾病，其實也源於第一威脅。寒冷、陰溼的氣候致使人體虛弱，加上水土不服，諾曼人會病倒，甚至病死。

《三國演義》中周瑜評價曹軍：「遠涉江湖，不服水土，多生疾病。」

第三威脅叫補給，還是和第一威脅有關係。冬季萬木凋零，田野荒蕪，諾曼人無法收穫糧草。想從諾曼第運來，又沒有南風。

《三國演義》中周瑜評價曹軍：「隆冬盛寒，馬無藁草。」

第四威脅叫後院。威廉留著妻子和長子看守諾曼第，兩、三個月沒問題。時間再長，法王和諸侯很可能會入侵他的領地。一旦後院起火，威廉必須撤軍。

《三國演義》中周瑜評價曹軍：「馬騰為其後患，而操久於南征，此兵家之忌也」。

第五威脅叫內鬥。諾曼軍是拼湊來的雜牌軍。長期沒仗打，沒錢分，有的要退出，有的要鬧事，軍中必起內亂。

戰爭有其內在規律，在很多情況下，中國和歐洲是一樣的。

戈斯總結道，三個月的時間，諾曼人就會變成一支又冷、又餓、又病、又怨的軍隊。到時候，我主敵客，我逸敵勞，我增敵減，我強敵弱。重則我們全殲威廉軍隊，中則我們將他們趕進大海淹死。至於輕則，說不定我們還沒有出戰，威廉已經返回諾曼第了。

哈洛德以異樣的眼光看著自己的弟弟。

「說得很好。不過，我們就這樣眼睜睜地看著他們殺人放火？」

「他們殺的人越多，對我們越有利。」

「這是什麼話？」

「他們每殺死一個英國人，就會有十個英國人加入我們，向威廉復仇。」

「絕對不行。國王的職責是什麼？是保護人民，不是利用人民。」

「陛下！」戈斯還想勸解。

「別說了。」哈洛德有些不快。

利夫奧文趕緊打圓場說，「陛下！雖說被迫發下的誓言沒有效力。不過，誓言畢竟說了。為了避開那個該死的誓言，您留下來守倫敦，讓我和戈斯前去和威廉戰上一場。我們勝了，自不用說。我們敗了，您再去。」

「作為國王，我要站在人民的前面。作為兄長，我要站在你們的前面。你們不必害怕威廉。我猜想他最多最多有五、六千人馬，比挪威人要少得多。我們在斯坦福橋的確損失了一些兵力，不過我們還有時間把軍隊補充到一萬人以上。斯坦福橋之戰過去十天了，我們再休息一週，體力總能恢復吧。我們已經贏得了一場勝利，我們很快會迎來第二場勝利。」

10 月 13 日下午四時，哈洛德率軍抵達哈斯丁以北八英里的血湖山。執旗官將黃底紅龍旗掛在山頂一棵古老的蘋果樹上。

哈洛德設想再發動一次斯坦福橋式的突襲。

探馬來報，威廉的軍隊正在密集調動。

哈洛德想到了這個結果。威廉比狐狸都謹慎，他不會替敵人留下可乘之機。

哈洛德對戈斯、利夫奧文說，今天就地駐紮，明天正式開戰。告訴我們的戰士，這是我們的國土，任何人都不應該懼怕。該吃就吃，該喝就喝，想唱就唱，想跳就跳。

晚餐的時候，威廉的特使來了，向哈洛德提出三種和平方案。

第一種方案：哈洛德將王位禪讓給威廉。威廉任命哈洛德為英國攝政。

第二種方案：雙方放下武器，向羅馬申訴，由教宗決定結果。

第三種方案：威廉和哈洛德單獨決鬥，勝者為王。

哈洛德回覆說：

威廉公爵作為一個外國人，無權要求我退位。我也不會退位。

第二種方案是不公平的，教宗顯然已經選擇了威廉。

至於第三種方案。我不怕威廉，可以和他決鬥。但這個代價不是英國王位，因為神聖的王位不是小孩子的玩具。

威廉的特使一看三種方式都行不通，於是提出第四種方案：

英國和諾曼第合併成一個王國，威廉是國王，首都設在盧昂。王國設兩個省，一個是英國省，一個是諾曼第省。整個英國省交由哈洛德統治。

從第四方案可以看出，威廉沒有戰勝哈洛德的信心，他繼續用大鑽石誘惑哈洛德放下武器。

哈洛德說，這個方案我也不能接受，讓戰爭決定吧。

吃罷晚飯，哈洛德走出大帳。

英軍士兵沒有人睡覺，每個人都舉著酒杯吵吵嚷嚷，顯得很興奮。

與英軍大營截然相反，諾曼軍營靜悄悄的。

每個士兵都圍在主教、牧師和僧侶的周圍，認真傾聽，默默誦讀：

「你們將要與仇敵爭戰，不要膽怯，不要戰兢，也不要因他們驚恐，因為耶和華你們的神會拯救你們！看見馬匹、車輛，並有比你多的人民，不要怕他們，因為領你出埃及地的耶和華神與你同在！」

「阿門！」所有士兵一起說道。

教士也是軍人，真正的前鋒部隊。

大戰前夕，英國人在忘記恐懼，諾曼人在驅除恐懼。

第九集　獅龍大戰

西元 1066 年 10 月 14 日，一個注定要載入史冊的日子。

諾曼聯軍早上五點起床，舉行彌撒，進食早餐。

我們過去經常聽到一個詞，飽餐戰飯。當時我以為它的意思是說吃飽了就有力氣打仗。現在我認為，戰飯很可能是士兵人生中最後一餐了，一定要管飽管好。

諾曼聯軍沿著山脊向北行軍十公里，於八點半抵達血湖山下。

英軍此時已占據血湖山頂。

這個血湖山實際上是一個小丘陵，最高處約八十公尺。血湖山下，西側是茂密的樹林，東側是泥濘的沼澤，南側有一片開闊的草地。

這個戰場是哈洛德精心挑選的。

英軍幾乎全部是步兵（貴族騎馬到戰鬥地點，下馬步戰）。如果諾曼聯軍從前、左、右三個方向發動攻擊的話，英軍陣列遲早會被衝破、衝碎。森林和沼澤不適合騎兵奔馳，所以諾曼軍隊只能以一定寬度的軍列向山上發動衝鋒，而不能三面包抄英軍。

英軍的兩翼有了安全保障，哈洛德只須建立穩固的正面防線。

英軍以皇家衛隊「龍旗軍團」和「戰鬥者軍團」為核心，加上一些臨時招募的農民，總兵力在八千人左右。他們的武器除了劍、長矛和丹麥斧之外，還有鋼叉、鐵鍬、釘耙等農具。

有經驗的英國士兵站在前三排。第一排士兵把盾牌放到地上，一個接一個連起來，形成一道長約八百公尺的防護欄。第二排士兵再把盾牌放到第一排盾牌的上方，防護欄變成了防護牆。防護牆的後面是正規士兵，他們或從盾牌的縫隙刺出長矛，或衝出盾牌牆，用丹麥斧砍殺。缺乏作戰經驗的農民站在後排。如果前排的防線出現裂口，他們上前補齊。這有點像防洪工程，前面是河堤，後面是沙袋。

血湖山上，威塞克斯紅龍旗下，哈洛德、戈斯、利夫奧文三兄弟並肩而立。

血湖山下，諾曼第的黃獅旗下，威廉、厄德、莫爾坦三兄弟並肩而立。厄德是主教，不能殺生，不能見血。他特地選了一根粗實的木棒，負責打傷、打殘、打腫、打暈、或者打折。

真可謂，打仗親兄弟，上陣父子兵。

在威廉的精心安排下，諾曼聯軍擺出三行三列陣勢。

第一行，弓兵和弩兵，密集發射，對英軍造成恐懼和壓力。第二行，步兵，削弱英軍的體力和實力。第三行，騎兵，衝亂英軍陣營，將其擊潰。

第一列（左）為布列塔尼軍團，由紅髮阿蘭指揮。第二列（中）是諾曼軍團，由威廉親自指揮。第三列（右），佛蘭德－歐洲軍團，由菲茨奧斯本和尤斯塔斯指揮。巧合的是，這和地圖上三個盟國的地理位置是一致的。

有軍事經驗的人不必等到戰爭結束，只要詳細觀察兩軍的排兵布陣，就知道雙方主帥的軍事能力，就知道戰爭的勝負。

目前來看，哈洛德和威廉都是一流的軍事統帥。

一名老兵捧著精鋼重鎧，披在威廉的身上，扣了三回也扣不上。

穿反了。

眾目睽睽之下，所有人都注意到這個尷尬的細節。

大戰在即，臨陣出錯，難道預示著今天的戰事不利？

老兵最知道威廉的脾氣。他嚇得渾身發抖，面無血色。

威廉卻哈哈大笑起來。他伸手一拍老兵的肩膀，說道：「這是上帝借你的手在顯靈了！公爵的盔甲已經過時，我該穿國王的盔甲了。」

老兵也笑了，重新為威廉穿好盔甲。

威廉翻身上馬，一提轠繩向前走了幾步，然後轉身面向自己的軍隊，發表了公爵的演講（節選）。

「諾曼人！一切民族中最勇敢的人！我毫不懷疑你們的勇氣，也不懷疑你們必將獲得勝利。我甚至不需要激勵你們，因為你們的勇氣與生俱來，無須依靠他人鼓動。

勇士們！我們的祖先丹麥人和諾曼人曾經上百次地擊敗過英國人。如果任何一個英國人能站出來證明，諾曼第自立國以來有過敗績，我就認輸撤退。

勇士們！高舉戰旗，勇往直前！

你們的榮耀之光，如閃電照亮大地！

你們的高聲吶喊，如驚雷迴盪四方！」

雖然是個文盲，威廉的演講卻擲地有聲，引起諾曼聯軍陣陣歡呼。

威廉深深地吸了一口氣，急速地吐了出來。

獅龍決戰，開始了！

他大聲叫道，「誰第一個出馬？」

諾曼聯軍陣列一片寂靜。

十、九、八、七、六、五、四、三……

「公爵大人，把殺死第一個英國佬的榮譽讓給我吧！」一個渾厚的男中音響起。

威廉一看，是詩人泰勒弗。他點了點頭。

泰勒弗催馬走出軍陣，停了下來。

他抽出長劍，猛地拋向空中。

眾人盯著泰勒弗，不知道他要做什麼。

泰勒弗一勒韁繩，一踢馬刺，戰馬前蹄高高抬起。只見他如鷹一樣伸出右手，抓住了正在下落的長劍劍柄。

「好！好！」諾曼聯軍齊聲喝采。

泰勒弗把劍插入劍鞘，抓起長矛，兩腳一踢馬肚，向山坡上奔去，邊跑邊唱《羅蘭之歌》[08]，孤身衝向英軍。

到了英國陣前，泰勒弗一矛刺死一個英國士兵。

就在他抽出長劍的工夫，一名英國斧頭兵上前，給了他沉重的一擊。

泰勒弗倒在地下。三、四名英兵圍上來，把他砍成肉泥。

戰馬一聲嘶鳴，跑下山來。

威廉右手舉起，高喊：「發射！」

弓箭手向前，立定，拉弓，舉箭，放手！

成百上千枝黑色的長箭飛向英軍。

英軍士兵下蹲，舉起盾牌，變成一個個烏龜殼。

「噹！噹！噹！」

「噢！噢！噢！」中箭的士兵發出痛苦的呻吟。

箭過三輪之後，威廉高喊：步兵。

諾曼步兵用武器擊打著盾牌，嘴裡喊著「呵、呵、呵、呵」的號子，一步一步來到英軍陣前。面對著成排的盾牆，他們無從下手。有的用錘子砸向盾牆，有的尋找盾牆之間的縫隙。

---

[08]　《羅蘭之歌》是描寫查理大帝征討穆斯林的一部史詩作品。

英軍從盾牆後面刺出長矛、長劍，扎透了不少諾曼人的鎧甲。還有的英軍士兵從後排扔出石塊、標槍。

據一位諾曼第的神父記載，英軍十分英勇，喊聲震天，戰況空前激烈。

最終，諾曼步兵丟下上百具屍體，狼狽退下。

看著陣前沒有諾曼人了，十幾個英國壯漢從盾牌後面走了出來。他們把武器放在地下，解開褲子，邊尿邊喊，「諾曼佬，滾回去！諾曼佬，滾回去！」

連敗兩陣，諾曼聯軍情緒有些低落。

威廉並不在意。他準備啟用超級武器：重甲騎兵。

威廉之所以有一支強大的騎兵，還得感謝中國。

是中國人發明了改變世界軍事史、政治史的武器，馬鐙。

沒有馬鐙之前，士兵在馬上只能扔標槍，射箭。如果你想揮舞大刀長矛，稍一使勁就會從馬上掉下來。安上馬鐙之後，騎兵在馬上可站可坐可躺，人馬合一。波斯人稱馬鐙為「中國鞋」，後來才傳到歐洲。

重甲騎兵興奮時殺人居高臨下，偷懶時放馬衝撞踢踏，就像一輛小型坦克。步兵想對付騎兵，那可就難了。他們渾身是鐵，刀槍不入。穿上歐洲中世紀的盔甲，你可以在野生動物園的猛獸區悠閒散步。

威廉下令：弓弩手撤到最後！重裝步兵調往兩翼！左中右三路騎兵集中！騎兵在前，步兵在後，進攻！

戰馬先是小跑、助跑，隨後快跑，奔跑，就像一陣巨浪，衝向英軍。

「準備！集中！」哈洛德一聲令下，英軍前排士兵相互靠攏，雙手緊握盾牌，上護頭下護腿，連個蒼蠅都飛不進去。

諾曼騎兵衝上去，在戰馬重重撞在盾牆的一瞬間，將手中的長矛刺向英軍。少數諾曼騎兵刺死一些英國士兵，多數諾曼騎兵還是沒辦法展開攻擊。他們舉著劍砍不到人，撞不倒牆，戰馬兜著圈「咴咴」直叫。騎兵的衝擊力和機動力完全失效。

英國士兵開始反擊。他們擲出標槍，伸出長矛，甩出石頭。

令人生畏的英國長斧手也出來了。他們掄起斧頭，呼呼帶響，專砍諾曼騎兵的大腿和馬肚子。諾曼騎兵摔倒在地，還沒等爬起來，「呼呼」帶風的鋼斧就把他們劈成兩半。

一輪攻擊下來，英軍前方又留下一堆倒地哀鳴的戰馬和諾曼士兵的屍體。

諾曼騎兵發起第二輪進攻。和第一輪一樣，還是無法獲得突破。

威廉催動坐騎，親自來到英軍陣前仔細觀看。英軍死了一些士兵，但後排的士兵已經填補上來，哈洛德的盾牆依然完整無缺。

英軍士兵輪番吶喊，「神聖的十字！保佑英格蘭！趕走諾曼人！」

不過，英軍弓箭手奇缺（被冰臉王消滅了大半），無法攻擊十步之外的諾曼人。

位於右翼的戈斯發現陣前的諾曼士兵數量有限，正好可以利用優勢兵力將其全殲，趁現在英國士兵士氣正旺。於是大吼一聲，帶著自己的士兵殺出盾牌牆。

諾曼士兵被打個措手不及，殺死慘重。他們嚇得向山下跑去。

威廉不想撤退，在陣中大聲喝斥撤退的士兵，但沒人停下步伐。

一名向後逃竄的騎士猛地撞到威廉身上。

威廉毫無防備，從馬上掉下來，重重摔在地上。

這名騎士立即跳下馬，走到威廉身邊，蹲下來大喊「公爵大人！公爵大人！」

威廉躺在地上沒有動靜。

這名騎士只得用最大的聲音呼喚威廉。

戈斯聽到有人呼喊公爵，靈機一動，隨即大聲喊道：「公爵死了！威廉死了！」

英國士兵立即跟著一齊大喊：「威廉死了！威廉死了！」

諾曼士兵聽到整齊的叫聲，膽顫心驚，嚇得不敢跑了，站在原地一動不動。正如斯坦福橋之戰一樣，首領之死意味著戰爭的結束。

幸虧戰爭是在草地上進行，否則一身鋼盔的威廉真的會暈死過去。他忍住巨痛，在這名騎士的攙扶下掙扎著站起來。

這名騎士把威廉扶上自己的戰馬，遞給他一柄長劍。

英國士兵此時還在喊叫著：「威廉死了！威廉死了！」

威廉緩了緩神，這才聽清楚英國士兵在叫什麼。他一催戰馬，衝到英軍陣前，勒住韁繩。

英國士兵發現陣前來了一名騎士，停止了叫喊。

威廉摘下尖頂頭盔，高高舉起，衝著英國士兵大聲喊道，「我就是威廉！我就是威廉！我還活著！有沒有人敢站出來，和我在此單打獨鬥！如果我輸了，我就退回諾曼第，永不回來！怎麼樣？有沒有人？」

英軍陣列一片安靜，沒有人敢出聲，不少士兵臉上露出了驚恐的表情。

諾曼士兵歡呼起來。

不過，威廉還是想不出突破英軍盾牌陣的辦法，只得帶領士兵回到山下。

十二點，午餐和休息。

數百名英國士兵趕到戰場，加入了哈洛德的隊伍，英軍士氣大振。

威廉一籌莫展。從來沒有見過今天這樣的軍隊，像烏龜一樣縮成一團，抓不住，咬不到。一名騎兵在平原上對付五、六十個步兵，甚至一百個步兵也不在話下。今天的騎兵完全失去了威力，一點作用也沒有。

不能突破英軍的盾牌牆，今天的戰爭就算失敗了。今天的戰爭失敗了，也就意味著整個北伐英國的戰爭都失敗了。英國人可以源源不斷補充兵員，而諾曼聯軍的士兵只能越來越少。

更可怕不是今天的失敗，而是失敗帶來的恐懼。

下午兩點，威廉率領騎兵和步兵再次上山，衝向英軍。經過一番休息之後，諾曼聯軍的進攻比上午更加猛烈。不衝垮英國盾牌牆就沒有勝利。威廉騎馬奮戰在第一排。他的戰馬被英國長斧手砍倒了，換上一匹繼續作戰。

有了上午的成功經驗，英國士兵信心大增。他們頑強地頂住了諾曼聯軍的進攻。

雙方軍隊膠著在一起，互有傷亡，不分勝負。

奮力拚殺了一個小時之後，英軍盾牌牆依然堅不可摧，屹立不倒。

精疲力盡的諾曼士兵喪失了信心。一些人開始向山下跑去。少數人跑帶動多數人跑，形成了潰敗的局面。

威廉調轉馬頭，想追上那些逃兵，攔住他們。他邊追邊喊：「快回來！你們這些懦夫！前面就是海洋，你們還能跑到哪裡去？」

諾曼士兵在嘈雜的環境中聽不清楚威廉在吼什麼，他們看到的是威廉正在催馬下山。

威廉都跑了，一起跑吧。

諾曼聯軍在逃跑的過程中相互碰撞，亂作一團。

英軍陣前躺著大量諾曼士兵的屍體，有的馬匹站在死去主人的旁邊，一動不動。

英軍也有不少傷亡，第一排第二排的士兵基本上都是後面補充上來的。他們看見諾曼士兵向山下跑，不明真相，以為自己勝利了，興奮地衝出陣營。

開始是十人八人追。不一會兒，幾十上百人追下去了。戈斯衝出陣列，幾百名士兵跟著他。他們想把諾曼士兵趕下山坡，好去撿地上的戰利品：優美的高頭大馬，鋒利的長劍盾牌、漂亮的盔甲長袍、五顏六色的旗幟，以及騎士身上的黃金珠寶。

就在英國士兵埋頭撿戰利品的工夫，只聽見一陣「轟隆隆、轟隆隆」的聲音，越來越大，越來越近。他們抬起頭來，數不清的諾曼騎兵殺了過來，長矛和長劍在陽光下奪人雙目。

有的士兵丟掉東西往回跑，有的士兵抱著東西往回跑，哪裡跑得過戰馬？

威廉手起劍落，一劍一個，連殺四、五名英國步兵。其他的諾曼騎兵也憋足了一上午的氣，終於可以發洩了。

追出陣營的英軍幾乎全軍覆沒，戈斯也死在陣中。

哈洛德眼睜睜看著自己的士兵就像羔羊一樣被人屠殺。他知道，如果出去營救他們，整個盾牌陣就會倒塌。

哈洛德下令：所有英國士兵向中央集結，以王旗為核心圍成一圈。任何人不得出陣，違令者斬。

威廉帶著騎兵衝到英軍陣前，廝殺了一陣，敗退下去。

沒有一個英國士兵追過來。

騙術只能使用一回。

威廉抬頭看看天空，太陽已經斜向西方。

威廉長攻短打，臨陣應變。哈洛德因地制宜，嚴防死守。兩軍勢均力敵。只不過，時間拖得越長，對威廉越不利。

當天日落時間為十六點五十四分。

從上午九點開始，不知不覺這場戰役已經打了七個多小時了。

盾牌牆！該死的盾牌牆！

哈洛德，整整一天，你不發動一次進攻，這叫什麼作戰！

威廉看著身邊的騎兵和步兵，個個疲憊不堪。

英軍在山頂一動不動。諾曼士兵在山坡上幾上幾下，能不累嗎？

如果沒有好的辦法，今天就只能停戰了。明天，明天比今天更難打。

威廉把眼光放到後面的弓兵和弩兵身上。

他們是早上第一輪發動進攻的。弓弩兵沒有盔甲，不能到山上作戰，所以一直留在後陣休息。

乾脆讓他們上吧，威廉心想，把所有的弓箭都射出去，能射死幾個算幾個。

威廉下令，弓兵和弩兵上前，發射！

「噹！噹！噹！」成百上千的弓箭射在英軍的盾牌上，只能傷到極少數英軍。

「停！」威廉大喊，這樣下去的話只能白白浪費弓箭。

很多疲憊的諾曼士兵在想，天快點黑吧。今天別打仗了，太累了。有的人甚至在想，從法國到這裡打仗也許是個錯誤的決定。

天色開始變暗，對面的英軍看起來有些模糊了。

時間，最不以人的意志為轉移。無論你做什麼，它都要往前走。

威廉仰望著正在變暗的天空，突然產生了一個主意。他命令道：

所有弓箭手抬高射擊角度，斜著射向天空，讓弓箭從天上落到英軍陣營裡而不是射到正面的盾牌牆上！

快！快！快！

弓箭像雨點一樣落到英軍頭上。前幾排的英軍士兵舉起了盾牌，後方的農民軍就慘了，他們沒有頭盔。更可怕的是，為了加強防護，他們擠在一起，想躲都躲不了。在相互推擠之中，中箭者無數。

當所有的盾牌都舉起來的時候，英國軍隊露出了他們「柔軟的下腹部」。

威廉一踢戰馬，第一個向山上衝去！厄德、莫爾坦和尤斯塔斯緊跟著他。所有的諾曼騎兵都衝上去了，所有的步兵都跟著在後面跑，弓箭兵也操起了武器，山下只有幾十名主教和神父。

「集中！集中！」哈洛德高喊著。

此時，長長的英軍防線從八百公尺縮減到不足百公尺，諾曼人從原來的正面衝擊變成了三面包抄。

到處都是戰馬嘶鳴聲、刀劍碰撞聲、將士喊殺聲、傷兵哀嚎聲。

諾曼聯軍終於把牢不可破的英軍盾牌牆衝出幾個大口子。

這時候，高高的哈洛德龍旗倒下了，這象徵著英軍的失敗。

面對職業騎兵，沒有作戰經驗的英國民兵紛紛向後山逃跑。

諾曼人殺了一陣，山頂上沒有活著的英國人了。

威廉環顧四周，大聲喊道：「哈洛德，你在哪裡？」

沒有人能回答。

哈洛德之死成為一個歷史迷案。

公認的說法是：

當箭雨從天而降的時候，哈洛德抬頭觀看。一支箭不偏不倚正中他的眼睛。哈洛德疼得大叫一聲，倒在地上。衝上山來的諾曼士兵，沒有人認識哈洛德，把他當作普通將領殺死了。

戰後，哈洛德的母親和丹麥婚的妻子鵝頸夫人來到戰場，在腥臭的死人堆中找到了哈洛德的屍體。哈洛德的母親可以說是世界上最可憐的人，一年之內死掉四個兒子，還有一個兒子關押在諾曼第。

婆媳兩人苦苦哀求威廉，說願意以哈洛德身體等重的黃金換回哈洛德的屍體。

威廉說，哈洛德應該和他的戰士葬在一起。

婆媳兩人不得已，哭哭啼啼把哈洛德埋在附近的山上。

有人提出，婆媳兩人向威廉展示的是其他人的屍體。事後，她們把真正的哈洛德屍體葬在沃爾瑟姆修道院。今天，該修道院有哈洛德的墓碑。

還有一種更離奇的說法。哈洛德沒死，他從戰場上逃走了。若干年後，在一個偏遠的修道院裡，一位臨死的老僧告訴別人，我，就是當年的哈洛德。

總之，哈洛德，最後一位盎格魯-撒克遜王，從歷史舞臺上消失了。

哈洛德在血湖山的防守策略是成功的、有效的。諾曼貴族死亡四百多人，士兵死亡一千多人，這比威廉過去能動員的軍隊總數都多。

哈洛德失敗有多重原因。一是運氣不好，剛剛經歷了一場大戰，被冰臉王嚴重削弱了實力。二是過於自信，沒有做好充分的準備就匆匆趕到戰場。三是兵種單一，主要是步兵。諾曼聯軍有弓箭兵、步兵、騎兵，多兵種協同，且騎兵殺傷力遠高於步兵。四是戰術不夠靈活。比如在戈斯衝出戰陣的時候，哈洛德應該同時率領全軍追下去，將諾曼軍隊擊潰。

威廉、冰臉王、哈洛德，三人的軍事才能不相上下。也許，那場詭異的南風才是真正的歷史主導者。如果 8 月分南風來了，威廉早早登陸英國，和哈洛德打個兩敗俱傷，最後的勝利者很可能是冰臉王。

威廉（右二）摘頭盔，向眾人示意自己還活著。圖片來自〈巴約掛毯〉。

當天晚上，諾曼聯軍在戰場附近紮下營寨。全軍舉杯歡慶。

第二天，他們用了一整天的時間來掩埋死亡的同胞。至於英國人的屍體，把他們留給野狗和烏鴉吧。

第三天，威廉率軍回到哈斯丁。等了五天也沒等到一名英軍。既沒有來挑戰的，也沒有來投降的。

有人向威廉建議，我軍應該乘勝追擊，儘早奪取倫敦。

威廉沒有同意。他說，我們雖然獲得了一場重大勝利，但並沒有占據英國一個中等以上的城市。萬一在倫敦戰敗，我們連個躲避的根據地都沒有。另外，如果大隊人馬深入英國境內，那八百艘船如何防守？

威廉決定揮師向東，占領英國東南部最重要的港口多弗。守住這裡，進可直逼倫敦，退可安全地回到諾曼第。

諾曼大軍剛到多弗，守城官就投降了。

進入 11 月，天寒地凍，大量諾曼士兵因水土不服病倒。

威廉也沒能逃脫。他拉得臉色發綠，雙腿發軟。本來以為三天五天就能恢復，沒想到十天半個月都不見起色。威廉甚至考慮返回諾曼第，第二年春季發動新的攻勢。

這就是戈斯當初提出的「不戰而屈人之兵」之策。小小的肉眼看不見的病菌可以殺死最勇猛的統帥，可以打敗最強大的大軍。

幸而到了 11 月底，威廉恢復了健康。

諾曼聯軍再次出發。威廉沒有直接進攻倫敦，而是率領軍隊西行，再北上，再向東，圍著倫敦走了一個「匚（音方）」字形，就像一頭野獸在端詳牠的獵物。

諾曼聯軍邊走邊消滅倫敦周邊的小股軍事力量，切斷了倫敦與外界的連繫。

最後，威廉率領大軍來到倫敦城下。

哈洛德死後，倫敦城內的英國主教和貴族選舉埃德加為新的國王，但沒有為他舉行加冕儀式。

埃德加走出倫敦，向威廉效忠。

坎特伯雷大主教斯蒂甘德和約克大主教艾德雷德，向威廉效忠。

倫敦市長艾瑟格向威廉交出了倫敦城的鑰匙。

所有人都勸威廉早日進入倫敦，加冕為王。

出乎意料的是，性急如火的威廉卻一口拒絕了。

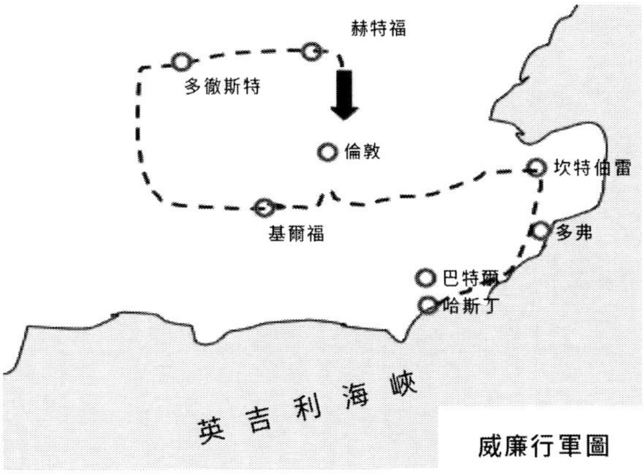

威廉行軍圖

第十集　鐵血加冕

人類歷史上發生過上萬場戰爭，中國有史可查的超過兩千七百場。可是，我們並沒有穿越歷史的法寶，帶我們回到當年廝殺的戰場，只能在文學影視作品中感受那種激動與慘烈。

然而，哈斯丁戰役卻能為你提供一種獨特的現場體驗。

每年 10 月 14 日左右，上千名來自全世界各地的中世紀戰爭愛好者齊聚哈斯丁古戰場。他們穿上盔甲，拿上刀槍和鳶形盾牌。有人扮演威廉，有人扮演哈洛德，重現當年的大戰情景。

這已經成為一個固定的節日。

關於哈斯丁戰役，還有一個人們早就注意到，卻沒有人去更正的歷史小錯誤。

這場戰役的真正發生地點在哈斯丁以北八公里處的巴特爾，即 Battle。因此，哈斯丁戰役叫巴特爾戰役更準確，即 Battle of Battle。

當我向車站售票員說我要去巴特爾 (Battle) 的時候。售票員開玩笑地對我說，你要去戰鬥？和誰？

說完插曲，接著講我們的故事。

眾人紛紛勸說威廉進入倫敦加冕為王。出人意料的是，性急如火的威廉卻一口拒絕了。

首先是安全問題。誰知道倫敦城裡有沒有軍隊？有沒有埋伏？

威廉下令，先派一小股軍隊進入倫敦，在東門修建一座簡易城堡。萬一出現險情，可以躲在裡面。什麼時候城堡完工，什麼時候進入倫敦。

修建一座簡易城堡並不複雜。先在地上挖一個環型的大坑，注入水就是護城河。挖出的土堆在環型坑的裡面，使其高於地面，在其上用木頭圍成一堵環形牆。環形牆的外面修一座吊橋。環形牆的裡面，修一座瞭望塔。

威廉說，我只是占領了英國南部一部分領土，並沒有征服英國全境。

厄德主教說，哈洛德的兒子還活著。如果他們先稱王，我們就成了非法的外國侵略者。如果您先稱王，他們就成了武裝叛亂者。

威廉說，言之有理。把夫人接來英國之後，立即舉行加冕儀式。

厄德主教說，我們現在去通知夫人，再等夫人來到倫敦，來來回回最快也要一、兩個月的時間吧。

「用不了。路上十五天，海上一天，半個月怎麼也夠了。」

「我的哥哥，您不能把夫人的移動速度和騎兵相比。如今已是隆冬季節，夫人想要過海容易，有沒有南風就不好說了。」

「好吧，」威廉笑了，「我的確有些心急了。」

經過討論，加冕時間定在聖誕節，加冕地點定在西敏寺。加冕主持人依照慣例應由坎特伯雷大主教斯蒂甘德擔任。他是哈洛德的好友，教宗也討厭他，所以威廉選擇了約克大主教艾德雷德。

當天晚上，厄德主教坐在桌子邊上，手裡拿著鵝毛筆。

威廉邊走邊說：

「致我最甜美、最可愛的妻子瑪蒂，和我最親愛的兒子女兒，以及我忠實的諾曼第臣民，無論尊卑貴賤，婦孺老幼，都能得到所有贖罪的恩典和祝福。

我很高興地告訴你，我最親愛的妻子，我將於聖誕節加冕為王。我是多麼希望你能親自見證這一榮耀時刻。這也是你所期待的。可是，我的謀士們說，為了安全，我必須盡快完成加冕儀式。你不能來，我感到非常遺憾。不過，你仍然有理由感到高興，快告訴我們的孩子，我們的百姓，盡情地慶祝吧，過一個比過去每一年都更快樂的聖誕節。」

一個男人，在人生最風光的場合，一定要帶上你的夫人，介紹給賓朋。這麼做，不是因為你愛她，你讓她臉上有光彩，而是因為，你能獲得今天的成就，你的妻子是參與者，是貢獻者，沒有她就沒有你的成功，她也是獲獎者，必須出席。

聖誕節。西敏寺。

威廉身著深紅色天鵝絨大氅，胸繫白色貂皮披肩，端坐到祭壇[09]旁的一把王座上。

斯蒂甘德大主教、艾德雷德大主教、厄德主教、康斯坦斯主教、倫敦主教等十餘名高級神職人員戴上高聳的法冠，穿上寬大的金線白袍，圍繞在威廉的身邊。

現場的氣氛顯得莊嚴，神聖。

[09] 祭壇是教堂最核心的地方，建造教堂的目的就是為了保護祭壇。祭壇的意義主要有 2 個：首先，它是紀念、重現耶穌的犧牲。其次，紀念、重現耶穌與門徒共享的最後晚餐。

如果你被一群西裝革履的壯漢包圍，你頂多就是個黑社會老大。

如果你被一群錦襴袈裟的僧侶包圍，黑白兩道的人都不敢惹你。

艾德雷德大主教沿著教堂內部東西南北走了一圈，回到中央。他向觀眾大聲說到：

「此刻，此地，端坐在你們面前的是偉大的諾曼第公爵威廉。教會和我把他帶給你們，英格蘭的子民，你們是否願意讓英格蘭的王冠戴在他的頭上？」

「願意！願意！國王萬歲！」人們喊道。

約克大主教引著威廉來到祭壇前面。

威廉跪下。

康斯坦斯主教端過一個托盤，上面放著一本有三百年歷史的羊皮《聖經》。

約克大主教接過托盤，轉身面向威廉。

威廉伸出右手放在《聖經》封面上。

約克大主教問他：「你是否願意忠於教會，守衛並保護她？」

威廉說，「我願意。」

「你是否願意廢除惡法惡政、以公正的法律統治你的人民？」

「我願意。」

「你是否願意堅守和平，保護人民不受敵人侵犯？」

「我願意。」

國王的承諾：給予教會保護、給予人民公正、給予國家和平。

換句話說，道德、法律和國防。

威廉宣誓完畢，站起來，回到座位上。

莫爾坦、尤斯塔斯等四名高等貴族舉著一頂漂亮的華蓋，走上前去，罩在威廉的後面。

康斯坦斯主教端過一個托盤。

約克大主教拿起上面的鷹嘴壺，把裡面的聖油（由橄欖油、沒藥、肉桂和菖蒲等組成）倒在一個碗裡。他放下鷹嘴壺，合攏右手五指，蘸了蘸碗裡的聖油，塗抹在威廉的額頭、胸部。

電影《獅子王》裡，狒狒用椰子油塗抹在小辛巴的頭上，就是這個儀式。

約克大主教替威廉戴上國王戒指，表示國王和國家「結婚」了。

約克大主教雙手獻上一個鑲嵌寶石的空心寶球，代表世界。

威廉接過寶球之後，象徵性地舉了舉，遞給侍從。

約克大主教獻上一支鴿子權杖，代表上帝。

約克大主教獻上一支十字架權杖，代表君主。

歐洲國王的肖像畫一般都是這樣的：頭上帶著王冠，左手端著寶球，右手拿著權杖，或者雙手各執鴿子權杖和十字架權杖[10]。

康斯坦斯主教端上一個托盤，上面是鑲嵌著十二顆寶石的黃金王冠。

威廉的眼睛緊盯著王冠。

最神聖的時刻就要來了！

空曠的大教堂裡鴉雀無聲，威廉聽見了自己的心跳。

我是真的被上帝選中了！

約克大主教雙手捧住金光閃閃的王冠，高高舉起。

---

[10]　現在英國國王的加冕儀式有嚴格的法律規定，比本文的描述要複雜得多。

威廉的心似乎也被舉起來了！

就在此時，教堂外突然響起了極大的喊殺聲，哭嚎聲，好像是發生了暴亂。很快，陣陣嗆人的黑煙飄進教堂。

教堂似乎被人點著了。

一位在場的諾曼第僧侶寫道，「當火勢迅速蔓延時，教堂裡的人亂作一團。他們蜂擁而出，有的人想逃跑，有的人想趁機搶劫。」

約克大主教雙手捧著王冠，雙臂發抖。

上帝是不是不同意讓威廉戴上王冠？我該怎麼辦？

威廉大驚，他下意識地將身體向椅背靠去。難道英國人設下了埋伏，要把我燒死在這教堂裡？威廉又看了看約克大主教手上的王冠。

我是馬上逃跑？還是完成加冕儀式？

馬上逃跑，就意味著保住性命。執意戴上王冠，很可能死在教堂裡。

我當然要戴上王冠，哪怕死在教堂裡。

威廉迅速站起來，想上前抓住王冠，可是他的手裡還拿著鴿子權杖和十字架權杖。情急之下，威廉把兩個權杖一扔，雙手緊緊抓住約克大主教捧著王冠的雙臂，隨後一使勁，把約克大主教的雙手提到自己的頭頂上方，隨後向下一拉，戴上了王冠。

約克大主教有些猶豫，可他哪有力量反抗威廉。

威廉雙手拉開約克大主教的手，大聲喊道：

「我是國王！」

本來這個環節應該是觀眾排山倒海般地歡呼，「國王萬歲！」「上帝保佑國王！」

這時的教堂裡，已經沒有什麼觀眾了。

威廉拔出侍衛的長劍，向上一揮，大喊一聲：「隨我出去殺敵！」

菲茨奧斯本帶著四、五名隨從，匆匆走進教堂，和威廉四目相對。

威廉急切地問，「究竟發生了什麼事情？」

「教堂外聚集了大批圍觀的英國人。他們看不見教堂裡的儀式，一直在外面呼喊。我們的士兵聽不懂他們說什麼，以為他們要發動叛亂，於是點燃了周邊的民房。」

「現在呢？」

「大部分英國人跑了，少數人燒死了！」

「這麼說，沒有叛亂？」

「沒有。」

「呵 ——」威廉長吁了一口氣。他擦了擦額頭上的汗水。

威廉把寶劍還給侍衛，心有餘悸地回到王座，坐好。

威廉又站起來。他走到約克大主教身邊，雙手摘下王冠，遞給他。

約克大主教接過王冠，迷惑地看著威廉。

「再來一遍。」

約克大主教哭笑不得，這種事情還能來兩次。

此時，不少人回到教堂。

約克大主教高高舉起王冠，說道，「勝利屬於最尊貴的威廉！他是權力為上帝所授並帶來和平的偉大國王。」

說完，他緩緩地把王冠放在威廉的頭上。

雖然已入冬至，威廉覺得後背都溼透了。

眾人歡呼起來，「上帝保佑吾王！」、「吾王萬歲！」

這真是一場血與鐵的加冕！這真是一個冰與火的聖誕節！

威廉發現了一個大問題，語言。

今天的險情完全是因為語言不通造成的。

我不會說英語，諾曼人也不會英語，如何統治這個兩百萬人的國家？

威廉頒布法令：從今天起，英國的官方語言是法語。開會講法語，頒布法令用法語。

諾曼貴族說法語，英國平民說英語。為了服務貴族，英國平民只得學習法語。慢慢地，大量法語單字收入英語字典。

英國農民養牛、餵豬，英語分別為 ox、pig，沒錢吃肉。

諾曼貴族不養牛、不餵豬，只吃牛肉豬肉，他們使用法語 beef、pork。

《圍城》裡方鴻漸說，中國人取外國名字，使他常想起英國的豬和牛，牠的肉一上菜單就換了法國名稱。

今天，你打開一本英文書，裡面至少四分之一的單字來自法語。

普天之下，莫非王土。

愛德華國王和哈洛德兄弟的土地歸屬到威廉的名下，約占英國整個土地面積的六分之一。

一百七十名諾曼大貴族分到了英國一半的土地。每個人分得的土地面積大小和投資的船隻數量成正比關係。

厄德獲封肯特伯爵，成為除威廉之外的英國首富。莫爾坦獲封康瓦爾伯爵。菲茨奧斯本獲封赫里福德伯爵。羅貝爾．德．博蒙特（Robert de Beaumont）獲封萊斯特伯爵。

圖阿爾子爵艾默里完全是為了教宗的號召而戰。他報銷了自己的戰爭費用之後，一間房子都不要就回法國了。

諾曼大貴族把土地分給自己的附庸，男爵。男爵再分給自己的附庸，騎士。將全國的土地層層分封下去，這就是封建制度。

整個王國的社會結構就是：

國王 —— 伯爵等大貴族 —— 男爵 —— 騎士 —— 農民

這和中國春秋時期十分相近：

周天子 —— 諸侯 —— 卿大夫 —— 士 —— 農民

當時的歐洲，的確施行的是兩千多年前中國的政治制度、軍事制度。

哈斯丁戰場上最低階的諾曼士兵，也能分得一百個足球場大小的土地。

我的要求不高，能分給我一百個乒乓球桌大小的土地就滿足了。

大貴族有了土地（金錢），有了軍隊（騎士），就有實力反抗國王。為了防止他們叛亂，威廉想到了一個解決辦法。

不給他們一塊完整的大土地，而是給他們很多塊分散的小土地。

比如，給一個貴族黑龍江一千畝地，海南一千畝地，甘肅一千畝地。他要造反的話，首先他的兵力根本無法匯合。其次，他已經處在其他貴族的包圍當中。

由於哈斯丁戰役的成果是如此的輝煌，歷史影響是如此的重大，以至於歐洲很多名人都說自己的祖輩曾經和威廉並肩作戰。

歷史學家透過史料考證，將真正參加過哈斯丁戰役的將士稱作「認證夥伴」。我借用一個詞彙來形容這些開國元勛，叫「十三太保」。

參加哈斯丁戰役的諾曼主教（如康斯坦斯主教）、教士得到了英國三分之一的土地以及主教、修道院院長等職位。

威廉當然沒有忘記最重要的支持者。他把英國的聖物和黃金送到羅馬，足夠教宗失眠一個禮拜。

百忙之中，出身雜種的威廉還頒布一道重要的命令：英國全境禁止丹麥婚。

貴族們不允許在結婚之前把情婦視同妻子，結婚之後又把她們無情地拋棄。

威廉的意思是說，我不允許你們製造「雜種」。

威廉加冕一個月後，宋神宗登基為帝。

當時的中國在版圖、人口、經濟、科技和文化上遠遠超過英國。但神宗皇帝繼承的是一個爛攤子。對外，屈膝向遼和西夏進貢以換得和平。對內，財政上入不敷出。年輕的皇帝正在醞釀中國歷史上最著名的一次變法運動。

西元 1067 年 3 月，威廉登陸英國半年了。他準備回諾曼第過復活節(Easter Day)。在當時，復活節的重要性遠遠超過聖誕節。復活節的食品是彩蛋巧克力，復活節的動物是兔子，代表生生不息的繁殖能力。威廉把英國交給厄德主教和菲茨奧斯本，一文一武，然後率領大隊人馬乘船返回諾曼第。

當威廉再次踏上諾曼第土地的時候，他從一個令人置疑的雜種、法國國王的附庸變成了一位神聖的、合法的君主。

雜種威廉 (William the bastard) 變成了征服者威廉 (William the conqueror)。

現在的歷史教科書上一律稱威廉為征服者，稱威廉占領英國為諾曼征服。

《權力遊戲》中，鐵王座的鑄造者伊耿·坦格利安 (Aegon Targaryen)

征服了維斯特洛大陸，統一了七國，成為安達爾人的王，綽號「征服者」。伊耿就是以威廉為原型設計出來的。

西元 1066 年是英國歷史的分界線。

談起歷史的時候，英國人經常會說（《唐頓莊園》（*Downton Abbey*）裡也說過），「自諾曼征服以來，英國如何如何。」

復活節的巡遊慶祝活動在諾曼第的費康舉行。

一名騎士高舉著哈洛德的黃底紅龍旗，走在隊伍最前面。接著是參加哈斯丁戰爭的大小貴族。威廉頭戴王冠，瑪蒂夫人身披華服，走在隊伍中間。埃德加、斯蒂甘德、埃莫兄弟（已經向威廉投降）披金戴銀，跟在後面。三十多輛馬車，拉著從英國帶回來的黃金、珠寶、布匹。

埃莫兄弟越走越覺得臉上羞臊。

媽的，我們和那些黃金珠寶一樣，也是威廉的戰利品，還是活的戰利品。

這場巡遊向每一個諾曼第人、每一個布列塔尼人、每一個佛蘭德人，向全法國人民傳達一個訊號：

我是國王，不是雜種。

威廉沒有把英國和諾曼第合併。他的稱呼是英格蘭國王兼諾曼第公爵。

威廉本計劃在諾曼第過西元 1067 年聖誕節，英國卻爆發了大規模叛亂。他不得不告別妻子，返回英國。

臨行前，威廉命令諾曼第的貴族向兒子羅貝爾效忠，承認他是公國繼承人。

埃莫兄弟擁護埃德加為王，起兵叛亂。威廉擊敗了他們。

莫爾卡被捕入獄，埃德文在逃亡的路上被部下殺害。

埃德加帶著母親和姐妹準備回匈牙利，像他父親一樣做「流亡者」。一場風暴把他們吹到蘇格蘭。

蘇格蘭國王馬爾科姆（Maol Chaluim mac Dhonnchaidh）（綽號大頭王）看上了埃德加的姐姐瑪格麗特（Saint Margaret of Scotland），很快兩人就結婚了。在大頭王的勸說下，埃德加向威廉臣服，受到優待。

頑強的英國人民不願意屈服在諾曼人的鐵蹄下。他們沒有軍隊就搞暗殺，一個一個消滅諾曼人。在英國的諾曼人不到八千人，而英國人口將近兩百萬。

這就是戈斯當年的建議：發動全民戰爭。

諾曼貴族從法國運來石頭，修建高大的城堡，躲在裡面。至今留下來的有溫莎城堡（人人皆知）、華威城堡（必遊景點）、林肯城堡、諾里奇城堡等等。

威廉頒布法令：一個諾曼人被殺，距離事發地點最近的居民家家都要繳納巨額罰款。

英國人改變策略：殺死諾曼人後，把他們脫光毀容。如果法官審問，就說是英國人。

威廉頒布法令：發現不明死者，必須有四名英國人證明是其親屬，否則一律按殺死諾曼人治罪。

征服英國用戰爭手段，治理英國用法律手段。

約克以南約十三英里處有個叫塞爾比（Selby）的小鎮。

西元 1068 年 12 月，威廉在這裡抱起了他的第九個孩子，一個男孩。

「我又有一個兒子嘍。」威廉興奮地說。

「重男輕女！去年我生阿黛拉的時候就沒見你這麼高興。」瑪蒂夫人假裝埋怨威廉。

「夫人你有所不知。我高興，是因為我有特別的理由。我們過去所有的孩子都是在諾曼第出生的。這是我們在英國出生的第一個孩子。從此，我們會有更多的孩子在英國誕生、成長。」

「更多？我可不想再生了。」

「再努力一下，我們就有十個孩子了。」

「生十二個怎麼樣？（耶穌有十二個門徒）」

「我不能同意更多了。」

「別光顧著說笑了，替孩子取個名字吧！」

「羅貝爾、理查、威廉，」威廉數著前三個兒子的名字。

「叫他亨利好嗎？他可是有法國國王的血統呢！」

女人向男人提問，不是她不知道答案，而是她想考驗男人知道不知道答案。

「亨利？」想起法王亨利一世，威廉眉頭一皺。

「亨利上面有三個哥哥。等他長大了，沒有財產分了。我要把我在英國的所有土地都給他，」瑪蒂夫人說。

「你想得太早了。說不定亨利的前途比他三個哥哥都強呢？」

「我們應該感謝上帝在聖誕節前夕送給我們一個兒子。」瑪蒂夫人說。

「說得沒錯。我們就在這裡捐建一所修道院，叫塞爾比修道院。」

2015年1月17日，周杰倫和昆凌在塞爾比修道院的教堂舉行了婚禮。

其實，在這裡舉行婚禮的費用並不算高。租場地、管風琴演奏、合唱團、敲禮鐘，全套項目算下來，新臺幣大約三萬五千元足夠了，不到一個月薪資。

什麼？一個月還賺不到三萬五千，那就別急著結婚了。

因為周杰倫的婚姻，我在塞爾比修道院遇到不少中國遊客。

塞爾比修道院有一塊有特殊意義的玻璃。玻璃上有一個盾形徽章。徽章上面有三顆五角星，下面有兩根細長的紅條。這是華盛頓家族的徽章。

來自這個家族的喬治 · 華盛頓 (George Washington) 成為美國首任總統，星條徽章演變為美國星條旗。

西元 1070 年，威廉任命蘭弗朗克為新的坎特伯雷大主教。

斯蒂甘德在貧困中死去。

厄德怨恨哥哥沒有把大主教的法冠給他。

約克大主教湯瑪斯說自己和蘭弗朗克都是大主教，是平等的。蘭弗朗克憑藉自己與教宗的關係，宣稱坎特伯雷大主教的地位高於約克大主教，強迫湯瑪斯服從自己。

西元 1071 年，菲茨奧斯本死於佛蘭德的一場戰爭。

哈洛德的兩個兒子戈德溫和愛德蒙，哈斯丁之戰後逃到了愛爾蘭。他們組織一小支軍隊入侵英國失敗，從歷史上消失了。

鐵血加冕

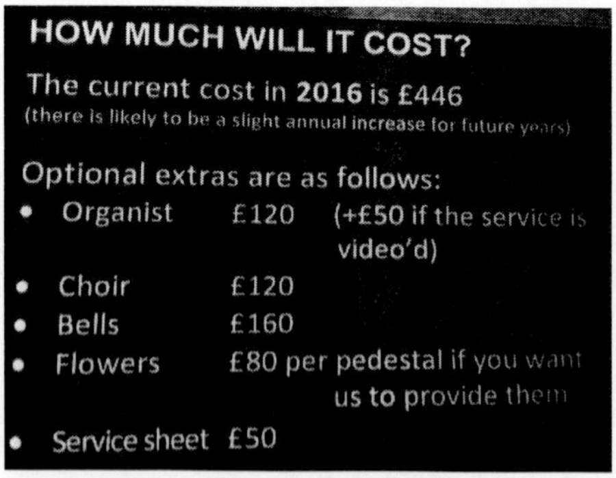

我從塞爾比修道院拿到的婚禮價目表

第十一集　卡諾莎之辱

西元 1077 年 1 月 28 日，義大利北部雷焦艾米利亞省的卡諾莎（Canossa）城堡外大雪紛飛，寒風刺骨。

城堡鐵閘門前站著一個大約二十六、七歲的男人，穿著破舊的粗布袍子，光著雙腳，凍得嘴唇發白，鼻涕橫流。這傢伙可不是什麼街頭乞丐，而是歐洲最高領袖，羅馬皇帝兼德國國王亨利四世。

城堡內，教宗額我略七世（Gregorius PP. VII）坐在溫暖的壁爐前，正和他的女朋友，卡諾莎城堡的主人，托斯卡尼女伯爵慢慢地品著葡萄酒。

皇帝和教宗，一個城堡外，一個城堡內，手裡雖然沒有拿著武器，卻在進行著一場肉眼看不見的戰爭。可以毫不誇張地說，這是一場決定世界秩序的戰爭。

在此前的一百多年裡，皇帝的地位是高於教宗的。皇帝任命教宗，同時任命德國和義大利的主教。

亨利皇帝說過，除了上帝和正義之外，沒有人可以支配皇帝（An emperor is subject to no one but God and justice.）。這句話很值得我們尊重。皇帝並非至高無上，他也有自己的主人。

這句話同樣適用於古代中國。只不過，中國皇帝的上帝是天地，中國皇帝的正義是良心。天地良心，就是中國皇帝的主人。

額我略於西元 1073 年登上教宗寶座之後，決心抬高教宗，貶低皇帝。他提出的理論依據如下：

第一，教宗統治世界萬民，而皇帝和國王只統治某些國家和地區的子民。

第二，皇帝和國王只是上帝律法的執行者，而教宗是上帝律法的解釋者。顯然，教宗的地位要高於皇帝。

據此理論，額我略教宗提出兩條改革措施：

第一，新的教宗將不再由皇帝任命，而是由紅衣主教選舉產生。如果說教宗是最高決策委員會委員長，那麼紅衣主教就是委員，各國大主教就是區域負責人。

第二，皇帝不但不能任命教宗，甚至不能任命德國與義大利的所有主教。因為這是教宗的權力。

教宗的改革方案，相當於把皇帝從半人半神退化成世俗凡人，把皇帝從世界領袖降為教宗僕從。

亨利皇帝認為自已身上流著世世代代的高貴寶血，而額我略教宗出身平民，是卑賤的世俗凡人。

教宗以下犯上，以卑侵貴。亨利皇帝氣得大罵教宗：

你這個卑賤的修道士，從使徒寶座上給我滾下來！

皇帝和教宗，政治和宗教，爭奪世界領導權的戰爭正式打響。

皇權強大，教權神聖。

皇帝統治國家，教宗統治世界。

皇帝掌握刀槍，教宗掌握真理。

皇帝擁有民力，教宗擁有民心。

皇帝掌管法律，教宗掌管道德。

用句中國的話，皇帝有金箍棒，教宗有緊箍咒。

很多主教，包括米蘭大主教，支持皇帝，反對教宗。

很多貴族，包括魯道夫公爵，支持教宗，反對皇帝。

看來，雙方都互有「叛徒」。

額我略教宗對亨利皇帝唸起了「緊箍咒」。這個「緊箍咒」叫絕罰，也叫破門律，通俗地講，就是把皇帝開除教會。

亨利皇帝被開除教會之後，失去了基督徒的身分，也就沒有資格統治德國和義大利了。他活著的時候比平民的地位還低，死後教宗也不讓他上天堂。

亨利皇帝的反對派早就等著這一天了。他們聚集在曼托瓦（Mantua），準備選出一位新皇帝，並邀請教宗參加這場會議，當場確認選舉結果。

眼看皇位就要不保，亨利皇帝急忙率領一支大軍翻過阿爾卑斯山，向教宗駐地開來。

教宗聽聞皇帝大軍將至，不敢迎戰，只得就近躲進卡諾莎城堡。

1 月 25 日，皇帝的軍隊將城堡團團圍住。

受困的教宗透過窗戶，焦急地看著城外的皇帝。

沒想到驚人的一幕發生了。

在冰天雪地裡，皇帝脫下手套，脫下帽子，脫下斗篷，脫下鞋子，脫下襪子。他一身素衣，光著腳，仰起頭，雙眼尋找城堡裡的教宗。

「聖父！聖父！我向您悔罪來了！請您原諒我吧！」

教宗立即轉過身軀，背靠牆壁，心中暗暗叫苦。

如果放過亨利皇帝，那精心建立的反皇帝聯盟瞬間土崩瓦解。

如果不放過亨利皇帝，就會受到全世界教徒的譴責。

《聖經》上說，「若是你的弟兄得罪你，就勸戒他。他若懊悔，就饒恕他。你們不饒恕人的過犯，你們的天父也必不饒恕你們的過犯。」

「放下屠刀，立地成佛，」世界主要宗教皆把寬恕視為最重要的美德。

表面上，皇帝是個卑微無助的悔罪者。

實際上，皇帝已經把教宗軟禁在卡諾莎城堡之中。夠狠！

三天後，卡諾莎城堡的大門慢慢打開，額我略教宗緩步走向皇帝。

亨利皇帝激動地涕淚交流。他立即跪倒，向前爬了幾步，匍匐在教宗腳下。他伸出雙手，捧著教宗的鞋子，哆囉哆嗦地用嘴湊上去，比親一名十四歲處女的乳房還要開心。

教宗彎下腰，雙手捧住皇帝的頭，在他前額上輕輕地親了一下，表示寬恕。

額我略教宗是個工匠的兒子，出身比威廉還低賤，卻讓高貴的皇帝跪倒在腳下。

這就是歷史上著名的「卡諾莎之辱」事件。

皇帝雖然跪倒在教宗腳下，歷史學家卻認為，他才是這場鬥爭的真正贏家。

受辱讓你丟臉，但也能讓你得到生命、金錢、地位、鬥志、甚至實現夢想。

皇帝向教宗屈服，歐洲各國國王的後背頓時感到了一股來自卡諾莎的寒意。

為了防止教宗勢力的滲透，威廉在英國和羅馬之間樹立了一道宗教隔離牆：

禁止教宗任命英國的主教。

禁止教宗派代表進入英國境內。

禁止英國教士前往羅馬與教宗接觸。

額我略教宗是當年威廉北伐的第一個支持者。當時他任紅衣主教，還不是教宗。

威廉視諾曼第為祖國，英國為海外殖民地。他常年居住在諾曼第，將英國全權交給弟弟厄德。厄德聽到一則傳聞，說是不久之後羅馬將會產生一名叫厄德（Odo）或者奧托（Otto）的教宗。

那一定是厄德！是我！我的名聲、地位、財富將在我的哥哥之上！

厄德挪用英國國庫裡的金幣，在羅馬購置一處豪華宮殿，賄賂羅馬教廷的高級神職人員。他甚至動員了一支軍隊，到時候和他一起前往羅馬，威懾那些反對他成為教宗的人。

厄德與羅馬聯絡，違反禁令。威廉大怒，下令將弟弟投入監獄。

卡諾莎城堡外的亨利四世

沒有人敢逮捕一名主教，就像皇帝不敢拘捕教宗一樣。

相對世俗的人，宗教人員有一層天然的保護光環。

舉個例子。比如說一個流氓在街頭調戲婦女，沒有人敢上前攔阻。誰攔他，他打誰。但是，只要僧人上前，流氓就得收手。

他一個僧人，一不吃肉，二不喝酒，三不玩女人，吃苦受累保佑你不下地獄，你還打他？你這個流氓還有沒有良心？還有沒有底線？

這就是出家人的特權。

威廉不怕保護光環。他親自來到厄德主教面前，用手抓住他的衣領，把他推進牢房。

額我略教宗大怒，向威廉發出威脅：主教是我的人，必須釋放。

威廉答覆：巴約主教可以釋放，但肯特伯爵必須待在牢房（厄德的兩個身分）。

厄德進了監獄之後，威廉將英國政教事務全權交給蘭弗朗克大主教。

西元1078年的夏天，諾曼第萊格爾莊園。這裡花染原野，果綴枝頭、蟬嘶蛙鳴，牛臥豬趴，一派田園風光。沒有敵人，沒有俗務，威廉難得和全家人在這裡享受片刻的寧靜。

所謂難得，就是威廉雖然已是英國國王，但他諾曼第的鄰居，布列塔尼公爵、安茹伯爵，包括法王腓力一世，因為領土爭端和威廉發生了多次武裝衝突，幸而規模都不大。

威廉的長子羅貝爾和五、六個年輕夥伴在城堡的牆下練習劍術。很多權貴二代整日圍繞在他的身邊。不僅因為羅貝爾是未來的國王和公爵，而且他性格溫和，待人寬厚，而威廉總是用一幅懷疑的眼光盯著你。

「公爵大人讓我們向你效忠三次了，他為什麼還不把諾曼第交給你？」威廉的權臣蒙哥馬利之子，貝萊姆（Bellême）伯爵說。

歷史記載，貝萊姆伯爵是一個「強盜，屠夫，劫匪，發假誓的，妖魔般殘忍的可怕角色。只要和鄰人稍有爭議，就衝到對方的地盤上搞破壞、掠奪、強姦、凶殺。」

貝萊姆伯爵的母親也是個霸道不講理的老太太。有一次她去聖依羅修道院，前呼後擁，花了修道院很多錢。院長向她抗議。

貝萊姆母威脅說，我下次要帶更多的人來。

院長說你不悔罪的話就會遭到懲罰。

貝萊姆母說，隨便。

當天晚上，貝萊姆母就覺得乳房奇癢，吃藥塗油都不管用。最後只得在附近找了一個孩子，讓他一直嘬著乳頭。第二天，孩子死了。

聽到貝萊姆伯爵的慫恿，羅貝爾沒有說話，但臉上明顯露出不快的表情。

「至少應該把緬因給你！你早就是緬——」貝萊姆伯爵話音未落，突然「嘩地」一聲巨響，一大盆髒水從天而降。

羅貝爾還沒有反應過來，腦袋和衣服就溼透了。再仔細一聞，還有惡臭味。

「哈哈哈！」貝萊姆伯爵等人忍不住笑了起來。

羅貝爾用手捋了一下自己的臉，惱怒地抬起頭。

城堡的一個窗口露出兩個小腦袋，看著他，咯咯地笑。

兩個弟弟，小威廉（十七歲）和亨利（九歲）。

「狗崽子，看我怎麼收拾你們！」羅貝爾本來就在氣頭上，加上在自己的附庸面前丟了臉，大聲詛罵起來。

貝萊姆伯爵收起笑容，趁機說道，「弟弟可以向兄長潑水，但臣子絕不可以向君王潑水。」

羅貝爾的胸中升起一團怒火。他用劍一指樓上，大聲喊道，「你們兩個別走，給我等著」，說完大步向城堡的樓梯走去。

兩個小傢伙收起笑容，一臉驚恐。他們縮回探出的身子，向樓下跑去。

「狗崽子！我今天非要宰了你們兩個，誰也別攔我。」羅貝爾邊走邊罵。

整個城堡的人都出來看熱鬧了。有的人想勸阻羅貝爾，大事化小。有的人想煽風點火，小事搞大。

威廉和瑪蒂夫人從不遠處的池塘邊匆匆趕來。兩個小傢伙趕緊躲在母親身後。

「把劍放下！」威廉喝斥道。

「不！我要他們付出血的代價！」

「胡說，孩子的把戲你也當真？」

「一切都是你的錯！」羅貝爾衝著威廉吼道，「沒有諾曼第和緬因，我現在算什麼東西？人人都不尊重我、嘲笑我，連我的弟弟都敢戲耍我？」

羅貝爾氣得哭了。

「都走開！」威廉看了一眼圍觀的人群。然後對小威廉和亨利說，你們兩個給我留下，向你們的兄長道歉！

「我不要他們道歉，我要諾曼第！」

「我的所有權力和所有財富早晚還不都是你的。」

「我不管什麼早的晚的，我現在就要諾曼第，你給不給？」

「你這是和國王說話嗎？你這是和父親說話嗎？」威廉火了，「先學學做人的道理吧。」

「道理有什麼用？能換成土地嗎？」

「快向你父親道歉，」瑪蒂夫人走上前去，拽了拽羅貝爾的衣袖，衝著他施了一個眼色。

「我沒錯，不道歉！」說完，羅貝爾轉身，氣沖沖地走了。

「他確實不小了，你就不能把諾曼第提前給他嗎？」瑪蒂夫人對威廉說。

「諾曼第給了他，我去哪裡？」威廉說。

當天晚上，羅貝爾、貝萊姆伯爵和他的夥伴們，騎馬投奔腓力一世去了。

幾個月後，諾曼第的財政官向威廉祕密報告，瑪蒂夫人讓薩普森挪用國庫裡的財物，送給躲在巴黎的羅貝爾。

薩普森辯解說，羅貝爾接二連三找夫人要錢。夫人把自己的積蓄給了他，把自己的珠寶給了他，甚至把自己喜歡的衣服都賣成錢給了他。夫人實在沒有辦法了，這才動用國庫裡的銀幣。

「等我問清楚了，再找你算帳！」威廉命人把薩普森關進牢房。

威廉怒氣沖沖地走進瑪蒂夫人的房間。他仔細一看，屋子裡的確少了很多擺設。再往妻子身上看，一件珠寶也沒有。威廉有些愧疚。不過，這沒有壓住他的怒火。

「夫人！你是不是背著我送錢給羅貝爾！」威廉語調中帶有一絲怨恨，甚至悲傷。

「他人在外面，我當然要管他！」

「夫人！我難道不是一位忠誠的、愛你的丈夫嗎？我是公爵的時候你是公爵夫人，我是國王的時候你是王后。我在外面的時候，我把權力放在你的手裡。我的財富、地位，哪一樣沒有和你分享？我不知道我做的一切還有什麼沒有讓你滿足？究竟是什麼邪惡的力量驅使你背叛了我，支持我的敵人。」

「羅貝爾不是什麼敵人，他是我的兒子。別忘了！他也是你的兒子！」

「他拿著你的錢召集軍隊，購買武器和馬匹，然後攻打我，這就是你想要看到的結果嗎？」

「你愛我，把財富和我分享。那我愛羅貝爾，當然可以把錢分享給他。如果他受傷了，我希望疼在我身上。如果他死了，我寧願跳進墳墓裡替他去死！即使真有那麼一天，我也會很高興的。」

「我難道不愛這個孩子嗎？可是我的愛換來了什麼？像押沙龍（Absalom）[11]一樣反叛他的父親！這些都是你寵他慣他造成的。」

「我在家裡，要什麼有什麼。他在外面，是不是餓了，有沒有挨凍，我一點也不知道。」瑪蒂夫人哭了，「我一天也不能停下來想他。他是我第一個孩子，我不能放棄他。」

「唉！」威廉一聲長嘆。結婚二十七年了，這是他第一次和妻子爭吵。

威廉拿瑪蒂夫人沒有辦法，他命人去挖薩普森的眼睛。

瑪蒂夫人讓薩普森躲進修道院，出家為僧，保住了他的肉體和靈魂。

西元 1078 年，法國國王腓力一世正值壯年（二十六歲）。他野心勃勃，視威廉為主要敵人。羅貝爾的到來，正好給了他一個煽動諾曼第內亂的機會。他給了羅貝爾一支軍隊，讓他駐紮在日爾貝魯瓦。這裡是法王領地，與諾曼第、佛蘭德交界。

羅貝爾送信給諾曼第貴族，命令他們前來向自己效忠。

很多諾曼第貴族覺得威廉老了，不如儘早巴結諾曼第公國的少主人，於是紛紛前來投靠。很快，這裡就成為反對威廉的大本營。叛軍的勢力越來越大。

威廉不得不僱傭一支軍隊，來到日爾貝魯瓦城外。

雙方擺開陣勢，陷入廝殺。

威廉手持鐵錘，衝在最前線。

對面有一個法國騎士手持長矛，衝著威廉飛奔而來。在兩人相遇的

[11]　《聖經》中，大衛王的三子，因反叛父親被殺。

瞬間，長矛刺中了威廉的上臂。他痛得丟下鐵錘，翻身落馬。

威廉這一跤摔得可不輕，「啊喲！」他情不自禁地慘叫一聲。

對面的騎士扔掉長矛，跳下戰馬。他拔出長劍，就在準備刺向威廉的一刻，聽到了叫聲。

騎士抬起臉上的護甲，「父親，是你！」羅貝爾扔掉長劍，想把威廉扶起來。

「滾開！你這個混蛋！」威廉衝著羅貝爾大罵。

小威廉趕上前來，扶起父親，送他回軍營。

羞恥啊羞恥！打了一輩子仗，竟然被自己的親生兒子打下馬。

瑪蒂夫人白天勸說威廉，晚上在房間裡獨自流淚。

兒子鬧，妻子哭，威廉苦惱不已。

管理一個國家和管理一個家庭，有時候很難說哪個容易，哪個麻煩。

威廉的確不想原諒逆子羅貝爾。但是，前一段時間發生了一件事情，讓他心軟了。威廉的次子理察（Richard）在英國狩獵的時候，胸部中箭而死。一個二十歲出頭、活生生的兒子永遠消失了，威廉陷入極端痛苦當中。

最後威廉退讓了，同意給羅貝爾一些土地和金錢，父子倆人和解了。

羅貝爾把威廉打下馬

西元 1080 年，威廉給羅貝爾一支軍隊，命他去英國北方收復去年被蘇格蘭大頭王侵占的領土。

瑪蒂夫人說，我也要去。

威廉說，這是戰爭。

瑪蒂夫人說，我要照顧羅貝爾。

威廉說，你年紀大了 (快五十)，就不要去那麼遠。

瑪蒂夫人氣憤地說，誰年紀大了？你嫌我老了？

威廉 (無語狀)，去吧！去吧！

羅貝爾大軍一到，大頭王就投降了，承認英國是蘇格蘭的宗主國，並將兒子鄧肯 (Donnchad) 送到倫敦當人質。

大頭王最近剛得了一個女兒，他請瑪蒂夫人以教母的身分，羅貝爾以教父的身分，參加女兒的洗禮。

瑪蒂夫人高興地抱起小女嬰，低頭看著她。

小寶寶不認生，不哭鬧。她伸出小手，抓下瑪蒂夫人頭上的一個花飾。

「這小可愛，」瑪蒂夫人笑著對周圍的人說，「長大了也要當王后哩。」

羅貝爾南歸的時候，在泰恩河畔修建了一座城堡。當地人叫它新城堡 (New Castle)，即今天的紐卡斯爾。

從英國回來之後，瑪蒂夫人的身體逐漸衰弱，經常病倒不起。

西元 1083 年 11 月 2 日的夜裡，威廉匆匆從外地趕回來，一直拉著夫人的手，看著她閉上了眼睛。威廉一個人在房間裡，做了一個他一輩子幾乎從沒來做過的動作，放聲痛哭。

在這個世界上，什麼財富地位，都沒有你珍貴。

在這個世界上，什麼國王教宗，都沒有你重要。

瑪蒂夫人葬在康城女子修道院。您也許不會去康城，巴黎總是要去的。巴黎市中心的盧森堡公園裡就有一尊瑪蒂夫人的雕像，您可以到那裡瞻仰一下夫人的風采。

在此之後的數月裡，威廉常常一個人關在屋內，誰也不見，特別是避見女人。

威廉的眼睛灰了，皺紋深了，鬍子長了，身子胖了，脾氣大了。那個八面威風的國王變成了一個固執、暴躁、衰弱、邋遢的胖老頭。

對威廉來說，睡一個女人和吃一盤菜一樣容易。然而，終其一生，威廉沒有緋聞、沒有情婦，沒有私生子女。這在當時的權貴中實屬罕見。他對瑪蒂夫人的愛是真摯的、忠誠的、熱烈的。

還有一個最最重要的原因，威廉不想生下一個雜種。

沒有瑪蒂夫人從中調解，羅貝爾再次和威廉吵翻。他一氣之下離開諾曼第，去德國、義大利、佛蘭德遊覽去了。西元 1087 年，羅貝爾帶著幾個雜種回到法國（至少兩兒一女）。他沒有回諾曼第，而是直接住進了腓力一世的王宮。

腓力一世嘲笑威廉的身材，說他是「養胎的英國老孕婦」。每當有人從諾曼第來，腓力一世總是關心地問，「威廉還在草裡嗎？生產的時候一定告訴我，我好送蠟燭給教堂。」

在中國，落草也是出生的意思。

在羅貝爾的請求下，腓力一世率領一支軍隊殺入諾曼第。

威廉聞訊，怒火中燒。妻子早逝，兒子忤逆，都是腓力一世惹的禍。他點齊人馬，大敗腓力一世，一直追到屬於法王的邊境城市——芒特。

過去，出於對法王的尊重，威廉從不踏進法王的領地。

這次，他真的生氣了。他要報復，他要蹂躪，他要焚燒。

焚燒敵人的領地在當時是一種常見的戰爭手段。一是燒毀該城的防禦設施，令其失去軍事價值。二是對敵人造成重大人口與財產損失。三是震懾敵人，迫其投降。

歐洲有句古話，奪城之後不放大火，猶如吃香腸不放芥末。

很快，芒特變成了一片火海，房屋倒下了，教堂倒下了。

威廉興奮地衝進芒特的城門，來到市區。

突然，一個燃燒的木柱從路邊的樓上掉下來，重重砸在威廉面前的石板路上。

威廉的戰馬受驚了。牠猛地抬起前蹄，發出「咴咴」的長鳴。馬鞍的前橋 [12] 深深地扎進了威廉的大肚子。

威廉疼得身體後仰，失去平衡，從馬上「撲通」一聲摔倒在地上。

「啊 —— 」威廉痛苦地慘叫一聲，昏死過去。

第十二集　屍體歷險記

西元 1087 年，《編年史》寫道：

這個國家（英國）的情況變得十分嚴峻。暴雨成災，瘟疫流行，幾乎每兩個人當中就有一個人發高燒。還有好幾百人因饑荒而餓死。

哎呀！誰能不哀憐這樣的時日？誰能不為這樣的災難涕泣？

發生這種事情，就是因為人們的罪惡。他們不敬天主，不愛正義。

[12] 前橋是馬鞍前部的防護裝置，相當於護欄，防止騎兵從馬上跌落。

9 月 8 日晚上，盧昂西郊的聖傑維斯修道院。

威廉被人救回盧昂之後，傷情不見好轉，加上天氣炎熱，日益惡化。利雪主教和朱米吉斯修道院院長匆匆趕來。他們都是精通醫術之人，診斷了威廉的傷情後，連連搖頭，表示無能為力。

為了避開市區的喧囂，威廉移居到聖傑維斯修道院，著手安排後事。

威廉的傷口在大肚子上。他不能斜靠，只能平躺，把頭扭向一側，看著床邊的人：三子威廉和四子亨利、御弟莫爾坦、盧昂大主教博尼等人。

此時，羅貝爾正在腓力一世的宮廷大吃大喝。有人勸他去見威廉。他說，去做什麼？還不是要吵架？還是讓父親平靜地走吧。反正諾曼第和英國都是我的，誰也搶不走。

「羅貝爾還沒有來？」威廉問。過去一提起這個不爭氣的兒子，威廉就氣得頭痛。現在卻非常想見他，甚至想哭。

「也許他正在路上呢！」博尼安慰道。

「大主教，我可以把諾曼第給（小）威廉嗎？」威廉從喉嚨裡輕聲說話，避免胸腹起伏扯痛傷口。

小威廉的心臟向上提高了一公分。

博尼搖搖頭說，「羅貝爾是長子，他的繼承權天生不可剝奪。」

「這個不孝之子多次背叛於我，我就不能懲罰他嗎？」

「您多次命令諾曼第的貴族向他效忠，這裡的人民早視他為合法的主人了。」

「那就給他吧，至少他母親會高興一點。」

小威廉的心臟下降了兩公分。

停頓了一下，威廉接著說：

「英格蘭不是我從祖上繼承的，而是我從偽誓者哈洛德的手裡奪來的。我想把英國還給上帝，由他決定誰來統治這個王國。」

「如果你不指定王位繼承人，英國就會陷入混亂和災難。這是上帝所不願看到的。」

「我沒有權利把英國給誰。我祈求上帝把英國的統治權授給（小）威廉。」

小威廉立即上前，跪倒在威廉的床前。

威廉費力地抬起右手。

小威廉立即伸出雙手，把威廉的手接住，按在臉上，哽咽著說道，「父親！」

威廉貪婪地看著小威廉。我的這個兒子，不僅名字與我一樣，就是性格和才能也最像我。威廉說，「兒子！我願你健康長壽，願英格蘭在你的治下宏揚光大。」說完，他扭頭對利雪主教說，「以我的名義向蘭弗朗克大主教寫封信，讓他為威廉加冕，現在就去。」

「遵命，」利雪主教轉身準備出門。

「等等！」威廉叫住他，然後看著小威廉說，「你跟著利雪主教一起去。信寫好了就拿著去英國，不要耽擱，不要耽擱。」

「父親！」小威廉淚如雨下。

「兒子，去吧！」威廉的眼眶溼潤了。

這是最後一眼了。

小威廉輕輕地把父親的手放下，起身，望了威廉一眼，跟著利雪主教出去了。

亨利一直在看著，聽著，盤算著。

諾曼第沒有了，英國沒有了，還剩下什麼？

亨利向前湊了湊，跪倒在威廉床前，問道，「父親！我呢？您給我什麼？」

「亨利，我給你五千英鎊[13]。」

「父親啊，」亨利聲音顯得十分焦急，「我的哥哥一個是公爵，一個是國王。您總得給我個安身之地吧。」

「亨利，你還年輕，要有耐心。就是吃飯的時候也要讓年長的先來，是不是？」

亨利很失望，看著父親說話非常吃力，他不再辯駁。

「我的兒子，我送你一個祝福吧！聆聽哲人的教誨，保護卑微的人，愛上帝超過世上一切。你的前途比你的兩個哥哥更光明，更遠大！」

亨利點點頭。

「你現在就去國庫，趕緊抓住屬於你的東西！」

亨利悶悶不樂地走出房間。

財產分完了，該還債務了，釋放關押在監獄裡的人。

博尼從懷裡掏出一張羊皮紙，看著威廉。

「唸吧！」

「烏諾思（哈洛德可憐的弟弟，足足被押了二十三年）——」博尼停頓了一下，看威廉沒有反應，接著唸道：

「哈愸（哈洛德的姪子）——」

「莫爾卡（諾森伯里亞伯爵）——」

「鄧肯（蘇格蘭大頭王之子）——」

---

[13]　五千英鎊在當時是一筆鉅款，打個不恰當的比方，相當於現在的 10 ～ 25 億新臺幣。

「羅傑（菲茨奧斯本之子，因叛亂被抓）——」

威廉靜靜地聽著，沒有說話，每一個人都是一個故事。

「厄德——」

「停！」威廉生怕博尼唸下去，趕緊打斷他，「他不能放。」

博尼用手示意旁邊的小修道士記下來。

「陛下，」莫爾坦的聲音像是從弓箭裡射出來的一樣，「我求求您，放了他吧！監獄裡那麼多敵人、那麼多您不認識的人您都放了。」

「他！」威廉有些生氣，「他要特別看護！」

「他可是我們同一個母親所生的兄弟啊。」

「兄弟？他有沒有——」說到激動處，威廉咳了兩聲，乾脆不說話了。

「他老了，請考慮考慮他的不幸吧。」

「莫爾坦，你不了解他。」

「陛下，您把他交給我。如果你愛我那麼多的話，分一些給他吧！」

「好吧！好吧！放了他！反正我死了——」威廉胸口起伏，疼得輕輕地呻吟了一聲。

博尼衝著小修道士使個眼色，意思是說不用記厄德的名字。

「西瓦爾——」

「不用唸了，」威廉打斷了博尼，「你留下，其他人都離開吧。」

眾人知道國王要做臨終懺悔，默默地走了出去。

人的問題解決了，現在該解決神的問題了。

威廉平復了一下情緒，對博尼說，「大主教，我為芒特的事情感到萬分悔恨。我要補償芒特，不管花多少錢，恢復到它原來的樣子。」

博尼點點頭。

威廉接著說道，「我在英國犯下的罪行更嚴重。我不分青紅皂白地屠殺了大量的英國人民。沒殺死的，也因饑荒而餓死、凍死。我製造了大量的暴行，鮮血徹底玷汙了我的靈魂。告訴（小）威廉，對英國每個教堂都要送錢。大教堂送 10 馬克，中教堂送 6 馬克，鄉村教堂也送 60 便士。這些錢要發到孤兒、寡婦和殘疾人的手裡。」

歷史學家維斯塔斯在書中記下了威廉的臨終遺言。

很多人懷疑其真實性，認為這些話不符合威廉的本性。

威廉的確有殘暴的一面，但他也是一個非常虔誠的人。我相信威廉是那樣說的。

對基督徒而言，人死了不是全部結束，而是新的開始。

好人如懺悔者愛德華，死後直接升入天堂。

壞人如哈洛德（教會敵人、偽誓者），死後直接墜入地獄。

大部分人，比如威廉，不好不壞，半好半壞，死後就會經歷一個生不如死的煉獄過程，先除去骯髒的靈魂，再升入天堂。

懺悔得越徹底、越誠懇，煉獄的過程越短。

第二天早上，盧昂全城教堂的鐘聲叫醒了威廉。他睜開眼睛，看了一眼這個世界，便永遠地閉上了。

諾曼王朝的開創者，偉大的君主，就這樣去世了，享年五十九歲。

記史人感慨起來：

哎呀！塵世的繁榮興盛是多麼虛假，多麼不可靠啊！

他曾經是一位強大的國王，是許多土地的主人

如今卻只能占有七英尺之地

他衣服上曾經綴滿黃金珠寶

現在卻覆蓋著泥土躺在那裡

他剝奪了下屬許多馬克的黃金，還有數百磅的白銀
這並非出於需求，而是因為他龐大的貪心
有勢者抱怨，貧困者嘆息，他一概置之不理
他高抬自己，淩駕眾人，真是可悲

不過，記史人也沒有忘記讚揚威廉的政績：

「一個懷揣黃金的老實人可以在國內安全地旅行，沒有人敢毆打另一個人，強姦婦女的一定會被閹割。」

教堂的鐘聲又響起來了。這次是喪鐘[14]，向諾曼第全境宣布威廉的死訊。

威廉有四個兒子，五個女兒。女兒當中，較有影響力的有兩位，長女塞西莉婭後來成為康城女子修道院院長，三女阿黛拉（Adela of Normandy）嫁給布盧瓦伯爵。那個許配給哈洛德的女孩後來也去了修道院。

威廉以後的歷任英國國王，包括今天的伊莉莎白女王（Queen Elizabeth），都是威廉的後代。

強大君主的死亡，意味著政變和戰爭，沒有人知道接下來會發生什麼可怕的事情。陪在威廉病床前的主教和貴族，立即騎上馬匹，跑回自己的領地。貝萊姆伯爵正在前往盧昂的路上，接到消息後一撥戰馬，返回自己的城堡，驅逐了威廉的駐軍。不光是貴族們心驚肉跳，就連盧昂的市民也紛紛關門閉戶，藏匿財產。

威廉的意外死亡，導致了另外一件歷史憾事。

兩年前，威廉派人到尼西亞（今土耳其）取出父親羅貝爾的屍體，準備送回諾曼第下葬。父子相別已是五十多年了。威廉死亡的消息傳來，這些人剛剛走到義大利。他們覺得拿不到威廉的獎賞，於是把羅貝爾的

[14] 教堂為死去的人鳴鐘。有本書就叫做《喪鐘為誰而鳴》。

屍體就近下葬。

威廉死亡的當晚，他的三個惡僕悄悄走進房間，來到威廉床前。他們看了看燭光下威廉煞白的臉，又看了看彼此的綠臉。三個人壯著膽子推了推床上的屍體，威廉沒動，的確死了。

他們抓住威廉的手，捋下他的戒指。

他們搬起威廉的頭，摘下他的項鍊。

他們翻箱倒櫃，拿走了所有值錢的東西。

臨走時，他們看上了威廉的衣服，一件漂亮的袍子。

兩個人費力抬起屍體，一個人脫衣服，把威廉扒個精光。

收起威廉的長袍，他們又看中了威廉身下的床單，還能用來當包裹。

一個人扳著威廉的肩膀，一個人扶著威廉的腰，一個人抱著威廉的腿，三個人一起使勁。把威廉的屍體「撲通」一聲扔到地上。

夜色中，三個僕人揹著包裹跑了。

第二天，博尼打開威廉臥室的大門，眼前的景象把他嚇呆了，眼睛和嘴巴變成了三個圓圈。

威廉赤條條地趴在冰冷的地板上，就像一頭碩大的野豬。他的兩隻手半張開，似乎想抓住什麼東西，又像是不捨得什麼東西被人奪走。

這次，他連一根草也抓不住了。

房間裡的擺設、飾品、什麼都沒有了，只剩下一些垃圾散落一地。

博尼不得不替威廉找了一身衣服套上。

一名騎士奉命將威廉的遺體沿著水路運到康城。

在康城碼頭，男子修道院的修道士們將威廉的遺體放上平板車，推著車子向城裡走去。快到康城城門的時候，城中突然失火，濃煙滾滾，紅光沖天。眾人丟下平板車，全部跑去救火了。就這樣，威廉的屍體在烈日驕陽下曝晒了大半天，直到晚上才推進修道院。

眾人使出吃奶的力氣，把死沉的屍體抬起來，這時候他們才發現一個棘手的問題。

棺材太小，威廉肥胖的屍體放不進去。

打造新棺材已經來不及了，湊合一下吧。

七、八個修道士彎下腰，有的攏腿，有的按腹。就在眾人手忙腳亂的時候，只聽見「撲哧」一聲，極為恐怖的事情發生了。

屍體肚子上的傷口裂開了，爆炸了。

紅色的、橙色的、灰色的、褐色的、青色的、黑色的、說不出顏色的液體飛速濺出，噴在人們的手臂、脖子、臉頰和衣服上。

爛桃子、爛芒果、爛黃瓜、爛葡萄、肚子裡出來一大堆奇形怪狀的東西。

嬰兒粑粑的臭味、曝晒三天的優酪乳味、死魚爛蝦的腥味、一個月沒洗的襪子味撲面而來，在場的人幾乎都暈倒了。

所有人奪門而出，在院裡脫衣、擦臉、喘氣、嘔吐。

修道士們又燒樹枝，又噴香水，幾乎沒有作用。

威廉的屍體經過摔到地下、太陽曝晒、用力擠壓，最終爆炸。

好消息是，威廉的肚子空了，可以放進棺材了。

威廉下葬的地點在教堂中部的祭壇旁邊，最有權勢的人才能葬在這裡。

稍有權勢的人葬在教堂的側廊。

普通人則葬在教堂外面的墓地。

人活著，有的住大別墅，有的住貧民窟。

人死了，墓地也分大別墅和貧民窟。

雷蒙院長主持了下葬儀式。

當人們把威廉的棺材放入墓穴，剛鏟起第一鍬土，突然有人跳下墓坑，撲在棺材上，高聲喊道：我是阿斯林！這塊土地是我的！你們不能使用！

雷蒙院長問，誰能證明？

阿斯林掏出一張羊皮紙說，我有地契。

雷蒙把地契交給了參加葬禮的亨利，父債子償吧。

經過一番討價還價，阿斯林拿著六十先令走了。

君王的墳地，也要花錢買。

威廉的屍體經歷了一波三折，終於停止了折磨。

然而，故事還沒有結束。

西元 1522 年，哈德良教宗（Hadrianus PP. VI）出於好奇，讓人打開了威廉的棺材。人們發現，威廉的屍體保存尚好，身材的確高大。有人比照著屍體的臉為威廉畫了一幅肖像（目前肖像還在）。石棺合上了。

西元 1562 年，因為威廉效忠教宗，一夥新教徒（反對教宗的人）衝進男子修道院。他們撬開了威廉的棺材，把他的骸骨抬到院子裡，砸成碎片，揚長而去。一名叫托斯坦的修士撿起威廉的一塊大腿骨，偷偷藏了起來。後來，人們舉行了一個正式的儀式，把這根骨頭埋了。

西元 1793 年，法國大革命來了，威廉的墓碑再次被搗毀。

就這樣，威廉兩次被人從墓穴裡弄出來，被動地參加了法國宗教戰爭和法國大革命。

西元 1802 年，康城地方官樹起一塊白色的大理石墓碑。上面用拉丁語寫著：

這裡埋葬的是不可戰勝的征服者威廉，英國國王，諾曼第公爵，修道院的建立者，死於西元 1087 年。

1983 年，威廉的墓穴再次被人打開，這次是應遊客要求的。

墓碑不明顯，拍照不方便。

那根大腿骨經過科學家檢測，確實屬於一個十一世紀的人。這個人身高約 178 公分，應該是威廉本人。

如果出生在威廉那個時代，你是願意做一個普通人呢，還是選擇威廉那樣的生活 (整個童年生活在危險和侮辱當中)。

中國有句俗話，人比人得死，貨比貨得扔。我們的出生地，我們的家庭、甚至我們的相貌都有先天不足。我認識 A 小孩的一件衣服比 B 小孩一年的生活費都高。可是，這都不是 A 小孩和 B 小孩自己選擇的。A 小孩肯定要比 B 小孩過得舒服一些，但將來誰的成就更大，誰更幸福，更多的取決於他們的後天努力。

《三國演義》裡，曹操是贅閹遺醜，劉備是織蓆販屨之徒，孫權是錢塘小吏之子，諸葛亮是山野村夫，都不如何。

可以肯定的是，與別人相比，抱怨自己的出身肯定不會改變自己的命運，甚至讓自己走上失敗的道路。我們已經看到，階級正在固化，窮人的孩子要付出十倍、百倍的努力。但是，你只能努力，否則你的孩子也將重複你的命運。

除了一根骨頭，威廉還留下一種制度、一座塔、一本書、一幅畫。

一種制度就是在英國引進了封建制度。

一座塔即威廉下令修建的倫敦塔，今天倫敦最宏偉的旅遊景點之一。

一本書指的是《末日審判書》(*Domesday Book*)。

阿斯林阻止威廉下葬

西元1086年，威廉下令在英國舉行一次土地與人口普查。《編年史》寫道：「調查得如此詳盡，乃至沒有一海德土地，也沒有一頭牛、一頭豬被遺漏。」調查結果彙編成冊，命名為《土地賦稅調查書》。《土地賦稅調查書》相當於英國人口普查、牲口普查、階級普查、財產普查、全國不動產聯網系統。

英國人民必須詳細交代自己的財產。他們感覺自己就像一名站在被告席上的嫌疑犯，辦過先進國家簽證的人都有這種體會。英國人民憤怒地稱這本書為《末日審判書》。

今天我們在網路上輸入英國的一個古地名，就可以知道一千年前這裡是什麼樣的。比如弗德應雷莊園：

6海德土地，12張犁。有1名領主，6名小土地所有者，19名村民，1名牧師，3名奴隸。磨麵粉一次8先令。草地40英畝。樹林1里格長、9弗爾寬。當國王不在此狩獵時可以放牧，收10先令。」

五百年後，莎士比亞在《末日審判書》中找到了自己的祖先和財產，憑此由平民變成一名紳士。時至今日，英國法庭還不時會引用《末日審判書》的資料。

諾貝爾經濟學獎得主諾斯（Douglass North）在《西方世界的興起》（*The Rise of the Western World: A New Economic History*）一書中指出，歐洲之所以率先進入現代文明，保護私有財產是最重要的因素之一。比如，一個普通人就有權禁止國王葬在自己的土地上。

《末日審判書》堪稱英國第一國寶，全人類最珍貴的文獻之一。

同年，中國一本三百萬字的著作校訂完畢，在杭州開始雕版。這本巨作叫《資治通鑑》。

一幅畫指〈巴約掛毯〉（*Tapisserie de Bayeux*）。

巴約這座城市的知名度並不高，卻是法國最具吸引力的旅遊景點之一。美國電影《搶救雷恩大兵》（*Saving Private Ryan*）開場那段血腥、慘烈的海灘登陸戰就發生在這裡。今天，巴約的英軍公墓矗立著一座高大的紀念碑，上面就寫著一句話：

「曾被威廉征服的我們，現在解放了征服者的祖國。」

憋悶了一千年，英國人終於出了一口長氣。

〈巴約掛毯〉因存放在巴約的掛毯博物館而得名。具體資訊如下：

完成時間：約西元 1078 年

材料：八種顏色的羊毛繡在亞麻布上

製作人：厄德主教主持，數十名英國刺繡女工完成

大小：原長 70 公尺，現存 62 公尺，寬半公尺。

榮譽：聯合國世界記憶遺產

內容：掛毯以連環畫的形式，展現了威廉征服英國的全過程。按時間順序，從哈洛德到諾曼第開始，一直繡到哈斯丁戰爭結束。有哈洛德被俘、陪威廉出征、向威廉宣誓、愛德華死亡、哈洛德加冕、哈雷彗星、威廉伐木造船、渡海頓陸、搶劫民眾、哈斯丁戰場、威廉摘下頭盔、哈洛德眼睛中箭等場景。

資料統計：623 個人物，55 隻狗，202 隻戰馬，41 艘船，500 隻鳥和龍。

約二十年後，中國也誕生了一幅百科全書式的作品，叫〈清明上河圖〉。

威廉死後當天，厄德主教就從盧昂的監獄裡出來了。他參加了威廉的葬禮。事後，他對莫爾坦說：

「我們怎能恰當地服侍兩位相隔甚遠而彼此敵對的君主？如果我們好好侍奉羅貝爾公爵，就會冒犯他的弟弟威廉，他就會剝奪我們在英國的收入和榮譽。另一方面，如果我們服從威廉國王，羅貝爾公爵就會沒收我們在諾曼第的世襲領地。」

莫爾坦問，哥哥，我們怎麼辦？

厄德說，兩兄弟必然開戰，最後剩下一個。

莫爾坦問，你覺得誰是勝利者？

厄德說，我們支持誰，誰就是勝利者。我的選擇是羅貝爾。第一，他是長子，支持他合理合法。第二，羅貝爾溫和、懶散、好說話。至於紅臉（小威廉的綽號），獨斷專行，脾氣暴躁，不好相處。

莫爾坦問，什麼時候開戰？

厄德說，不急。我們先到英國，承認小威廉為國王，從他手裡接過我們的領地，然後再用我們領地的軍隊攻擊他。

第二卷　從平民到國王

一個王位，三個兄弟。

不是你死，就是我活。

森林中，誰射死了國王？

監獄中，王能不能逃脫？

機關算盡之後，老國王失去了唯一的兒子。

誰來繼承王位，各方勢力蠢蠢欲動。

第十三集　兩個哥哥

有一次，征服者威廉把三個兒子叫來，問了他們一個問題：

如果上帝允許讓他們變成一隻鳥，他們最想變成什麼？

羅貝爾回答，一隻鷹 (Hawk)，像謙虛勇敢的騎士。

鷹個頭小，能豢養，聽主人的話，所以說是謙虛的騎士。

小威廉回答，一頭鵰 (Eagle)，強大到讓百鳥畏懼。

鵰個頭大，性凶猛，不能馴服，是百鳥之王。

亨利回答，一隻椋鳥 (starling)，與其他鳥兒友好相處。

椋鳥平時小群活動，遷徙時大群齊飛，場面十分震撼 (想像一下蝗群)。如果有同伴受傷或患病，其他椋鳥會留下來照顧牠。

科學家做過一個實驗。在鳥籠中放進一隻椋鳥，兩支觸發器，一面螢幕。點左邊的觸發器，螢幕上出現一張椋鳥圖片。點右邊的觸發器，螢幕上出現一張原野圖片。籠中的椋鳥每六分鐘就點左邊的觸發器，但很少點右邊的觸發器。椋鳥喜歡同類甚於原野。

不過，椋鳥是鷹和鷳的食物。

從答案中，我們可以看出這三個兒子的個性，甚至預測他們的未來。

這三個兒子對於遺產分配方案表現出截然不同的態度。有非常滿意的、有一般滿意的、有非常不滿意的。

歐洲王公貴族的遺產繼承制度是這樣的。長子繼承全部家產。其他兒子想當貴族的，可以分到小塊領地（大小和一個小鄉鎮差不多）或兩、三座城堡。想侍奉上帝的，可以出任主教或修道院院長。這樣設計的目的是防止子孫過多，把本來就不大的領地越分越小[15]。如果平分的話，兒孫們實力相當，極有可能爆發遺產爭奪戰。

小威廉對分到手的遺產最滿意。他的大哥反抗父親失寵，他的二哥理察意外死於英國的一場狩獵。對遺產沒有奢望的他沒想到竟然分到最大的領土 —— 英國。

小威廉在倫敦加冕稱王，因和父親同名，史稱「威廉二世（William II）[16]」。他長著一張紅色牛肉臉，綽號「紅臉王」。

紅臉王愛好華麗的服裝。

有一天，男僕拿著一雙新鞋要替國王穿上。

紅臉王隨口問了一句，這雙鞋子多少錢買的。

---

[15] 劉備自稱中山靖王劉勝之後。劉勝有一百二十個兒子。等到了劉備這一代（三百年後），「皇叔」得有上千人了。因此，劉備只能分到幾雙草鞋。

[16] 中國皇帝也會面臨重名問題。第一個解決辦法就是讓別人改名。比如在與征服者威廉對應的宋朝，趙匡胤黃袍加身，他的弟弟趙匡義馬上改名趙光義。趙光義當皇帝的時候，麻煩來了。所有叫光、叫義的人都得改名，所有書中的「光」字、「義」字都得換掉。整個大宋國將沒有光、沒有義。這顯然是行不通的。所以，第二個辦法就是皇帝本人改名，最好用偏僻字。趙光義改名叫趙炅（ㄐㄩㄥˇ），這可真夠囧的。宋朝還有幾位皇帝叫趙頊、趙昚、趙禥、趙昺，全唸對你就是博士畢業。

男僕回答，三先令。

「狗雜種！」紅臉王一腳把跪在前面的男僕踢倒，「讓高貴的國王穿這樣的破鞋！以後低於一馬克（一雙）的鞋子不要給我！」

男僕出去，拿了一雙更便宜的鞋子進來，替紅臉王穿上。

紅臉王下地走了走，又看了看腳上的鞋子，滿意地對僕人說，「這雙鞋才符合我的國王身分！」

對遺產一般滿意的是羅貝爾。

羅貝爾身材矮小，綽號「短襪子」。別人的長襪子他可以當褲子穿。

為了得到諾曼第公國，羅貝爾足足等了十年。

他最大的愛好就是吃喝。一個人喝悶酒是沒有任何樂趣可言的。要有人敬酒，有人表演，有人講黃色笑話、有人喝醉了在地上滾，有女人尖叫浪笑。

羅貝爾身邊聚集了一大幫這樣的朋友，或者叫弄臣。他晚上不睡，白天不起，終於實現了他夢想的生活。

其實這也這是我夢想的生活。

有一次，羅貝爾要主持一場大型布道活動。頭天晚上，他依然和弄臣們喝得爛醉。第二天一早，羅貝爾準備起床前往教堂，卻發現自己的衣服沒了。再看身邊的女人，也是一絲不掛。精美的大床上別說床單、被罩，連隻襪子都沒有。

羅貝爾呼叫僕人，沒人回應。大聲呼叫，還是沒人回應。

公爵大人只得光著身子走出房間，滿城堡找人。他邊走邊罵，連隻狗都沒碰上。

其實，他的弄臣們就躲在他的背後，看他笑話。

一個胖子光著屁股在前面破口大罵，一群人半蹲著身子在後面憋著壞笑，那場面讓人不忍直視。布道活動當然泡湯了。

羅貝爾因此得名「半夢公爵」，或者叫「半醒公爵」。

羅貝爾認為英國應該分給自己，但他覺得渡海北伐英國，與三弟威廉作戰太麻煩、耽誤和寵臣們飲酒作樂。

對遺產分配方案最不滿意的就是四子亨利了。

亨利喜歡讀書，綽號「書呆子」。當時的貴族尚武輕文，歧視讀書人。

亨利分到的遺產是五千英鎊的現金，以及母親名下的莊園（在英國）。五千英鎊相當於今天的幾十億新臺幣，絕對算是一筆巨款。不過，當時沒有投資理財管道，坐吃山空的話早晚會花完。

沒有爵位，亨利從貨真價實的王子淪落為有錢的平民。

《三國演義》裡，劉備參加征討董卓聯盟。袁紹把最後排的座位給他，還說「吾非敬汝名爵，吾敬汝是帝室之冑耳」。

當時的諾曼第沒有銀行。五千英鎊帶在身上，走到哪裡都不放心。最後，亨利找到了一個好地點——聖米歇爾山。

聖米歇爾山位於諾曼第公國與布列塔尼公國交界處。這座圓錐形的小山在海水漲潮的時候是一個四面環水的小島，在海水落潮的時候就會出現一條小路和大陸相連。小山的底部是用花崗岩砌成的城堡圍牆，小山的頂部是一所古老的修道院。

在法國所有的旅遊城市當中，巴黎第一，這裡第二。

去法國不到聖米歇爾山，相當於到中國不看長城。

看著金光閃閃的錢幣，亨利一世眉頭緊鎖。

諾曼第貴族對威廉的遺產分配方案也不滿意。包括厄德、莫爾坦、尤斯塔斯、貝萊姆伯爵在內，他們都希望羅貝爾把英國奪回來。

一來，他們在海峽兩岸都有土地。他們擔心兩兄弟爆發衝突後自己的財產不能兩全。

二來，羅貝爾性格溫和，紅臉王脾氣暴躁。顯然，由羅貝爾統一諾曼第和英國更好。當下屬的，誰不希望自己的主管脾氣好，智商差，能力低。

在貴族們的再三慫恿下，羅貝爾決定盡快向紅臉王開戰。

紅臉王剛剛加冕，在英國立足未穩，正是把他推翻的好時候。

打仗需要錢、大錢。大手大腳的羅貝爾把錢都花在酒友和妓女身上了。他找亨利借三千英鎊。

亨利是個愛好和平的人。他不支持兩位哥哥開戰，也不願意把錢借給羅貝爾（說不定會變成酒錢）。

羅貝爾開出條件：我把諾曼第康城、巴約以西的土地賜給你。如果北伐英國成功，我就封你為科唐坦伯爵。

亨利最需要的就是封地和爵位。他欣然答應。

至於兩個哥哥之間的戰爭，亨利想坐山觀虎鬥。從目前掌握的情況來看，羅貝爾應該能夠戰勝紅臉王。因為百分之九十的諾曼貴族都支持他。

亨利心想，我有科唐坦就很滿足了，我要好好經營她。

從地圖上看，科唐坦是一個半島。它的區域大致相當於今天法國的芒什省。科唐坦西部與布列塔尼公國接壤，其北方伸入英吉利海峽，其東部是叔叔厄德的巴約主教區，其南部是叔叔莫爾坦的伯爵領地。科唐坦具有重要的軍事價值。拿破崙（Napoleon Bonaparte）皇帝視這裡為征服英國的前哨，巴頓將軍在這裡設立了盟軍司令部。

多年來，大部分權貴在巴結羅貝爾，少部分權貴追捧小威廉。所有人都不看好亨利，不認為他有什麼前途。亨利不得不學習與人打交道，主動交朋友。他與人為善、替人著想。

短短幾個月的時間，亨利就和自己屬地的切斯特伯爵（「十三太保」）、曼德維爾的羅格、雷德瓦的理查、費薩蒙（Robert Fitzhamon）等一批西部諸侯成為好友。歷史學家稱這些人為「亨利幫（Henry's gang）」。

「亨利幫」成員當中有一名特殊人物，一名出身卑賤的年輕教士，叫羅傑。有一天，亨利途經一座不起眼的小教堂，不明原因走了進去，碰巧羅傑正在布道（宣傳基督教的教義）。亨利聽後大為折服，覺得羅傑是一名不可多得的人才，把他收在身邊。

西元 1087 年 12 月，厄德來到英國，參加了聖誕節慶祝活動。他在英國有十多年的統治經驗，有大量的領地，是英國的「無冕之王」。

紅臉王初登大位，對英國的國情民意尚不掌握。他真誠地邀請厄德擔任「首相」，並且表示，「叔叔，我希望整個英國都按您的意見執行。」

第二年四月，厄德回到羅切斯特城堡。貝萊姆伯爵奉羅貝爾之令已經率軍來到這裡。他們殺死紅臉王任命的地方官員，點燃了叛亂的第一把火。

康斯坦斯主教從布里斯托爾出擊，瘋狂掃蕩英格蘭西部地區。達勒姆主教在北方搶占遠近城鎮。畢高德家族在東部宣布脫離紅臉王的管轄。

羅貝爾留在諾曼第準備船隻和援軍。

紅臉王發現，一夜之間，東西南北，幾乎所有的諾曼貴族都變成了自己的敵人，只有費薩蒙等少數人留在自己身邊。

在蘭弗朗克大主教的建議下，紅臉王打開國庫，收買民心。他向英國人許諾，我將給你們最好的法律，最輕的稅收，以及森林使用權。在森林裡放牧、採果、打獵、砍柴，相當於增加一大筆收入。

紅臉王揮師東進，包圍羅切斯特城堡。他下令：在英國的年輕人，不論是諾曼人還是英國人，不論在城市還是在農村，都必須馬上到羅徹斯特來，否則就是叛賊。英國人（盎格魯 - 撒克遜人）對二十年前被諾曼人征服一事深以為恥。他們支持紅臉王趕走諾曼人。

面對城外的洶洶大軍，厄德並不擔心。只要羅貝爾的諾曼援軍一到，紅臉王自然前去抵抗，羅徹斯特之圍不戰而解。

然而，羅貝爾卻遲遲沒有登陸英國。厄德和貝萊姆伯爵因為缺水少糧，不得不開城投降。紅臉王沒收了厄德和貝萊姆伯爵的土地財產，允許他們安全離開英國。

厄德向紅臉王提出一個請求，就是他們離開羅徹斯特的那一天，國王的人馬不要奏樂。

這在當時是一種羞辱敵人的方式。

紅臉王說，即使給我一千馬克的金幣我也不會放棄這種樂趣。他命令所有會演奏的人都來，站在羅徹斯特城門的兩旁，用盡最大力氣敲鼓吹號，吸引民眾前來圍觀，把莊重的受降儀式搞成了狂歡節。

厄德的臉變得比烏鴉還黑。

厄德兵敗後，康斯坦斯主教等各地小股叛軍很快放下了武器。

紅臉王在孤立無援的困境中平息叛亂，大獲全勝。他卻一點也不高興，反而怒氣沖沖。

「羅貝爾！趕緊做好準備！我的軍隊很快就會在諾曼第登陸！」

叛亂平息之後，坎特伯雷大主教蘭弗朗克去世。他是一位傑出的宗教領袖和卓越的政治家。

紅臉王沒有提名新的大主教。他把坎特伯雷教區每年三千英鎊的收入裝進自己的口袋。隨後，他又霸占了數個修道院的地產。反正國內沒有大主教制約他、譴責他。

紅臉王警告英國人民，凡是進入王室森林者，一律挖眼。

紅臉王違反了他的所有承諾，在英國實行殘暴的統治，沒有人敢挑戰他的權威。紅臉王還把父親已經釋放的烏諾思和莫爾卡抓起來，一起關押到死。

西元 1088 年 9 月，征服者威廉去世一週年。

英吉利海峽兩岸風平浪靜。種種跡象顯示，兩位哥哥年底之前不會發動新的戰爭。亨利乘船悄悄來到英國，準備向紅臉王討要母親留給他的莊園。

亨利大步走到倫敦的王宮正門，抬頭一看，嚇得差點想往回跑。

正門左右各有五個骷髏，全是站立的姿勢，手裡拿著長矛，黑漆漆的眼眶盯著來人。

難道我到了鬼城？

亨利走近仔細一看，這些骷髏綁在木製的架子上。

這十個人是參加叛亂的士兵。紅臉王讓他們站崗有雙重目的：

1. 生前背叛我的人，死後要為我效忠。
2. 進進出出的人都看看，背叛我是什麼下場！

亨利走進議事大廳，跪了下來。

「下面是誰啊？」紅臉王斜靠在王座上，尖細的聲音冷冷地問道。

「我是亨利，您的弟弟！」

「亨利！」紅臉王向前探出身子。他眉頭緊縮，紅眼微合，射出兩道凶光，「你知道我是什麼時候加冕的嗎？為什麼不來向我效忠？」

「我怕來早了被當作叛軍。」在路上亨利早就想好了理由。

「這麼說，你沒有參與『短襪子』的叛亂？」

「沒有。」

「真的沒有？」

「真的沒有。」

「那我問你，你有沒有給羅貝爾三千英鎊？」

「我，」亨利腦子急速地轉著，「那不是給，是買，買一筆土地。」

「你來英國做什麼？」

「我想、我想繼承母親的莊園。」

「來晚了！我已經賞給費薩蒙了。」

亨利暗暗叫苦。費薩蒙也是我的好朋友，我怎麼能要回來呢。

紅臉王站起來，走到亨利面前。他臉色一變，笑容滿面地說道，「我的好弟弟，快起來。」

亨利的腿都跪麻了。

紅臉王拍著他的肩膀說，「我的好弟弟，我就問你一個問題。如果我和短襪子開戰，你支持誰？」

「這個……」亨利難住了。這種場合當然不能說支持羅貝爾。說支持紅臉王，似乎也沒有什麼理由。

「我們兄弟為什麼不和平相處呢？」亨利想迴避這個燙手的問題。

「和平？你去問短襪，是他破壞了和平，」紅臉王盯著亨利的眼睛，大聲說道，「告訴你，英格蘭和諾曼第，只能有一個主人，那就是我。你必須服從我，反對羅貝爾！」

「是。」亨利小聲附和。看樣子不答應紅臉王，就得馬上進監獄。亨利可不想嘗試那種痛苦的滋味。

宴會之後，亨利回到自己的住所，一晚上都沒睡好。

羅貝爾和紅臉王，諾曼第和英格蘭，看來只能選擇其一。

羅貝爾是大哥，有正統性，為人和藹。紅臉王霸道蠻橫，不好相處。就土地而言，科唐坦是完整的一個伯爵國，母親留給自己的只是英國零散的幾十個莊園。

亨利決定支持羅貝爾，但又不想放棄英國的莊園，更不敢得罪紅臉王。思前想後，亨利留了一封信，藉口諾曼第有事，悄悄離開倫敦。

紅臉王收到信後大罵亨利：

我看你就是羅貝爾的跟班。等我去了諾曼第，把你們倆人放在一起收拾。

英國之行一無所獲，亨利在回程的路上遇上了貝萊姆伯爵。亨利認識這個惡棍，但也不想得罪他。兩個失意的人一同乘船返回諾曼第。他們剛走到科唐坦的伊西尼（Isigny）[17] 就遇到了面色黝黑的厄德主教，身後還跟著二十名全副盔甲的騎兵。

亨利不敢招惹這位專橫的叔叔，連忙上前行禮。

「去英國了？」厄德問。

「是……是啊。」

「和紅臉談了什麼？」

「關於繼承土地的事情。」

「我看你是和他密謀進攻諾曼第吧！」

「不，不，這是完全沒有的事情！」亨利連忙辯解。

[17] 迪士尼公司的名字就來自自於伊西尼。

厄德根本不想聽解釋。他命人上前抓住亨利和貝萊姆伯爵，把他們扔進巴約的一所骯髒的、爬滿臭蟲的地窖。

亨利坐在陰冷的草堆上，絞盡腦汁也沒有想明白，我什麼時候得罪了這個傲慢的叔叔？亨利內心很坦然。我和紅臉王沒有密謀，只要向厄德解釋清楚，很快就可以獲釋。

可是厄德主教根本不想見他。

西元 1088 年，亨利在監獄度過了一個陰暗的聖誕節，度過了人生中最痛苦、最淒涼的二十歲生日。

厄德在英國的財產僅次於征服者威廉，現在全部歸了紅臉王。他敗回諾曼第後，變成了一頭憤怒的紅龍，一張嘴就噴火。厄德主教四下一看，咦？我的旁邊怎麼多了一個大地主亨利。好了，我就拿你出氣吧！

亨利剛離開諾曼第，厄德就快馬加鞭來到盧昂。他告訴羅貝爾，亨利和紅臉王合謀入侵諾曼第。

羅貝爾不信。「亨利？不可能，他是我的人。」

厄德問他，「你猜亨利現在在哪裡？」

羅貝爾說，「我哪裡猜得到？」

厄德說，「他正在倫敦和紅臉喝酒呢。」

「這個忘恩負義的傢伙，竟敢背叛我？」羅貝爾臉色瞬間氣白了，「叔叔，你率領一支軍隊在海邊等著。只要亨利一回來，就抓住他！」

三千英鎊把科唐坦賣給亨利，這個價格的確非常非常低。當時羅貝爾心想，整個英國都是我的，把科唐坦給亨利不算什麼。現在英國沒得到，三千英鎊又花完了，羅貝爾有點後悔，想把科唐坦要回來。

「亨利幫」成員，切斯特伯爵趕到盧昂，替亨利說情。

「我愛我的弟弟，給他土地，信任他。他卻投靠了我的敵人。」羅貝爾餘怒未消。

「我們沒有合謀的證據。」切斯特伯爵說。

「人都去了還不是證據？」

「公爵大人。我聽說紅臉正在召集軍隊，準備報復您呢。如果他真的殺到諾曼第，您希望亨利幫助他呢？還是幫助您呢？」切斯特伯爵問。

「廢話！亨利當然得幫、幫我。」

「如果您對亨利好點，他一定幫您。如果您一直囚禁他，把他逼急了，他一定投靠紅臉王。」

「對呀，」羅貝爾一摸腦袋，「我怎麼沒想到呢，那就把亨利放了吧。」

西元1089年春天，亨利走出監獄大門。他悶悶不樂地回到聖米歇爾山。

亨利沒有再去盧昂，羅貝爾也沒有找過他。

羅貝爾說征服英國之後，再賜封亨利為科唐坦伯爵。

亨利呢，以科唐坦伯爵自居，也不管羅貝爾承認不承認。

西元 1190 年 10 月底，羅貝爾的特使飛奔而來，氣喘吁吁地對亨利說：

「紅臉王、紅臉王的軍隊已經登陸諾曼第，正向盧昂出發。公爵大人命您趕快率軍前去救援，去晚了盧昂就守不住了。」

兩位哥哥又要開戰。我該支持哪一個？羅貝爾，還是紅臉王？

亨利心想，如果紅臉王戰勝了羅貝爾，那麼我這個名義上的科唐坦伯爵也保不住了。反過來，如果支持羅貝爾戰勝了紅臉王，說不定羅貝爾會感激我，正式賜封我為科唐坦伯爵。

對！我就支持羅貝爾！

亨利率領軍隊向盧昂奔去。

第十四集　夾在中間的弟弟

11 月 3 日清晨，富商卡蘭打開盧昂的西門。紅臉王的先鋒官雷金帶著三百名騎兵衝進城去，與潛伏在城內的叛軍匯合一處，殺向公爵府。

羅貝爾在公爵府的塔樓上指揮反擊。眼看叛軍越來越多，越來越近，他突然感到一絲恐懼，很快就變成一團恐懼。羅貝爾倉皇跑下塔樓，騎上戰馬，逃出盧昂東門。他乘船渡過塞納河，一路狂奔，到了聖西弗的一個修道院才停下來。

羅貝爾接過侍衛遞過來的酒囊，「咕咚咕咚」喝了一大口。「哈——」他長出一口氣說道，「讓他們相互消滅吧，最好都死光了！」

上午十點，亨利從盧昂南門殺進，與叛軍在街道上展開肉搏戰。他想盡快與羅貝爾匯兵一處，然而苦鬥了數陣，就是找不到自己的大哥。

亨利連問多人之後，才知道羅貝爾已經出城了。

有人勸他說，城裡情況不明，異常危險，您是不是也出城躲避一下。

亨利說，這是我祖先之土，父母之邦。不到最後一刻，我是絕不會出城的。

中午，貝萊姆伯爵來了、埃夫勒伯爵來了、威利斯（菲茨奧斯本之子）來了。前來救援的貴族越來越多。雷金抵擋不住，率領殘兵逃出盧昂。叛變的市民放下武器，悄悄回家，關上門窗。

下午兩點，士兵把卡蘭押到亨利面前。

亨利把卡蘭帶到盧昂城堡的一座高塔之上。他用右手抓住卡蘭胸前的袍子，用左手一指城外，說道：

「逆賊！睜開狗眼，好好看看城外。鬱鬱蔥蔥的森林，百鳥齊鳴，野獸踴躍（當年威廉就是在那裡聽到哈洛德加冕的消息）。再看看這如藍色綢緞般的塞納河，千船爭渡，萬魚游弋。」

亨利抓著卡蘭轉到另外一個垛口。

「你再看看城內，樓宇繁多，鱗次櫛比。街道縱橫，車水馬龍。你一個下賤的商人，也配占有這樣的城市！」

卡蘭迷惑地看了看亨利，又看了看亨利身邊的侍衛。這位大人說的是法語嗎？我怎麼一句也聽不懂。

「王子，我也不想這麼做。公爵大人欠債不還，我們都快破產了。」卡蘭向亨利求饒。

「這就是你叛亂的理由？」

「大人，我承認我犯下了嚴重的罪行。但是，看在上帝面子上，給我一條生路吧。我雖然不是貴族，但我有錢。五百、一千……」卡蘭提高了聲音，「兩千馬克怎麼樣？」

「你剛才說你要破產了，現在又說你能拿出兩千馬克，我該相信你哪句話。不錯，我是需要錢。但以我母親的名義發誓，我絕不要一個叛亂者的贖金！」

說完，亨利一伸手，把卡蘭推下垛口。

「啪」地一聲，卡蘭落地，腦漿和鮮血在地上流淌。

圍觀的人群發出一陣刺耳的尖叫聲。

後來，盧昂市民稱這座高塔為「卡蘭角」。

卡蘭死於自己的一句話，我雖然不是貴族。世襲貴族犯了天大的罪，交錢就可以回家。卑賤商人犯了微小的罪，讓你死你就別想生。

亨利命人用馬車拖著卡蘭的屍體在盧昂的主要街道上巡遊，邊遊邊喊：「卡蘭死了，叛亂平息了。」

亨利心想，市民臉上沒有字，分不清哪個是良民，哪個是叛賊？就算是抓住所有的叛賊又能如何，總不能都關進監獄，都殺了吧？他讓人拖著卡蘭的屍體遊街，就是明示那些參加叛亂的市民：回家，不要聲張，這件事到此為止。

貝萊姆伯爵、埃夫勒伯爵、威利斯等人可不管亨利那一套。他們帶著自己的士兵挨家挨戶搜查。凡是房子漂亮的，家裡有錢的，一律抓起來，帶回自己的領地慢慢拷打，直到這些市民交出所有的錢。貝萊姆伯爵從奧斯卡身上敲詐了三千英鎊，相當於購買科唐坦的費用。

可憐的盧昂市民先被叛軍燒殺，後被自己的軍隊綁架。

只有亨利留在城中收拾屍體，救助傷者，維護治安，恢復秩序。他派使者請羅貝爾回城。

羅貝爾聽到平叛的消息，悔得直拍大腿。

哎呀，看來叛軍沒有想像中那麼多，我當時再堅持一會兒就好了。

使者接著說道，盧昂市民說亨利是盧昂城守保者，說他和您的父親一樣勇敢。他們還準備把平叛過程寫成一首詩。

羅貝爾越聽臉越熱，越聽臉越紅。他突然打斷使者，大聲說道，「亨利——他應該和我一起出城的！他違反了我的命令！我要他現在就離開盧昂，永遠不許回來！」

暮色之中，盧昂城外。亨利勒住戰馬，回頭望去。

百鳥齊鳴、野獸踴躍、千船爭渡，萬魚游弋、樓宇繁多，鱗次櫛比。街道縱橫，車水馬龍。

難道我以後再也不能進入這座美麗的城市？

難道我以後再也不能回到父母之邦？

亨利原想透過這次平叛，請求羅貝爾正式賜封自己為科唐坦伯爵。沒想到一件天大的功勞反而成了自己的罪過。

亨利在極度委屈中回到聖米歇爾山。

紅臉王聽說「盧昂事變」失敗，又氣又悔。氣的是雷金和卡蘭無能，悔的是自己沒有親自去諾曼第。

紅臉王命令雷夫主教立即籌錢、召集軍隊。

雷夫（以下簡稱生火主教，原因後面再講）參加過《末日審判書》的調查，對英國人口、財富情況瞭如指掌，做起霸占土地、盤剝財產的工作來得心應手。他就是一部榨取人民錢財的機器。

西元 1091 年 1 月，紅臉王在呼嘯的北風中跨過海峽，順利在諾曼第的厄鎮登陸。

厄鎮伯爵、歐邁勒伯爵、聖馬洛領主等很多諾曼第貴族在此之前已經收到紅臉王的銀幣。他們帶著自己的軍隊投靠了紅臉王，把城堡鑰匙交給了他。

紅臉王成功地在諾曼第東北地區建立了自己的大本營。

羅貝爾和貝萊姆伯爵、埃夫勒伯爵、威利斯匯兵一處，奪回幾座城堡。聽說埃利亞（Helias of Saint-Saëns）勛爵準備投靠紅臉王，羅貝爾立即把自己的一個雜種女兒嫁給他，保住了三座城鎮。

雙方各有勝負，僵持不下。

亨利同時收到兩位哥哥的命令。這次他不想再幫羅貝爾了。至於紅臉王，亨利更沒有幫助他的理由。亨利保持中立，遠離戰場。

羅貝爾和紅臉王的主要將領不是幾世的親戚，就是多年的朋友，他們不想作戰。在法國國王、盧昂大主教等人的調解下，兄弟兩人簽署了《盧昂條約》，主要內容如下：

1. 羅貝爾有錯在先，將諾曼第的歐諾、歐邁勒、費康、瑟堡、聖米歇爾山這五座城市割讓給紅臉王。
2. 紅臉王贈給羅貝爾一些英國土地，作為補償。
3. 紅臉王原諒參加西元1088年叛亂的諾曼貴族，返還他們被沒收的土地。
4. 兄弟兩人共同收復失去的緬因（威廉死後，安茹伯爵趁機占領了緬因）。
5. 任何一方死後沒有繼承人，其遺產由另一方繼承。
6. 任何一方與第三方發生戰爭，另一方都要全力支持。

拿到《盧昂條約》之後，亨利急急地讀了一遍，沒有。再讀一遍，還是沒有找到自己的名字。

一股悲憤的情緒湧上了亨利的心頭。

兩位哥哥，你們難道忘記了，你們還有個叫亨利的弟弟。

亨利寫信給羅貝爾和紅臉王，提出自己的條件：

第一，請羅貝爾正式賜封我為科唐坦伯爵，或者歸還三千英鎊。

第二，紅臉王答應返還西元 1088 年叛亂貴族被沒收的土地。我並未參加叛亂，更應該得到母親留給我的莊園。

第三，如果國王和公爵都沒有男性繼承人，則由我繼承英國和諾曼第。

羅貝爾既沒有錢還給亨利，也不願意把科唐坦給他。

紅臉王怨恨亨利總是站在羅貝爾一邊和自己作對。

兩位哥哥一商議，合兵一處向科唐坦開來。他們這是執行《盧昂條約》第六條，雙方對付共同的敵人。

亨利打不過兩位哥哥，又不想投降，只得率領自己的軍隊退到聖米歇爾山。這裡易守難攻，堅持幾個月沒有問題。

很快，羅貝爾和紅臉王帶著軍隊追來了。紅臉王把軍隊駐紮在聖米歇爾山以東的阿夫朗什，羅貝爾把軍隊駐紮在聖米歇爾山以南的奧代文。兩位哥哥分別從海上和陸上切斷了亨利與外界的連繫通道。

聖米歇爾山是一座海上小島，淡水很快就耗盡了。

亨利不想投降，更不想渴死。

羅傑對他說，「讓我去找水吧。」

「你知道哪裡有水？」亨利好奇地問。

「找國王和公爵要啊。」

「他們怎麼可能給呢？他們巴不得我們因為缺水而投降呢。」

「我又不能變出水來，只能找他們要。」

羅傑下了山，來到羅貝爾和紅臉王的大營，說明來意。

紅臉王對羅傑說，投降就有水喝，不投降渴死活該。

羅傑說，因為對手缺水而獲得的勝利，不是戰場上的勝利，不是公平的勝利。獲勝者不會因此獲得榮譽。

紅臉王說，我要勝利，不要榮譽。

羅傑說，聖米歇爾山上除了軍人，還有很多修道士。讓無辜的平民渴死是不人道的。

紅臉王說，那也是你們逼死的。

這時候羅貝爾發話了，「亨利可以打水。」

「什麼？」紅臉王提高了音調，「他沒水了你給水，他沒麵包了你給麵包。我們在這裡做什麼？這場戰爭什麼時候結束？」

「我可不是該隱[18]。亨利是我們的兄弟，他死了，我們到哪裡再找一個？」羅貝爾對羅傑說，「告訴亨利，每天上午八點之前可以打水。八點鐘後，出來一個死一個。」

「多謝公爵大人！」羅傑彎腰，慢慢後退，轉身。他的一隻腳剛邁出營門，就聽到羅貝爾一聲大吼：「站住，回來！」

羅傑就覺得小腿一哆嗦。難道羅貝爾反悔了？他只能硬著頭皮轉身走進大帳。

「帶兩桶葡萄酒回去給我的弟弟！」羅貝爾笑著說。

「多謝公爵大人！」羅傑擦了擦額頭上的汗，長吁了一口氣。

紅臉王想早日攻下城堡。他親自帶著一小隊人馬偵查聖米歇爾地形，遇上了亨利手下巡山的兩名騎士。紅臉王想試試自己的身手，就獨自上前與兩名騎士打鬥，不想被兩人打下馬來。其中有一名騎士下馬，準備俘虜他。

紅臉王於是大聲喊道：「住手！狗雜種！我是你們的國王！」

---

[18]　該隱是亞當夏娃的長子，他殺死了弟弟亞伯。

這名騎士畢恭畢敬地把紅臉王扶起來。

紅臉王讓這兩名騎士跟自己走，做自己的貼身侍衛。

山上淡水的問題解決了。過了幾天，食物又沒了。

亨利心想，難道我再派羅傑下山，向兩位哥哥討要食物。這回他們不會給我了吧。就算他們能給我一次，難道還能給我兩次，三次？

面對數十倍的敵軍，勢單力薄的亨利還有一個辦法可以獲勝。那就是和羅貝爾、紅臉王一對一決鬥。

如果亨利把羅貝爾打下馬，那麼羅貝爾的軍隊撤離。

如果亨利把紅臉王打下馬，那麼紅臉王的軍隊撤離。

問題是：兩位哥哥從小就接受了嚴格的軍事訓練，身強體壯，以一敵十。

椋鳥哪敢向鷹和鵰挑戰？

亨利正在左右為難之際，羅貝爾的使者上山了。

使者對亨利說，公爵和國王要求你於七日內離開聖米歇爾山，離開諾曼第，非經批准不得回來。如果你答應，公爵和國王就撤軍。

兩位哥哥算了一筆帳。他們的軍隊是四弟的數十倍，每天消耗的金錢是四弟的上百倍。亨利已經破產，俘虜了他，一根羊毛都得不到。所以，要盡快和亨利完成談判，撤軍。

亨利拿出僅有的銀幣，打發了數量不多的僱傭軍。

他只留下一名騎士，一名修道士（羅傑），三名僕人，走出山門。

之後的一段時間，亨利從歷史書上消失了。

羅貝爾跟著紅臉王去了英國。兄弟倆人北伐蘇格蘭，西征威爾斯，都獲得了勝利。紅臉王卻始終不給羅貝爾英國土地，不把厄德和貝萊姆伯爵的土地退還給他們。羅貝爾一怒之下，於聖誕節前返回諾曼第（氣得年也不過了）。

聖誕節剛過，紅臉王得了一種怪病。醫生認為他很快就會死去。

紅臉王思前想後，把自己病因歸於侵吞坎特伯雷教區的收入。他決定盡快任命一位新的坎特伯雷大主教。

有人向他推薦了貝克修道院院長安瑟倫（Anselm）。

安瑟倫出生於義大利的一個貴族家族，當時就是一位享譽歐洲的學者，如今已是世界名人，史稱「最後一位教父和第一位經院哲學家」。他的名言是：

「不是我的理解使我信仰，而是我的信仰使我理解。」

安瑟倫的著作已經翻譯成中文，今天在網路上可以買到。

安瑟倫的興趣在讀書寫作，不願意沉溺於瑣碎的宗教事務當中。當著紅臉王的面，他拒絕出任大主教。

紅臉王命令侍衛將大主教權杖送到安瑟倫面前。

安瑟倫不接。

紅臉王大怒，命令侍衛掰開安瑟倫的手，把權杖硬塞到他手裡。

安瑟倫雙臂夾緊，雙手交叉，抱在胸前，緊緊握著自己的拳頭。

兩名士兵費了半天力氣，也沒有掰開。

紅臉王大叫道，「把他關進監獄！不給飯吃，不給水喝。我看他能堅持幾天。」

安瑟倫最後不得不跪在紅臉王的腳下，接受了大主教權杖。

安瑟倫提出，我要去羅馬接受烏爾巴諾教宗（Urbanus PP. II）的羊毛披肩（大主教的象徵）。

下面我簡要介紹一下教宗的更替情況。

西元 1077 年，亨利四世屈辱地跪倒在額我略教宗腳下。

西元 1080 年，亨利四世俘虜了他的頭號強敵魯道夫公爵，砍下他的一隻手 (這隻手至今還保存完好)。

教宗發現皇帝完全掌握了政權，再次將他逐出教門。

這回亨利四世不怕了。西元 1084 年，他率領大軍攻占羅馬，宣布額我略為偽教宗，將順從的克萊孟 (Antipope Clement III) 扶上教宗寶座。

額我略教宗死於逃亡的路上。臨死前他說，我熱愛公義，恨惡罪孽，哪怕死在流亡途中。

亨利四世真是君子報仇，十年不晚。

額我略死後，羅馬教廷選舉維篤 (Victor PP. III) 為新教宗，西元 1088 年又由烏爾巴諾接任。

紅臉王想在克萊孟和烏爾巴諾兩個「教宗」中周旋，尋求最大利益。而虔誠的安瑟倫只接受烏爾巴諾教宗。

征服者威廉生前立下規矩，禁止英國教士前往羅馬。

所以，紅臉王禁止安瑟倫出國拜見教宗。他派人從羅馬取回披肩，準備親手賜給安瑟倫。

安瑟倫不接受。他說，你把披肩放在坎特伯雷大教堂的祭壇上，我自己取。

紅臉王的病很快就好了，就像過去一樣強壯。他想做的第一件事，就是把安瑟倫這頭老倔驢免掉。

大主教是終身制，不能半途罷免。紅臉王非常後悔。他把安瑟倫晾到一邊，不給他任何權力，不讓他管理英國教會。倔強的安瑟倫當然不能接受。

一個矮胖的國王和一個高瘦的主教就這樣槓上了。

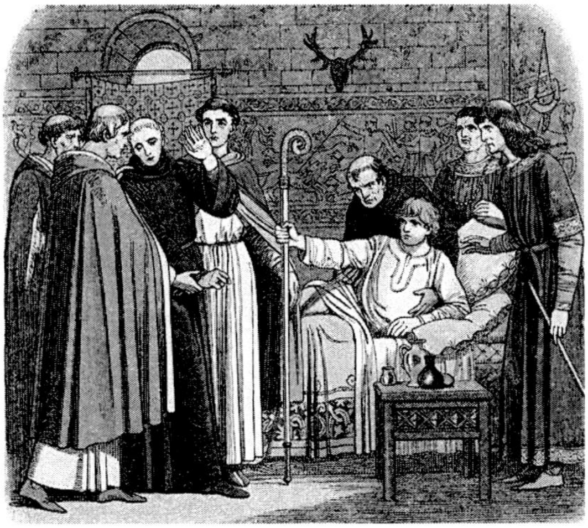

安瑟倫拒絕從紅臉王手中接過權杖

根據零星的史料記載，亨利離開聖米歇爾山之後，到布列塔尼公國住了幾個月。接著去巴黎拜見了法國國王腓力一世。

腓力一世熱情款待亨利，贈給他很多禮物，包括食物、衣服、馬匹和精美的武器。

聽說亨利目前居無定所，腓力一世立即命人打開地圖，指著一座位於法王領地與諾曼第公國接壤的城堡說，從今天起，這座城堡歸你所有。

無家可歸的亨利非常感動。他來到這座城堡，住了不到半年就明白了：

腓力一世利用他騷擾諾曼第，削弱羅貝爾。

亨利對好吃懶做的羅貝爾沒有什麼好感，但也不願意反對他，更不願意站在法王一方與諾曼人作戰。亨利於是放棄了手中唯一的城堡，繼續遊蕩，像一隻在寒風中髒兮兮的流浪狗。

西元 1092 年，亨利的厄運之年。

征服者威廉去世的五年裡，亨利從王子變成了棄兒，從手握五千磅銀幣的超級富翁變成了街頭乞丐，從擁有諾曼第將近三分之一領土的伯爵變成了一無所有的平民。他希望兩個哥哥和平相處，兩個哥哥合起來欺負他。他無緣無故地坐了半年牢，現在還處於流放狀態。

亨利正在一貧如洗，走投無路的時候，棟夫龍的市民代表找到了他，邀請他到那裡做治安官。

棟夫龍位於諾曼第的西南部，是貝萊姆伯爵的領地。市民趕走了貝萊姆伯爵派來的惡官，將城市獻給亨利。

亨利來到棟夫龍，發現小城位於一片森林的中央，依山傍水，景色宜人。

亨利向市民做出三點承諾：

第一，我將給你們和平。

第二，我將給你們公平。

第三，無論將來面臨什麼樣的危險，遭遇多麼強大的敵人，我亨利發誓將永遠不放棄棟夫龍。

亨利通知了自己的西部朋友。切斯特伯爵、理查、費薩蒙來了。有的帶來了金子，有的送來了戰馬和盔甲，有的運來了十幾車糧食和葡萄酒。

亨利利用這些錢和物資加固棟夫龍城牆，賑濟窮人孤兒。

棟夫龍小鎮面貌煥然一新，市民安居樂業。

西元 1094 年，紅臉王派人來到棟夫龍，送給亨利一筆巨額資金。

羅貝爾派人到英國當面指責紅臉王不履行《盧昂條約》，既不給自己英國土地，也不派軍隊去收復緬因。

紅臉王氣得跳腳大罵：短襪子！你有什麼資格指責我。

紅臉王準備於西元 1095 年春季登陸諾曼第，再次向羅貝爾開戰。為了確保大獲全勝，他拉攏亨利加入自己的隊伍。

羅貝爾還是紅臉王，這道選擇題第四次擺在亨利的面前。

這次亨利選擇了不同的答案。原因有三：

第一，兩個哥哥打了七年，亨利覺得自己就像是一隻風箱裡的老鼠，夾在中間兩頭受氣。一個不選，就會得到兩個敵人。選擇一個，至少得到一個朋友。

第二，棟夫龍是貝萊姆伯爵的領地，而貝萊姆伯爵是羅貝爾的鐵桿支持者。為了對付貝萊姆伯爵，就得支持紅臉王。

第三，羅貝爾懶散無能，紅臉王很可能是最後的勝利者。

西元 1095 年春季，紅臉王帶著軍隊渡過海峽，再次來到諾曼第的厄鎮。

羅貝爾、貝萊姆伯爵和埃夫勒伯爵餵飽了戰馬，擦亮了長劍。

亨利的士兵已經準備就緒。

一場惡戰眼看就要在三兄弟之間爆發。

此時，歐洲發生了一件大事，一件影響人類歷史的國際大事，讓他們不得不放下手中的武器。

第十五集　改變世界的演講

西元 1095 年 11 月 27 日，法國中南部小鎮克萊蒙費朗（Clermont-Ferrand）郊外，帳篷林立，彩旗招展。克萊蒙費朗的知名度並不高，卻有兩張響噹噹的世界級名片：她是物理學家帕斯卡（Pascal）（還記得帕斯卡定律嗎？）和米其林兄弟（輪胎）的故鄉。

數天前，烏爾巴諾教宗宣布將在這裡的教堂舉行一場公眾布道會。

這一天，一共來了十四名大主教、兩百名主教（包括諾曼第的厄德主教、埃夫勒主教、塞爾主教）、四百名修道院院長。

除此之外，還有上千名貴族騎士，近萬名民眾。

人數之多超乎預料，以至於找不到任何一個教堂可以容納。

眾人只好移師克萊蒙費朗城東門外的一片曠野。

時值深秋。陰雲滾滾，寒風瑟瑟。

烏爾巴諾教宗年過六旬，髮鬚皆白，卻精神矍鑠，中氣十足。

他手持牧杖，登上講壇，掃了一眼黑壓壓的人群，說道：

「我，蒙上帝洪恩而成為教宗、天命使者和世界領袖的烏爾巴諾，來到你們這群上帝的僕人中間，希望在你們身上找到我所期待的那種對上帝的忠貞。

長久以來，世界因為罪惡而陷於混亂。我早就告誡過你們，而你們在執行正義方面卻表現得十分不力。你們每一個人應該做一名真正的牧羊人，從所有方面保護你的羊群。如果你翫忽職守，導致惡狼叼走了你羊群中的任何一隻羊，那麼毫無疑問你們將會失去上帝許給你的獎賞，只能在地獄裡追悔莫及地徹夜哭泣。

你們應像鹽[19]一樣保持其特質：謹慎而有遠見、謙遜而有學識、平和而有警覺、虔誠而有誠實、公正而有純潔。己不學，何以明人？己不正，何以律人？己好戰，何以平人？己卑汙，何以潔人？我們都知道，『若是盲人給盲人引路，二者都要掉在坑裡。』」

在強調教會紀律之後，烏爾巴諾教宗突然話題一轉：

---

[19] 耶穌曾對他的門徒說過，你們是世上的鹽。鹽看起來很普通、不值錢，可是，沒有鹽人就不能活。英語的工資 salary 就是鹽錢的意思。另外，鹽能保持鮮肉不腐爛。教士應該像鹽一樣，保持社會不腐爛。

在東方，穆斯林七次攻打基督教徒，七次獲勝，侵占了我們的聖地——耶路撒冷。他們大肆蹂躪上帝的國度，毀壞基督的教堂，擄殺耶穌的子民，汙辱貞潔的婦女，貪婪地啜飲受洗兒童的鮮血。

他們割去基督徒的包皮，再將割包皮所流的血倒在聖壇上，聖水缽裡。他們在基督徒的肚臍上打孔，扯出腸子，拴在木樁上，然後鞭策受害者繞樁而行，直至倒斃。

一個受撒旦支配的墮落民族，若是戰勝了一心崇拜上帝的自豪民族，那將是多麼大的恥辱啊！

所以，我懇求你們，勉勵你們。不，不是我，是主親自勉勵你們，督促你們，一切有封爵等級之人，乃至所有騎士、士兵、富人與窮人，投入到一場重獲聖地的偉大戰爭中去吧！

這是一場值得參加，終將獲勝的戰爭。

不要因為愛家庭而拒絕前往，因為你們應該愛上帝勝於愛家庭。

不要因為戀故鄉而拒絕前往，因為全世界到處都是信徒的領土。

不要因為有財產而拒絕前往，因為更大的財富在前面等著你們。

曾做過強盜的人，成為基督的騎士吧，現在去為基督而戰！

曾與兄弟爭戰不休的人，現在理直氣壯地同那些褻瀆聖地的野蠻人戰鬥吧！

為了微薄薪水而拚命勞動的人，在東方的征途中去獲得永恆的報酬吧！

本著主賜予我的權柄，我鄭重宣布：

凡參加東征的人，其死後，靈魂將直接升入天堂，不必在煉獄中遭受煎熬。

負債的農民和市民，可免付欠債利息；出征超過一年的可免納賦稅。

凡參加東征的人，不論在陸地或者在海上，不論在行軍途中或在戰爭中失去生命，他們的罪愆將在那一瞬間獲得赦免，並得到天國永不朽滅的榮耀。

我告訴在座的各位，也通知不在場的人，毫不遲疑地到東方去吧！

把十字架染紅，作為你們的徽號，你們就是『十字軍』！

主會保佑你們戰無不勝！

榮耀我主！

教宗剛剛講完，現場爆炸了，沸騰了，失控了，混亂了。

有人高聲叫喊，有人低音祈禱。有人拔劍揮舞，有人摸著胸前的十字架哭泣。

突然，濃墨般的雲層分開一個巨洞，萬道霞光剎那間傾瀉下來，在灰霧當中形成一道閃亮的光柱，直射講臺。

所有人都震驚了，所有人都定住了，時間停止了。

「這是主的旨意！」突然傳來一聲高喊。

全場萬人跟著喊道，「主的旨意！主的旨意！主的旨意！」

這是一場轟動全球、改變歷史，深刻影響當今世界的演講，已經列入世界十大演講之一。它引起了一場亞歐非三大洲數十個國家參與的、長達兩百多年的世界大戰、宗教大戰，史稱「十字軍東征」。

烏爾巴諾教宗之所以要發動全歐洲的基督徒，因為他要面對的是當時世界第一大宗教，伊斯蘭教。

七世紀，伊斯蘭教在中東誕生之後，以颶風般的速度向全球擴張。

穆斯林向東，征服了波斯（伊朗）、印度、阿富汗等幾乎整個西亞和中亞，甚至還打敗了一支唐朝軍隊。

穆斯林向北，占領了敘利亞、巴勒斯坦、安納托尼亞（今土耳其）、亞美尼亞，以及基督徒心目中的第一聖城耶路撒冷。

穆斯林向西，征服了埃及、利比亞、阿爾及利亞、摩洛哥等幾乎整個北非，然後跨海北上，攻占了大半個西班牙。

東羅馬帝國成立於西元 395 年，首都為君士坦丁堡（今天土耳其的伊斯坦堡），疆域大致包括土耳其、保加利亞、希臘、敘利亞等等。伊斯蘭教舉起後，吞併了東羅馬帝國超過一半的土地。

西元 1071 年，東羅馬帝國皇帝羅曼努斯（Romanus）在一次戰役中被塞爾柱（伊斯蘭國家）首領阿爾斯蘭（Arslan）俘虜。

阿爾斯蘭問皇帝，如果你俘虜了我，你會如何處置我？

羅曼努斯說，我先把你拉到大街上示眾，然後再殺了你。

阿爾斯蘭說，我對你的懲罰更嚴厲，我將饒恕你，釋放你。

西元 1081 年，東羅馬帝國的使者尼斯都令斯孟判不遠萬里，抵達北宋首都汴京。

在希臘語與古漢語之間進行艱難的轉換後，宋神宗趙頊（比烏爾巴諾教宗小六歲）終於明白了東羅馬皇帝的意思：派一支中國軍隊到土耳其，和信奉伊斯蘭教的塞爾柱突厥人作戰。

當時宋朝的領土面積約 280 萬平方公里，塞爾柱帝國的領土面積約為 400 萬平方公里。

中國人自古就能戰、善戰。網路上經常出現這戰鬥民族，那戰鬥民族，中華民族難道不是戰鬥民族？在當今世界兩百多個國家和地區當中，請問哪個國家比中國這片土地上發生的戰爭更多？

可惜的是，從宋朝開始，中國人重文輕武，失去了征服的慾望，敢戰的勇氣。

唐朝男人「寧為百夫長，勝作一書生。」

宋朝男人「萬般皆下品，唯有讀書高。」

唐詩豪放，大漠邊關，醉臥沙場君莫笑。

宋詞婉約，愛上層樓，為賦新詞強說愁。

唐朝女人穿著開放，性格潑辣，還當上了皇帝。

宋朝女人受理法約束，社會地位明顯下降。

宋神宗拒絕了東羅馬皇帝的請求。當時的宋帝國面臨西夏和遼的雙重夾擊，自身難保。再說和塞爾柱人作戰，師出無名。

東羅馬帝國信奉東正教，羅馬教廷信奉天主教，兩者雖然都信耶穌，卻相互不承認，矛盾重重。在穆斯林的武力威脅下，東羅馬皇帝不得不向教宗求救。

烏爾巴諾教宗號召全歐洲行動起來，奪回耶路撒冷。

大會過後，烏爾巴諾教宗和部分主教、修道院院長又召開了一場小範圍會議，商討如何打擊基督教世界的另一個敵人，法國國王腓力一世。

三年前，腓力一世以王后肥胖為由，向烏爾巴諾教宗申請離婚。

羅馬教廷經過調查後發現：

1. 貝兒塔王后 (Bertha van Holland) 已經誕下男性繼承人，且無失德行為。
2. 腓力一世想和年輕貌美的安茹伯爵夫人 (以下簡稱薄唇夫人) 結婚。

教宗認為腓力一世屬於典型的喜新厭舊，道德敗壞，於是義正詞嚴地駁回了腓力一世的離婚申請。

腓力一世不顧教宗反對，軟禁王后，公然與薄唇夫人舉行了婚禮。

烏爾巴諾教宗指示法國的主教將腓力開除教會，並禁止他主持教會會議。

迫於壓力，腓力一世當眾發誓，遠離薄唇夫人，並不再聯絡。誰知當天晚上他又爬上了薄唇夫人的床。

腓力一世置教會禁令於不顧，一而再地挑釁羅馬教廷的權威，烏爾巴諾教宗不得不做出強烈地回擊。在此次會議上，最終判決如下：

腓力一世犯下通姦罪、重婚罪、亂倫罪（腓力一世與安茹伯爵是親戚），將其投入黑暗，投入地獄，以永恆之火焚燒。

腓力一世這樣的罪人不得參加十字軍東征。

其實，貝兒塔王后已經去世兩年多了。

也就是說，腓力一世現在處於單身狀態，完全可以結婚。

烏爾巴諾教宗就是不讓法王和薄唇夫人結合。你可以有兩種理解：

1. 教宗是一個堅持原則的人。
2. 教宗故意壓低王權，抬高羅馬教廷的權威。

羅貝爾和紅臉王就屬於烏爾巴諾教宗口中所說的「與兄弟爭戰不休的人」。

教宗特地指派熱內圖院長調解兩兄弟的矛盾，煽動他們一起參加十字軍東征。

一貫能戰好戰的紅臉王竟然拒絕了，一貫懶散逃避的羅貝爾反而答應了。

接管公國八年以來，羅貝爾的統治可謂內外交困。紅臉王就像一頭隨時竄出的英國獅子，亨利則是一隻守在棟夫龍的巨型獵犬，獅子和犬顯然已經結成同盟。

思前想後，羅貝爾認為面前的窘境都是因為自己的罪惡造成的。比如，把父親打下馬，比如父親臨死時沒有前往陪護，比如在「盧昂事變」中逃跑，把市民拋給叛軍屠殺。也許參加聖戰，到耶路撒冷朝聖，是洗脫罪孽，實現諾曼第和平的最好方式。

羅貝爾發現自己雖然很想贖罪，卻面臨一個天大的困難，沒錢。

贖罪也是需要成本的。在現代科技、交通如此發達的情況下，從中國到以色列（耶路撒冷）的十日旅行團一般報價在七萬五千元新臺幣左右。

帶上一千人遊一年呢？至少上億。

所以說，戰爭就是一部巨型的燒錢機器。

按照慣例，羅貝爾可以把諾曼第抵押給自己的領主法國國王，申請貸款。

不過，包養情婦的腓力一世比他還窮。

最後，羅貝爾與紅臉王達成了這筆交易，貸款一萬馬克，把諾曼第做抵押物。

臨走前，羅貝爾封自己的女婿埃利亞為阿爾克伯爵，並委託他監管自己的領地。

埃利亞問他，「如果到時候紅臉王不把諾曼第還給您，怎麼辦？」

「那就戰場上見吧，難道還有第二個辦法？」

「亨利可以幫助您！」

「亨利，他現在徹底是紅臉王的人啦。」羅貝爾發出一聲感慨。

「他也曾是您的人。」

「我囚禁過他，驅逐過他。當然，我還可以讓他聽我的，問題是我沒有錢吶。」

「我有一個辦法。您不需要花一分錢，亨利就會死心塌地地跟隨您。」

「噢，快說說！」羅貝爾來了興趣。

「亨利最大的願望就是想要一個爵位。他之所以在您和紅臉之間搖擺不定，就是看誰能滿足他的要求。您不如就把科唐坦伯爵給他。一來，他正式成了您的附庸，必須服從您。二來，你滿足了亨利的心願，他會從心裡感激您。」

「好主意，就這麼辦！」羅貝爾興奮起來。

作為羅貝爾的附庸，埃德加報名參加東征。這兩個人都是「失去英國王位的人。」

另外，參加十字軍東征的貴族還有羅貝爾的妹夫布盧瓦伯爵史蒂芬（Stephen II）、羅貝爾的表弟佛蘭德伯爵、「十三太保」尤斯塔斯的三個兒子、法國國王的弟弟韋拉杜芒伯爵等等。厄德主教擔心紅臉王接管諾曼第後報復自己，也報名參軍。西元 1097 年 1 月，他在東征途中染病身亡，葬在西西里島。

安瑟倫怒氣沖沖地走進新落成的西敏廳。

當時的人們說，這是歐洲最宏偉的大廳。

紅臉王說，我設想的比這個要大上一倍。

西敏廳經歷了大火和轟炸的考驗，今天依然矗立不倒，完全是一個奇蹟。一千年來，這個大廳見證了無數重大歷史事件。比如審判威廉·華勒斯（William Wallace），審判查理一世（Charles I）。如果你在倫敦遊覽英國議會大廈的話，首先進入的就是紅臉王修建的西敏廳。

安瑟倫是來和紅臉王攤牌的。

安瑟倫要求歸還被侵占的教區土地，紅臉王不答應。

安瑟倫申請召開一次全國宗教會議，紅臉王不批准。

安瑟倫推薦主教和修道院院長候選人，紅臉王不回覆。

安瑟倫說，你這也不讓我做，那也不讓我做。當初為何逼我當這個大主教？

紅臉王說，我叫你來，是因為我生病了。現在我病好了，不需要你了。

安瑟倫說，你不需要我，那我走，我去羅馬。

「不行！」紅臉王向前逼近了一步，瞇起發紅的眼睛盯著安瑟倫，「你想做什麼？到教宗那裡告我？來人，抓住他！」

兩名粗壯的侍衛上前，一左一右把精瘦的安瑟倫架起來。

紅臉王掃了一眼桌子，走過去拿起點燃的燭臺，來到安瑟倫面前。

「你，你要做什麼？」安瑟倫有些緊張。

紅臉王盯著安瑟倫的臉，笑著說，「我看你的鬍子白了，讓我替你染點顏色。」說完，他拿著燭臺向安瑟倫的鬍子湊過去。

「光燒掉我的鬍子有什麼用？你還不如把我的整個身體都燒了。」

如果燒死大主教，安瑟倫就變成了為基督教殉道的聖人。紅臉王則成為全世界詛咒的暴君。

「你！」紅臉王氣得使勁把燭臺扔在地下，衝著安瑟倫吼叫著，「快滾吧，愛去哪裡去哪裡，我永遠不想見到你。」

「請允許我為您祝福，」安瑟倫說。

紅臉王示意侍衛放開安瑟倫。

安瑟倫上前，把雙手放在紅臉王的頭頂說道，「願萬能的我主耶穌基督，撫去你過去的不幸，預備你現在的一切，帶給你將來的得勝，賜給你永遠的平安。願耶和華作你永遠的牧者，帶領你，保佑你！」

紅臉王只得說，「阿門。」

安瑟倫轉身走了。

紅臉王衝著旁邊的生火主教吼道，「派人盯著他，檢查他的行李，別讓他把坎特伯雷的錢拿走了。」

安瑟倫走後，沒有人敢在紅臉王面前說半個不字。

他東征維辛，西討緬因，戰無不勝。

西敏廳（(Westminster Hall)

至於亨利，西元 1096 到 1099 年，這段時間他又在歷史書上消失了。

西元 1099 年 7 月，歷經飢餓、傷殘、恐懼、死亡之後，幾近瘋狂的十字軍衝進了耶路撒冷的城門。他們就像一群紅眼的惡魔野獸，殺死看到的每一個人。

捅死、砍死、錘死、燒死、摔死、強姦死。

屍體堆成了高聳的山，鮮血匯成了不息的河。

十字軍士兵認為，殺人不是犯罪是贖罪，殺人不是做惡是積德。有的士兵為多殺一個人，不惜與同伴搏鬥。有人士兵發現無人可殺，竟然痛哭流涕。

然而，耶穌卻是這樣說的：

「別人告訴你們：愛你們的鄰人，恨你們的敵人。我告訴你們：愛你們的敵人，為迫害你們的人祈禱。這樣才是天父的兒子。」

有人認為，小偷可能是因為家裡太窮了，可能是心裡受到過傷害，透過提供精神和物質幫助，可以把壞人變成好人。

有人認為，毆打小偷是一種正義的行為。你打小偷是在積德行善。你打得越狠，你做的善事越大，神仙都會保佑你、回報你。

烏爾巴諾教宗發起的第一次十字軍東征勝利了。

基督徒在中東地區建立了耶路撒冷王國，推選布永的戈弗雷（Godefroy de Bouillon)(「十三太保」尤斯塔斯次子)為國王。戈弗雷說，耶穌是萬王之王，是耶路撒冷真正的國王。我不敢稱王，我就叫「聖墓(耶穌之墓)保護者」吧。

一部分歐洲貴族留在中東，另一部分貴族開始返鄉。

西元 1100 年 4 月，羅貝爾回到西西里島。

西西里島是地中海最大的島嶼。詩人戈斯 (Gosse) 說過，「沒去過西西里不算去過義大利，因為在西西里你才能找到義大利的美麗之源。」

西西里伯爵魯傑羅 (Ruggero) 的父親是諾曼第的一個男爵。所以，魯傑羅視羅貝爾為傳統的領主和東征的英雄，隆重地招待他。

羅貝爾請他幫忙介紹幾個義大利商人。

「您要做什麼？」

「我欠了紅臉一萬馬克。我想在這裡借點錢。」

「大人，您就在這裡喝酒吃肉，什麼事也不用做。過不了幾天，我保證有人送上一萬馬克，甚至比這個數字還多。」魯傑羅說。

「你不要拿我開玩笑？」

「大人，您就耐心地等上三天。來，喝酒！」

「好吧！」羅貝爾心裡納悶，難道天上還會掉餡餅？

三天後，康佛薩諾伯爵願意將女兒西比拉 (Sybilla of Conversano) 嫁給羅貝爾，並提供一筆一萬馬克的嫁妝。

歷史記載：新娘很漂亮，有智慧。

新婚之後，羅貝爾花天酒地，樂不思歸。

在諾曼第，紅臉欺負我，亨利背叛我，貴族無視我。在這裡，人人尊重我，奉承我。羅貝爾不想回去了。

埃德加勸他，「公爵大人，我們離開諾曼第快四年了，是不是該早點回去。」

「已經離開四年了，還在乎四個月？」

「萬一紅臉霸占著諾曼第不還怎麼辦？」

「我有現成的軍隊，有錢，還有教宗的保證，我不信紅臉敢阻攔我？」

第十六集　新森林謀殺案

英國南部的新森林 (New Forest) 國家公園擁有茂盛的林地、開闊的荒野、瀉湖、溪流、農田和海岸，是英國最迷人的森林公園之一。這裡既有高聳的榛樹、山毛櫸、橡樹、白蠟樹，也有低矮的歐石楠和風鈴草，以及數千頭的赤鹿、野豬、矮種馬、狐狸等動物。

新森林這個名字，來源於征服者威廉。西元 1079 年，他下令在這裡圈地建林，專供王室狩獵，禁止平民進入。當時的人們稱之為新森林。

《編年史》寫道 (征服者威廉)：

保護珍禽獵物，

為此制定法度。

誰敢獵殺羔鹿，

必要挖他雙目。

愛護野豬，

如同慈父。

打獵，是中世紀最迷人的運動之一。西元 1075 年，有位詩人寫道：

「老夫聊發少年狂。左牽黃、右擎蒼，錦帽貂裘，千騎卷平崗。為報傾城隨太守，親射虎，看孫郎。」

蘇軾比征服者威廉小九歲。

征服者威廉為了滿足個人的「獸慾」，興建新森林，禁止平民進入，客觀上卻成為野生動物的保護者，成為生態環境的建設者。

西元 1100 年 8 月 1 日，紅臉王帶著亨利、墨朗伯爵（博蒙特家族的羅貝爾、「十三太保」之一）與弟弟瓦立克伯爵、財務官威利斯等十幾名親信來到新森林住下，第二天準備打獵。

紅臉王下令，挨家挨戶把新森林鄰近的農民家裡搜查一遍。凡是家裡發現有野生動物的、有大塊木材的，成年男人一律剜去雙眼。家裡有狗的，一律砍掉一隻前腿，一隻後腿，讓牠們追不上森林裡的獵物。

殺氣騰騰的國王衛兵進了農民家裡，問也不問，先一劍砍死男人。然後，扒下女人女孩的衣服，發洩淫慾。他們心滿意足地提起褲子，帶走農民家裡所有值錢的財物。國庫裡的銀幣閒得長毛，紅臉王卻不發薪資給自己的侍衛，讓他們自己去搶。

晚上，紅臉王赤裸著身體趴在床上。他雙膝著床，屁股高聳，雙臂垂直支撐著身體。

一名年輕英俊的男寵一絲不掛，跪在紅臉王的屁股後面。他把食指伸進口中，潤溼了，在紅臉王多毛的肛門四周撫摸著，揉搓著，然後慢慢地插進去。

紅臉王頭部後仰，閉著眼，張著嘴，邊呻吟邊喘氣（以下省略十萬字，我沒做過，編不出來了）。

紅臉王已經四十四歲了，沒有結婚、沒有訂婚。歷史書上甚至沒有提到他有情婦。毫無疑問，他是諾曼王朝的第一位同性戀國王。

另一個房間。亨利走到窗前，望著樹林，陷入沉思。

羅貝爾馬上就要帶著軍隊從西西里回來了，也許現在已經進入法國境內。不出一個月，他就會接管整個諾曼第。

羅貝爾回來，對紅臉王，對自己都是強大的威脅。

兩個哥哥會戰？會和？

羅貝爾把一萬馬克還給紅臉王，紅臉王把諾曼第還給羅貝爾，兩人和平相處。我也沒有什麼損失。

這是最佳方案，看起來也是最不可能的方案。

如果紅臉王和羅貝爾再次開戰，誰是最後的勝利者？

以前紅臉王軍事才能占上風，現在就不好說了。羅貝爾在中東和突厥人、阿拉伯人打了幾年硬仗，已經練成了一名優秀的軍事統帥，一位令人敬仰的十字軍英雄。

最近一段時期以來，紅臉王天天叫我陪著他。一是拉攏我支持他，二是變相軟禁我，阻止我與羅貝爾接觸。

我該支持誰？十三年了，這個頭痛的老問題還是沒有解決。

亨利望著黑暗中的森林，充滿神祕色彩的森林。

我的未來就像明天的打獵一樣。能不能打到獵物，打到什麼樣的獵物，只有到了明天晚上才能知道。

紅臉王和男寵佩德斯上上下下、前前後後折騰了一個晚上，一直睡到第二天中午才起床。

打獵的最好時間是早上，天矇矇亮時最佳。

貴族們知道紅臉王的暴脾氣，每個人都早早起來，一直等著。

用完午餐，侍衛送上六支新箭。

紅臉王仔細端詳，連連稱讚：

「箭頭銳，箭桿直、箭羽齊，好箭！好箭！泰爾在哪裡？」

「我在這裡，」一名中年騎士向前走了一步。

「聽說你在法國有神射手之稱。我贈你兩支新箭，今天讓我們開開眼！」

此時，探獵者的號角響了。

所謂探獵者，就是一些經驗豐富的獵人，先帶著獵狗、獵鷹和武器進入森林尋找獵物。他們僅僅根據動物的足跡和糞便就可以判斷出獵物的種類、大小、年齡、數量、離去時間、方向和距離等等。一旦發現目標，就用號角通知等在森林外面的貴族。

為了防止人歡馬叫驚跑獵物，眾人分成四個小組先後進入森林。亨利和墨朗及其弟弟瓦立克伯爵等五、六個人放慢步伐，四下觀看。

獵人衝進森林的時候，動物們一般不會嚇得上竄下跳。牠們會盡快隱蔽起來，最主要的方式就是一動不動，哪怕在你眼皮底下。

「赤鹿」，瓦立克輕聲提醒亨利。

鹿是中華民族崇拜的動物之一，比如龍角的原型就是鹿角。皇位也可以用鹿來代替（逐鹿中原就是指爭霸天下）。在士人心目中，白鹿是一種仙獸。在民眾心目中，鹿等於金錢（鹿祿音同）。在中華傳統文化中，還有一種比龍地位更高貴的動物，麒麟，看這兩個字就知道和鹿有什麼關係。明朝，鄭和把長頸鹿作為麒麟送給永樂皇帝。皇帝大喜。

亨利扭頭看去。一頭強壯的雄鹿，頭上頂著碩大的茸角，分叉向上，比王冠還威風。

「鹿的角上有幾個杈？」，墨朗笑問亨利。

平日裡，貴族們常常拿亨利愛讀書開玩笑（貴族不讀書）。

亨利用食指放在唇上示意墨朗保持安靜。

他慢慢地張開弓，一箭飛出。

赤鹿抬起頭來，掃了一眼，撒腿就跑。

「駕！」亨利和幾個貴族快馬猛追。

赤鹿東蹦西跳，很快沒了蹤影。

兩個小時下來，一無收穫，亨利有些失望。

「亨利王子！亨利王子！國王出事了！國王出事了！」昨晚與紅臉王同居的男寵佩德斯騎馬跑來，聲音帶著哭腔。

亨利心中一驚。

在佩德斯的帶領下，眾人來到一棵大橡樹下。

紅臉王平躺在地上，胸口湧出的鮮血流淌了一地。

亨利連忙下馬，快步上前，蹲下來觀看。

紅臉王雙眼圓睜，嘴巴大開，右手還抓著一枝帶血的箭。看來是他從胸口拔出來的。

「陛下！陛下！」亨利大聲喊著，試圖喚醒紅臉王。

「沒有用了，」佩德斯哭著說。

「究竟發生了什麼事，」亨利站起來問道。

「是泰爾幹的！國王射中了一隻雄鹿。雄鹿逃跑，泰爾補射一箭，誰知這一箭竟然射中了國王的胸膛！」

「泰爾呢？」

「跑了！」

「為什麼不追上他？」

「當時我們都過來看國王，沒人顧得上（追他）。」

亨利看著地上的紅臉王，心臟「撲通撲通」跳得厲害，腦袋「咕嘟咕嘟」亂成一鍋。

怎麼辦？怎麼辦？怎麼辦？

顯然，王位應該由羅貝爾繼承。但他人在國外，不知道哪天才能回來。

最大的獵物，王位，就在眼前。

在場的貴族沒人說話，每個人心裡都在掂量著。

時間彷彿靜止了。

墨朗「嗆啷」一聲從腰間拔出寶劍，走向亨利。

亨利下意識地做了一個後退的動作。

墨朗停下來，衝著眾人大聲說道：「亨利王子是國王的弟弟，是真正的王位繼承人。」說完，他把劍向地上使勁一插，單膝跪倒在亨利面前，大聲說道，「我，博蒙特的羅貝爾，萊斯特伯爵，願意擁護您為英格蘭國王，並且為您而戰，從今天一直到我死的那一天！」

「我也願意擁護亨利國王！」瓦立克伯爵跪了下來。

「我也願意！」吉法德大法官跪了下來。

「我也願意！」

在場的貴族一一跪倒。

看著面前的眾人，亨利心裡感動，腦袋發暈。

「你們，你們趕快起來——」

「王子，您還猶豫什麼呢？快到倫敦加冕去吧。」墨朗說。

「倫敦，我……好吧，」亨利就覺得兩腿發軟。他一步一步挪到馬匹旁邊，慢慢地爬了上去。

一行人紛紛跳上馬背，向倫敦方向奔去。

跑了一會兒，亨利突然勒住馬匹。眾人跟著停了下來。

亨利說，「我們不能去倫敦。」

眾人疑惑地看著他。

「我們先去溫徹斯特，拿下國庫。」

從新森林到溫徹斯特只有 40 公里，亨利等人傍晚就到了。

威利斯身懸長劍，叉腰站在國庫門前。他也是新森林狩獵者之一。聽到紅臉王暴斃的消息，他沒有和任何人打招呼，一口氣趕到溫徹斯特，保衛國庫。

「跑得夠快的，」墨朗上前說道。

「怎麼也要比你快！」

「把鑰匙交給國王」。

「國王在哪裡？」

「我就是！」亨利走上前去。

「你不是，羅貝爾公爵才是。您還是他的附庸，對不對？」

「交不交？」瓦立克抽出了長劍。

「不交，」威利斯也拔出長劍。

紅臉王的屍體孤零零地躺在森林裡，就像一頭中了標槍的野豬。

今天，在紅臉王落馬而亡的地方（Brockenhurst 附近），人們樹了一塊黑色的三稜型紀念碑，稱「紅臉石」。

第二天，佩德斯僱了四個農民和一輛送炭車，把紅臉王的屍體拉到溫徹斯特。

泰爾射殺紅臉王（法國畫家 Alphonse de Neuville 所作）

為了霸占溫徹斯特教區的收入，紅臉王生前遲遲不肯任命新的溫徹斯特主教。因此，他下葬的時候沒有主教主持葬禮，沒有懺悔，沒有布施，沒有喪鐘。

紅臉王還沒有一個妓女死得體面。他的靈魂將墮入地獄之底，無法拯救。

我在溫徹斯特大教堂裡見過紅臉王的棺槨，沒有雕像，沒有裝飾，寒酸簡樸。

威風不可一世的紅臉王意外地結束了十三年的國王生涯。他奪回了從羅貝爾手裡失去的緬因，他殺死了蘇格蘭國王，他打敗了威爾斯酋長。

一位修道士寫道，「他很強大，風和大海都服從他」。

紅臉王建立了系統有效的財政與行政體系，維護了英國國內的和平。在這一點上，他的確很像征服者威廉。紅臉王在倫敦留下了兩件建築作品：一件是西敏廳，另一件是今天倫敦塔中的白塔。

擁護他，喜歡他的貴族大都是文盲。

反對他、討厭他的教士、修道院長是知識分子[20]。他們的工作偏偏是記錄歷史和評價人物。所以，紅臉王是這樣的一個人：

很凶狠，很可畏，很貪婪，為全體人民所憎恨。正義之事從未聽說，邪惡之舉則在教會和世俗事務中雙雙湧現。

有一次，紅臉王邀請一位基督教博士和一位猶太教的拉比（智者）辯論，讓他們分別指出對方宗教的錯誤。

兩個人辯得面紅耳赤，差點打起來。

紅臉王聽得很仔細。他是裝的，就想看兩個人出醜。

總之，沒有人為他說好話。

紅臉王暴死，就像希特勒（Hitler）自殺、甘迺迪（Kennedy）遇刺一樣，是一件改變歷史走向的未解之謎。

這究竟是意外，還是謀殺？

有人支持意外說。打獵時發生死亡和傷殘是常有的事情。紅臉王的二哥理察就死在新森林裡（否則，王冠還不一定落在紅臉王頭上）。

《還珠格格》裡，永琪狩獵時一箭射中了小燕子的胸部。

有人支持謀殺說，將犯罪嫌疑人指向亨利。記史人寫道，當亨利聽到噩耗時，「那人並不震驚和悲痛。相反，彷彿早有準備一般」。

在狩獵時實施政變和謀殺，在歷史上也是常有的事情。畢竟有人有馬有武器，直接動手就行，出事之後在森林裡逃跑也方便。

《三國演義》裡關羽欲刀劈曹操，許貢門客刺殺孫策，司馬懿圍剿曹爽，都是在打獵時發生的。

謀殺說遭到了幾乎所有歷史學家的反對。

---

[20]　同一時期的宋朝，皇帝對知識分子最好。

第一，在中國，皇帝是人不是神，殺了皇帝我來當。在歐洲，國王是上帝任命的半人半神，殺死國王是嚴重違背上帝意願的罪行。

第二，羅貝爾即將歸國，紅臉王肯定不願意把諾曼第還給他，屆時兩兄弟之間必有一場惡戰。對亨利來說，坐山觀虎鬥是最好的選擇。

經過仔細的調查、謹慎的論證，「802」專案組給出最後的結論：

活該！

泰爾逃回法國之後，多次在巴黎現身。他平安生活了幾十年，沒有人追究他。

亨利走上前，伸手握住了威利斯的劍鋒，盯著他的眼睛。

「不！」威利斯輕輕向回抽了一下寶劍，又警覺地看了墨朗一眼，「王子，您知道，我不想做叛國者。」

「你認為羅貝爾是王位繼承人？」

「當然！」威利斯理直氣壯地回答。

「羅貝爾出生的時候，我父親是公爵。我出生的時候，我父親是國王。他出生在諾曼第而我出生在英國，所以，我是英國王子，他不是。」

「他生於西元1051年，而您生於西元1068年。」威利斯的言外之意，羅貝爾是長子。

「那紅臉王生於哪年？」

「西元1056年。」

「我父親為什麼把英國給了紅臉王？是他錯了還是你錯了？」

「這個，」威利斯噎住了。他心想，人人都說亨利愛讀書，會講話，我不能讓他難住了。想了一想，威利斯說道，「您的父親的確剝奪了公爵的王位繼承權。不過，根據《盧昂條約》，紅臉王同意在沒有繼承人時，將王位傳給羅貝爾公爵。」

「謝謝你的提醒。那我問你，該條約現在是否有效？」

「應該有效吧。」

「西元 1091 年底，羅貝爾譴責紅臉王沒有把英國的土地給他。西元 1092 年，羅貝爾再次譴責紅臉王不遵守條約，沒有幫助他收回緬因。西元 1095 年在諾曼第，國王和公爵當面指責對方破壞條約。國王和公爵都說條約無效，我想問問，為什麼你認為該條約有效呢？」

「這個，好像，」威利斯的汗下來了。

貴族們嘖嘖稱奇。

原來人長著一張嘴，除了吃肉吃酒，吃奶子之外，還有這功效呢。

「好吧，」威利斯鬆開雙手，準備從腰間解下鑰匙。

亨利雙手把寶劍還給威利斯，說道，「我命令你繼續保管國庫，為我！」

「我願擁護您為國王！」威利斯單腿跪下。

晚宴上，墨朗、瓦立克、吉法德、威利斯等人狼吞虎嚥，談笑風生。作為新王的擁立者，等待他們的將是顯赫的爵位、一眼望不到邊的大莊園。這些人都是紅臉王的嫡系，否則也不會陪王伴駕到新森林。如果羅貝爾稱王，他們就要坐冷板凳了。這就是他們立即支持亨利的動機。

勞累了一天，亨利卻沒有胃口。

當時的歐洲是封建社會，分為三個階層：

騎士（貴族）是「作戰者」，提供安全。

教士是「說教者」，提供祝福。

農民是「勞動者」，提供衣食。

通向王位之路，需要三個階層的認可，需要過三關。亨利只是通過了部分貴族關，還要面對教會關和人民關。

坎特伯雷大主教安瑟倫還在法國流亡。以最快的時間猜想，他至少需要一個月才能回到英國。這段時間，羅貝爾早就回到諾曼第了。約克大主教湯瑪斯雖然在國內，不過人老腿瘸，從約克趕到倫敦也要一個月。這兩位大主教還不知道新森林裡發生的事情。如果他們知道了，能不能支持亨利加冕，也是一個未知數。

想著想著，亨利突然發現紅臉王留下了比國庫裡黃金更重要的東西：工作機會。英格蘭至少有兩個主教，11 個修道院院長空缺。

像墨朗、瓦立克等貴族，他們的財富和地位是他們的祖先留給他們的，與生俱來，不可剝奪。主教和修道院院長就不一樣了。他們需要從基層做起，依靠自己的努力從修士、神父一步步晉升到主教或修道院院長。雖然主教和修道院院長採取選舉制度，但基本上由國王操控。

只要填滿這些空缺，就會得到大批的支持者。

亨利當即決定，把溫徹斯特主教的法冠送給吉法德。

溫徹斯特主教的權力和財富不亞於一個伯爵。

第三關是人民關。英國百分之九十的人口是普通民眾。不過，他們對亨利能否為王並沒有發言權。但是，他們有議論權。如果他們認為羅貝爾是真正的國王，而亨利是個邪惡的篡位者，那亨利屁股底下的王座還是會晃動乃至顛覆的。

和平時期，民眾的意見是個屁，皺皺眉頭就過去了。

一旦出現戰爭，那麼民眾的力量足可以推翻他們討厭的國王。

第二天清晨，太陽還沒有出來。亨利等人已經奔跑在前往倫敦的路上。

第十七集　《自由憲章》

8 月 4 日，亨利一行等人進入倫敦城門，直奔倫敦主教莫里斯的府邸。

全國宗教領袖，坎特伯雷大主教不在倫敦辦公。倫敦主教相當於坎特伯雷大主教駐首都的代表，其地位高於其他主教。

莫里斯是西元1085年就任倫敦主教的，也是征服者威廉倚重的大臣。

亨利能否加冕，就看這位主教的態度了。

莫里斯倒是很痛快，一口答應。他問亨利，「您打算什麼時候加冕？」

「明天。」

西元 1100 年 8 月 5 日，西敏寺。

出席新國王加冕儀式的有隨同紅臉王狩獵的墨朗、瓦立克、吉法德，以及在倫敦留守的莫里斯主教、赫里福德主教、羅格 · 畢高德、治安官蒙特福德、管家尤多等人。英國兩位大主教以及三大貴族（貝萊姆伯爵、威廉及薩里）缺席。威廉是征服者威廉弟弟莫爾坦的兒子。

莫里斯主教將王冠戴在亨利的頭上。

亨利伯爵變成亨利國王，亨利一世。

征服者威廉去世十三年來，亨利從來沒有想過會有今天，會成為一國之主。激動的他向教會和貴族做出承諾：

1. 我不會侵犯教會的權利與財產；凡出現主教或修道院院長空缺的，我會於限定期限內任命新人。
2. 如果貴族們犯罪，他們不會像我兄長在位時那樣遭受酷刑和高額罰金。我承諾處罰將是合理的、可接受的。

3. 所有因私欠下我兄長債務的，從今天起一筆勾銷。所有在監獄裡未經審判的罪犯，從今天起一律赦免。

亨利一世總共做出十一條承諾，以上只是我的部分歸納。

紅臉王在叛亂時、病危時，兩次向英國臣民許下諾言，事後兩次否認。

亨利一世呢？他要求倫敦主教把他的承諾記錄下來，並要求出席加冕儀式的主要貴族在文件上簽名（所以我們才知道蒙特福德、尤多等人參加了加冕儀式）。他還命人把這份文件謄抄數十份，送到英國每一個郡和主要修道院公開展示。

亨利一世的承諾相當於頒布了一部法律，後人稱之為《自由憲章》（Charter of Liberties）。這是英國法制史上一份里程碑式的文件。一百年後，英國的一群男爵在其基礎上進行修訂、擴充，將其變成人類歷史上最耀眼的文件之一，《大憲章》。

令人可惜的是，《自由憲章》內容都在，當年謄抄的幾十份文件都遺失了。

大多數帝王說，我要把民眾培養成好人。

亨利一世說，我自己要做好人。

大多數帝王說，我要限制民眾做壞事。

亨利一世說，我自己盡量不做壞事。

大多數帝王說，臣民要向我寫份保證書。

亨利一世說，我向臣民寫份保證書。

大多數帝王說，我要做這個，我要做那個。

亨利一世說，我不去做這個，我不去做那個。

大多數帝王約束民眾，亨利一世約束自己。

約束民眾的法律是普通法律，約束帝王的法律是憲法。

這就是亨利一世偉大的地方。

當天晚上，亨利一世頒布一道聖旨：宮內的男性僕役，禁止化妝、禁止娘娘腔。

西元 1100 年，亨利一世的幸運年。

就在上半年，他還是一個夾在英雄公爵和彪悍國王之間的小弟。現在，他是上帝授命的至尊國王。

西元 1100 年，宋徽宗趙佶登基為帝。寫字畫畫、文物鑑賞、射箭足球，他樣樣都達到國際大師級水準。只有一件事做不好，當皇帝。

亨利一世肖像

亨利一世之所以大肆承諾，是因為他王位不穩，心裡中愧。他面臨兩大難題：

第一難題。亨利一世最需要的人，安瑟倫大主教還沒有表態。

安瑟倫真的有那麼重要嗎？

在一個全民信教的國家，全國最高宗教領袖的態度非常關鍵。安瑟倫大主教缺席加冕儀式替亨利一世的合法性塗上了一層陰影，顯然也會向民眾傳遞一種負面信號。

在一個全民信教的歐洲，世界最高宗教領袖的態度更關鍵。教宗曾對所有十字軍將士做出承諾：你們放心在前線作戰，無論是生是死，我都會保護你們後方的財產。

羅貝爾肯定會向教宗控告亨利一世竊取他的王國。如果教宗支持羅貝爾，那麼安瑟倫大主教肯定會服從教宗的決定。

因此，亨利一世必須把安瑟倫變成自己人，讓他去羅馬教廷為自己辯解。安瑟倫的影響力不亞於當年的蘭弗朗克。

亨利一世還有一個棘手的問題需要安瑟倫解決。

他任命了幾位主教和修道院院長，比如任命吉法德為溫徹斯特主教。其中最重要的一項任命，就是把索爾茲伯里主教的法冠送給自己的好朋友羅傑。索爾茲伯里教區在溫徹斯特的西邊，是英國最富裕的教區之一。羅傑從英國數萬名普通的教士和修道士中一躍而出，進入英國教會決策層。

英國主教的上級是坎特伯雷大主教。這些被任命的新主教需要坎特伯雷大主教為他們祝聖。換句話說，就是替他們履行一個主教就職儀式。

安瑟倫不為他們祝聖，吉法德和羅傑等人還不是正式的主教。

亨利一世迫切需要安瑟倫。

加冕的當天晚上，他就向安瑟倫寫了一封信，信裡說：

> 我請求您，作為全英格蘭子民的父親，盡快回來，給我們關懷。但願您不會為加冕的事情感到不快，我當然希望是您而不是其他任何人為我加冕。

第二難題：如果羅貝爾率大軍前來征討，如何應對？

對亨利來說，有三條路可以選擇。

上策：和平。英國歸亨利一世，諾曼第歸羅貝爾。兄弟二人和平相處。這條路看起來不大可能，除非羅貝爾願意當驢。

中策，戰爭。像紅臉王一樣打敗羅貝爾，其結果還是英國歸亨利一世，諾曼第歸羅貝爾。紅臉王當年做到了。至於亨利一世，就不好說了。

下策，投降。亨利一世放棄英國王位，向羅貝爾稱臣，然後回到諾曼第當科唐坦伯爵。這個方案就是亨利一世當驢。

亨利一世該怎麼辦？當然是上中下策一起執行。

上策，向羅貝爾求和。求和就得給條件，條件通常都是割地賠款。

大哥，我可以放棄科唐坦的全部土地。如果你不滿意，我每年再給你一筆固定的貢金。如果你還不滿意，我可以給你英國的土地。只要能讓我坐在英國國王的寶座上，什麼條件都可以談。

中策，徵兵造船，做好全面戰爭準備。

下策，充分利用科唐坦的人脈資源。

加冕當天，亨利一世就賜給「亨利幫」成員切斯特伯爵、雷德瓦的理查、巴約的雷納官職和豐厚的賞賜。

人年輕的時候一定要有個好人緣。

萬一哪天你發達了，你可以提拔當年的朋友來幫助你。

萬一哪天別人發達了，他們可以提拔你去幫助他們。

萬一都不發達了，至少可以一起喝喝酒、發發牢騷。

亨利一世命令「亨利幫」成員招兵買馬，做好戰爭準備。如果羅貝爾大軍登陸英格蘭，你們就進攻康城、巴約，讓羅貝爾首尾難顧。

胡蘿蔔和大棒，亨利一世都準備好了。

在法國里昂，安瑟倫偶遇一名英國修道士，才得知紅臉王暴斃的消息。老人當時就哭了，為無法挽救紅臉王的靈魂而懊悔。

安瑟倫流亡海外三年了。收到亨利一世的邀請信後，他決定立即回國。被紅臉王壓迫多年的英國教會已經奄奄一息，急需恢復和重建，亨利一世通情達理，是個可以合作的對象。半路上，安瑟倫收到亨利一世的第二封信。信中請求他務必繞道佛蘭德，從布洛涅乘船返回英國。安瑟倫明白，亨利一世擔心他去諾曼第與羅貝爾會談。

當亨利一世終於見到日夜盼望的安瑟倫大主教時，沒想到後者將一桶冰水澆到他的笑臉上。

事情的經過是這樣的。

亨利一世見到安瑟倫，非常熱情。他為自己匆忙加冕向大主教表示歉意，他建議再舉辦一次加冕儀式，由安瑟倫來主持。亨利這樣說既顯得尊重安瑟倫，又能提高自己在國內的威望。

安瑟倫說，加冕儀式是神聖的，不能用第二次否定第一次。

亨利一世提醒安瑟倫向自己效忠。只要安瑟倫一跪，就相當於替自己的頭上加上了神聖的光環。紅臉王剛去英國的時候，其合法性遭到多人質疑，是蘭弗朗克大主教的支持讓他度過了危機。

亨利一世萬萬沒有想到，安瑟倫的回答是這樣的：

我的主人是教宗，不是國王，因此我不能向你效忠。

流亡期間，安瑟倫拜會了烏爾巴諾教宗，接受了一個新觀點。教宗任命大主教，大主教任命主教。國王無權干涉。

我舉個不恰當的例子。以前由市長任命市教育局長（大主教）和各校校長（修道院院長），現在改為教育部部長直接任命市教育局局長，教育局局長再任命各校校長。

為什麼這樣改？

因為貪婪的市長經常把校長的位置高價買出去，或者送給自己的親屬。而教育局長身為市長的下屬，顯然無力阻止。如果教育局長由教育部部長任命，不再是市長的下屬。市長就不能將黑手伸進學校了。

安瑟倫的解釋讓亨利一世大吃一驚。千百年來，坎特伯雷大主教一直向國王下跪效忠，就在幾年前安瑟倫還跪倒在紅臉王的腳下。

現在剛剛輪到自己當政，大主教就要脫離國王的管轄？

亨利一世本來指望著安瑟倫支持自己，增加自己王位的神聖性和合法性。現在，連安瑟倫都不視自己為主人，那麼英國的主教們怎麼想？貴族怎麼想？民眾怎麼想？

如果市長不能任命市教育局長和校長，那他基本上就失去對本市教育界的控制。教育局長和校長也不再尊重他，不服從他的命令。

紅臉王要是聽到這句話，肯定上前打安瑟倫的耳光了。他和安瑟倫已經發生過兩次肢體衝突了。

紅臉王和安瑟倫的矛盾，是領導者和下屬的工作矛盾。

亨利一世和安瑟倫的矛盾，是下屬告訴領導者，我不再是你的下屬了。

這個矛盾更大，更不可調和。

亨利一世對安瑟倫本人沒有任何意見。但是，在主教任命權問題上，他不能退步，不能放棄。他和安瑟倫吵了一架，忍氣而去。

亨利一世絕望地發現一個事實。他現在王位不保，他現在處於危險當中，是他需要安瑟倫而不是安瑟倫需要他。

亨利一世只得低頭向安瑟倫示好，不再堅持自己的主張。

安瑟倫呢，對亨利一世沒有惡感。相反，他覺得亨利一世釋出《自由憲章》，對自己尊重，比起紅臉王要強得多，可以說是一位知書達理的國王。過去，英國教會在紅臉王的壓迫下半死不活。現在，安瑟倫需要和亨利一世配合，共同復興英國教會。

有了安瑟倫大主教的支持和呼籲，貝萊姆伯爵、薩里、伊沃等人紛紛來到倫敦，向亨利一世效忠。

亨利一世發現安瑟倫馬上能辦一件事情，主持自己的婚禮。對象已經找好了，蘇格蘭的伊迪絲（Edith）公主，原因有三：

1. 伊迪絲的外祖父是流亡者愛德華。她身上有英國王室血統，可以增加亨利一世的合法性。
2. 伊迪絲是蘇格蘭國王的妹妹。這場婚姻可以保障北境的安全。紅臉王在位時，英蘇兩國之間爆發過四場戰爭。如果羅貝爾和蘇格蘭結盟，亨利一世就會陷入哈洛德當年的困境，同一時間投入一南一北兩場戰爭。
3. 伊迪絲從小在羅姆西修道院長大，受過良好教育。當時的歐洲和古代中國一樣，都不鼓勵女人識字。亨利一世喜歡讀書，和伊迪絲有共同語言。

這個伊迪絲，我們前文中提過。她就是用手抓亨利一世母親，瑪蒂夫人髮飾的那個女嬰。

不過，亨利一世和伊迪絲之間隔著一層不可踰越的障礙。

有人提出，伊迪絲從小在修道院長大，她是一名修女，不能結婚。

在中國歷史上，皇帝可以娶尼姑。

在歐洲歷史上，國王絕對不能娶修女。

因為修女是上帝的女人。和上帝搶女人的男人，直接墮入地獄。

在中國威脅一個人，叫你還想不想活了。

在歐洲威脅一個人，叫你還想不想死了。

亨利一世強行和伊迪絲結婚，生出的孩子也是雜種。

伊迪絲是不是修女？亨利一世說了不算，安瑟倫說了算。

安瑟倫受亨利一世委託，成立了一個臨時委員會，經調查後得出結論：

伊迪絲住在修道院裡，其目的是躲避歹人。修道院院長和她本人都否定出家。

西元 1100 年 11 月 11 日，安瑟倫在西敏寺主持了亨利一世的婚禮。這是英國王室第一次在該教堂舉辦婚禮，此後成為慣例。

當今威廉王子（Prince William）和凱特王妃（Catherine, Princess of Wales）的婚禮也是在此地舉行的。

為什麼選擇 11 月 11 日？

這一天在歐洲不是光棍節，不是購物日，而是聖馬丁日。聖馬丁（Saint Martin）是一名僧侶，心地善良。在一個大雪紛飛的夜晚，他遇到一位馬上就要凍死的乞丐。聖馬丁馬上把自己的大衣撕成兩片，把其中一片送給乞丐。當天晚上，他夢到了耶穌穿著他送給乞丐的那半片大衣。聖馬丁節的特色食物是燒鵝和椒鹽八字麵包。

懺悔者愛德華臨死前有一個預言：英格蘭要想再次和平，除非劈開的大樹復合，長出綠葉。

亨利一世和伊迪絲的結合，是諾曼第和盎格魯的血液再次交融，是劈開的大樹復合。

年輕的國王是在英國出生的，漂亮的王后有古老高貴的王室血統。與此形成鮮明對比的是，羅貝爾出生在諾曼第，他的妻子是義大利籍諾曼人。英國人（盎格魯 - 撒克遜人）由衷地感到高興。

因此這場婚姻，亨利一世贏得了人民的擁護。

這時候，亨利一世已經得到了羅貝爾回到諾曼第的消息。而且他還聽說，羅貝爾是東征英雄，得到了諾曼第人民的擁護。

伊迪絲王后還為亨利一世帶來了一件額外的嫁妝，她的妹妹，瑪麗公主 (Mary of Scotland)。

瑪麗公主是一個極大的誘餌，把她嫁出去，就可以把一個盟友帶回來。

亨利一世首先想到了威廉 (William de Mortaigne)，自己的堂弟。威廉的父親莫爾坦在英國的土地僅次於厄德，擁有一支數量可觀的軍隊(當時主要按土地面積配備士兵數量)。

亨利一世心想，我們本來就是親戚，現在是親上加親了。

威廉卻一口回絕。「沒有嫁妝，即使海倫[21]我也不要。」

威廉向亨利一世提出，我想繼承厄德叔叔在英國的領地。

厄德在英國的財富僅次於征服者威廉。他死於十字軍東征的路上，沒有子女，其土地自然收歸王室。

聽到威廉的回覆，亨利一世罵了一句，「真是痴心妄想！」

亨利一世後來把瑪麗公主嫁給「十三太保」尤斯塔斯的長子尤斯塔斯三世 (Eustache III de Boulogne) (本文稱尤三世)。

亨利一世保留了紅臉王幾乎所有的舊臣。他需要所有人的支持，在這個危急的時候他不能得罪任何人。

亨利一世只抓了一個人，生火主教，罪名是貪汙和壓榨。新君一般都要抓一、兩個前朝老臣。一來替前朝抹黑，二來為自己增光。

亨利一世並不想懲罰生火主教。他打算先把生火主教關上三、五年，等人們忘得差不多了，就把他放出來。亨利還特意叮囑倫敦塔總監，給生火主教最高伙食標準，滿足他的額外要求。

西元 1101 年 2 月的一個夜裡，生火主教趁黑逃出倫敦塔。他騎著手

---

[21] 希臘神話人物，人間最美的女人。特洛伊戰爭就是因她而引起的。

下人送來的馬匹直奔英國南部海岸，然後乘船前往盧昂。

由征服者威廉下令修建的倫敦塔是歐洲現存的十一世紀最宏偉、最完整的非宗教建築，也是倫敦必遊景點。倫敦塔是英國最著名的監獄，也是世界知名監獄之一，曾關押過眾多王公貴族、歷史名人（如湯瑪斯·摩爾〔Thomas More〕），至今還鬼影幢幢。

生火主教不經意地創造了兩項第一：

第一個關進倫敦塔的名人，第一個逃出倫敦塔的名人。

生火主教掌握英國財政、土地和人口情況，他一個人強過一支軍隊。生火主教到達諾曼第之後，各路消息傳來，羅貝爾加緊了北伐英國的各項準備工作。

戰爭一天一天在臨近，空氣變得緊張起來。

西元 1101 年 3 月，亨利一世邀請佛蘭德伯爵羅貝爾（Robert II de Flandre）訪問英國，雙方簽署合作條約。亨利一世每年給羅貝爾一千馬克。羅貝爾承諾不和羅貝爾結盟。

諾曼第西部的「亨利幫」成員，代表亨利與布列塔尼公爵達成和平協議。

佛蘭德人和布列塔尼人是威廉征服英國的兩大主力。亨利一世透過外交手段，剪除了羅貝爾的兩大潛在盟軍。

6 月，亨利一世把大肚子伊王后送到溫徹斯特，讓她遠離戰場，安心養胎。

6 月 24 日是夏至，亨利一世率領墨朗兄弟、「亨利幫」成員費薩蒙、理查等少數將領來到佩文西。

大部分諾曼貴族沒有響應亨利一世的號召。有的人認為亨利一世必敗，暗中與羅貝爾勾結。有的人遠離戰場，靜觀其變。貝萊姆伯爵還替亨利一世夫妻分別起了一個英國外號，叫「戈蛋溫」和「戈蛋娃」。

亨利一世只得從英國民眾中招募士兵。出人意料的是，民兵的積極性很高。他們覺得被諾曼人征服是一種恥辱，不想受辱第二次。不過，他們沒有作戰經驗和技能。亨利一世讓墨朗、費薩蒙天天訓練他們。

亨利一世派出船隻每天到海上巡航，探聽羅貝爾的消息。

亨利一世讓安瑟倫留在倫敦代替自己主持政務。安瑟倫不顧六十七歲的高齡，頂著酷暑，堅持來到前線。白天，老人騎著馬匹到處向教士、貴族和人民宣講，請他們支持好國王亨利。晚上，老人寫信給羅貝爾、生火主教，貝萊姆伯爵等人，勸他們放下武器，選擇和平，否則就將他們開除教會。

亨利一世非常感動。

一個星期過去了，沒有消息。

兩個星期過去了，沒有消息。

三個星期過去了，沒有消息。

亨利一世有些奇怪。

一般來說，軍隊集結完畢後會立即出發，因為每停留一天都是一筆龐大的財力物力支出。而且最近一段時間以來，英吉利海峽南風頻繁。

羅貝爾的船隊出發了沒有？現在到了哪裡？

7 月 25 日，探馬匆匆來報：「羅貝爾已於五天前在樸茨茅斯登陸了。貝萊姆伯爵、薩里、威廉、伊沃等人的軍隊已和他匯合，正向溫徹斯特出發！」

「啊！」亨利一世嚇出一身冷汗。隨即他氣憤地問，「我們的船隊呢？難道沒有發現諾曼軍隊？」

探馬回答，他們投靠了羅貝爾，和羅貝爾一起去樸茨茅斯了。

亨利一世站起來，臉色煞白，嘴唇哆嗦，心想這下可完了。

從樸茨茅斯到溫徹斯特，兩地距離不超過四十公里。羅貝爾的大軍一天之內就可以到達城下。

溫徹斯特沒有守軍。更要命的是，王后在那裡，馬上就要生產，說不定孩子就在這幾天生下來。亨利一世送伊王后到溫徹斯特養胎，是想把她放在安全的後方。誰知道陰差陽錯卻把妻子送到了最危險的前線。

猜想羅貝爾已經拿下溫徹斯特，說不定此時正向倫敦出發吧。

這可真是沒想到，這可怎麼辦？

第十八集　最可惜的放棄

羅貝爾在西西里流連忘返，於西元1100年8月底回到諾曼第。如果他提前一個月回來，歷史就要重寫了。

羅貝爾回來後，驚詫地發現一個從未有過的現象。諾曼第民眾對他特別歡迎，特別擁護。他的支持度遠遠高於英國國王亨利一世和法國國王腓力一世。

這裡面有五個方面的原因：

第一，紅臉王在諾曼第暴政重稅，人民盼望羅貝爾實施善政。

第二，紅臉王死後，諾曼第群龍無首，陷入內亂。羅貝爾可以恢復和平。

第三，羅貝爾從異教徒手中奪回聖城，是歐洲的英雄和諾曼第的驕傲。歷代諾曼第公爵（包括征服者威廉），甚至歷代法國國王都沒有創造過這樣的成績。

第四，羅貝爾帶回一位高貴美麗的妻子，諾曼第馬上要有新的繼承人了。國家元首幸福的婚姻和美滿的家庭，能增加民眾的支持和祝福。

第五，人們已經忘記了他過去的無能。

如果說民眾的擁護只是一種精神財富，那麼，紅臉王的死則切切實實為羅貝爾帶來了龐大的物質財富：

第一，已經準備好的一萬馬克不用還了，這在當時可是一筆巨款。

第二，按照《盧昂條約》，紅臉王死後無子，英國由羅貝爾繼承。

第三，《盧昂條約》中紅臉王拿走的五個港口，現在都可以不付代價地收回。

第四，亨利一世提出。他放棄科唐坦領土，每年給羅貝爾兩千英鎊貢金。

最大的債主死了，最強的敵人死了，意外得到大批土地和年金。

西元 1100 年 9 月，羅貝爾的幸運年。

天氣轉冷，羅貝爾沒有急於征討亨利。他先帶著夫人去聖米歇爾山朝聖。當然，這也是一種進入亨利一世勢力範圍，收復諾曼第西部的姿態。

從聖米歇爾山下來，羅貝爾來到康城女子修道院。他的妹妹塞西莉婭是西元 1066 年哈斯丁戰爭之前由威廉夫婦送到這裡的，當時還是個不滿十歲的小女孩，現在人過中年，是這裡的院長。羅貝爾把一面從中東繳獲的旗幟獻給女子修道院。

羅貝爾回到盧昂的時候，已經是 11 月分了。他把寵臣酒友召來，喝酒戲耍。

緬因的使者十萬火急地跑來說，安茹伯爵攻打緬因首府勒芒，請羅貝爾速去救援。他們認為，羅貝爾無論從哪個角度，都應該派兵前往。

羅貝爾小的時候，征服者威廉就封他為緬因伯爵。

征服者威廉死後，安茹伯爵趁機侵占了緬因。

羅貝爾上任後，一直想奪回緬因。

羅貝爾東征期間，紅臉王替他奪回緬因。

紅臉王一死，安茹伯爵又開始入侵緬因。

沒想到羅貝爾卻回覆說，我太累了，你們自己想辦法吧。

守軍哪有辦法，只能投降。

西元 1101 年 2 月，生火主教來到盧昂，鼓動羅貝爾入侵英國。

羅貝爾一看日曆表，的確該準備了。他就把這些事情全部委託給生火主教。

生火主教原名雷夫，因為鼓動羅貝爾北伐，從而得名「生火主教」。

生火主教制定的北伐方案如下：

出發時間：7 月中旬（和征服者威廉一致）

出發地點：索姆河口（和征服者威廉一致）

登陸地點：佩文西（和征服者威廉一致）

裝備：兩百艘船

兵力：三百名騎兵、一千八百名步兵

天公作美（不缺南風）。7 月 19 日傍晚諾曼船隊出發。7 月 20 日中午遇上了亨利一世的攔截船隊。攔截船隊向羅貝爾投降，並引領著諾曼船隊在防守空虛的樸茨茅斯登陸。

諾曼軍隊一上岸，貝萊姆伯爵、薩里、威廉等人就帶著軍隊來了。

貝萊姆伯爵因為棟夫龍的事情和亨利一世鬧翻了。

薩里據說追求結婚前的伊王后未果，把亨利一世當情敵。

至於威廉，就是覺得亨利一世虛偽、不順眼。

多路人馬匯合之後，向幾乎沒有防守力量的溫徹斯特出發。

在溫徹斯特城內待產的伊王后聽到大軍抵達城外的消息，反而沒有像亨利一世那樣緊張。因為她不需要調動軍隊防禦（根本抵抗不了），只能打開城門迎接羅貝爾。

伊王后向羅貝爾提出一種解決方案：羅貝爾不要進城，而是等著亨利一世來了，兄弟兩人談判。

羅馬教會頒布過《神命合約》，其中有這樣一條：

不能攻擊沒有丈夫陪伴的貴族婦女。

我舉個例子，曹操和劉備作戰。曹操的軍隊發現了劉備的妻子在某個村莊，而劉備不在。在這種情況下，曹操不能派人去襲擊劉備的妻子，更不能透過俘虜她來要挾劉備。

貴族們勸羅貝爾說，伊王后願意投降。你和平進入溫徹斯特，不能算是攻擊沒有丈夫陪伴的貴婦。

羅貝爾拒絕了，他認為這樣依然有違騎士精神。何況，羅貝爾和伊王后還有一層特殊的關係。二十一年前，伊王后受洗的時候，羅貝爾以教父的身分，就站在她的旁邊。

沒有人能夠想到，伊王后，一個大腹便便的女人，卻成了對付羅貝爾的最佳武器。換上任何一名男性貴族，都不可能守住溫徹斯特。

羅貝爾下令，向倫敦出發！

得到緊急軍情後，亨利一世不敢怠慢，率領軍隊晝夜兼程奔赴往溫徹斯特。在溫徹斯特以東三十公里的奧爾頓（Alton），英軍和諾曼軍遭遇，各自紮下陣營。

馬上就要開戰了，羅貝爾又猶豫起來。

打還是不打？

打有打的好處，不打有不打的好處。

打輸了，亨利一世肯定不給我科唐坦以及每年兩千英鎊的收入。

唉！羅貝爾喝了一口酒。

打贏了，當上國王，還是麻煩。我要在英國和諾曼第兩地跑來跑去，要處理沒完沒了的政務，還要對付令人頭痛的安瑟倫大主教。

唉！羅貝爾又喝了一口酒。

打！

不打！

唉！羅貝爾一口把杯子裡的酒喝乾，腦子裡一團漿糊。

煩死我了！本來我在諾曼第過得好好的，幹麼要來這裡忍受折磨？住在這荒山野嶺，吃，吃不好。睡，睡不好。玩，玩不好。都是生火主教鬧的。

羅貝爾問他，「打還是不打，請您給我一個主意。」

「不打！」生火主教說。

「那就談！」說完，羅貝爾長吁了一口氣，彷彿卸下一個大包袱。

生火主教也長吁了一口氣。

安瑟倫寫信給生火主教，給他兩個選擇。第一，勸說羅貝爾和談，我恢復你達勒姆主教的職務，歸還你的財產。第二，如果繼續煽動羅貝爾動武，我馬上把你開除教會。

羅貝爾可以廢黜亨利一世的王位，卻不能罷免安瑟倫大主教。只要安瑟倫大主教還在，生火主教的職業生涯就算是完了。所以，他這才勸說羅貝爾接受和談。

8 月 2 日，在紅臉王逝世一週年之際，羅貝爾和亨利一世兩兄弟抱在一起，親吻臉頰，簽署了《奧爾頓條約》，主要內容如下：

- 兩人各自占據英國和諾曼第，互不侵犯。
- 亨利一世放棄諾曼第所有領土，但不包括棟夫龍。
- 亨利一世每年向羅貝爾支付 2,000 英鎊的貢金。
- 如一方死去並無繼承人，另一方繼承對方的領地。
- 雙方不得保護、支持對方的敵人，應共同征討之。
- 雙方赦免參加此次戰爭的所有貴族。

羅貝爾解散了自己的軍隊，跟著亨利一世來到倫敦。在英國飲宴、打獵，足足玩夠兩個月，羅貝爾拿著大批禮物高高興興回諾曼第去了。

這場戰火由生火主教點燃，由他本人負責熄滅。

羅貝爾、亨利一世、全體貴族和教士、數千名士兵擔驚受怕、耗盡物力，一無所獲。只有生火主教一人是受益者。這場戰爭是為他一個人打的。

生火主教後來為亨利一世工作了二十七年，其功績和才能為世所公認。

歷史學家認為，放棄英國是羅貝爾一生中最最愚蠢的決定。

我舉個例子。比如你參加了一個有獎競猜節目。第一題你已經答對，獲得了一千萬元的獎金，這對受薪階級的你來說無疑是一筆巨款，可以解決住房、子女教育、旅遊等很多問題。第二題的獎金是一億元，而你有百分之九十的把握回答正確。不過，如果你答錯了，前面的一千萬元要收回。

現在我來問你，你是回答第二個問題？還是拿著一千萬元走人？

選擇一千萬元的人，是普通人，大多數人。

如果你家裡已經有一千萬元，你一定會回答第二題。

羅貝爾有足夠的資本，他應該選擇第二題的。

一個月後，伊王后生下的孩子沒有成活。

西元 1102 年，伊王后生下一名女嬰，取名莫德（Maude）。

西元 1102 年，羅貝爾的妻子西比拉生下一個男孩，取名威廉・克利托（William Clito）。

奪取王權、保衛王權的階段已經結束，亨利一世現在進入第三階段：鞏固王權。

鞏固王權就是「又打又拉」。打擊敵人，培養嫡系。

羅貝爾離開還不到一個月，亨利一世就指控伊沃參與私人鬥毆，將他驅逐出境。幾個月後，伊沃死在前往耶路撒冷的路上。

兩個月後，亨利一世以同樣的藉口剝奪了薩里在英國的財產，將他驅逐到諾曼第。兩年後薩里回到英國，真誠地向亨利一世下跪效忠。亨利一世原諒了他，返還了他的財產。亨利一世聽說薩里一直想娶一位身分高貴的妻子，就把自己的一個私生女嫁給他。

薩里很滿意，就算私生女也有國王的血統。

安瑟倫大主教卻以兩人近親為由，否決了這樁婚姻申請。

亨利一世對失望的薩里說，不要著急，我保證替你尋找一門滿意的婚姻。

一年後，亨利一世召貝萊姆伯爵進宮，當面指控他犯下四十五條大罪，包括搶劫教堂，違法修建城堡等等。貝萊姆伯爵的判決結果和伊沃、薩里一樣，沒收財產，驅逐出境。

聽完指控，貝萊姆伯爵呆住了。他心中暗想，我太有才，我太努力了，我太佩服我自己了，一年時間裡竟然做了這麼多大事。這些事我自己都不記得，亨利又是怎麼知道的？

噢，我明白了，亨利一直派人在跟蹤我。這個陰險狡詐的卑鄙小人！

貝萊姆伯爵對亨利一世說，給我幾天時間，讓我和我的屬下商量一下。他氣沖沖回到什魯斯伯里，準備和亨利一世開戰。這時候，他接到一個令人心碎的消息，羅貝爾正在攻打他在諾曼第的領地維格耐特。

亨利一世早就派人把貝萊姆伯爵的惡行通知了羅貝爾。他請求羅貝爾根據《奧爾頓條約》，討伐共同的敵人。羅貝爾於是發兵攻打維格耐特。

諾曼第和英格蘭同時遭到進攻，貝萊姆伯爵傻眼了。

在英國和諾曼第之間，他只能選擇後者。諾曼第是根據地，是老家。

貝萊姆伯爵無奈地向亨利一世投降，放棄英國的所有領地，灰溜溜地退回諾曼第。

不久之後，亨利一世把最後一個「刺頭」威廉趕到諾曼第。

《奧爾頓條約》規定，亨利一世要赦免參加戰爭的貝萊姆伯爵等人。

亨利一世辯解說，這些人的罪行發生在《奧爾頓條約》簽署之後。我是依法行事，並非打擊報復。

打擊敵人的同時，亨利一世迅速培養自己的力量。他要求貴族們把他們的子女送進王宮。一來可以培養一批忠誠的年輕人，將來為自己所用。二來把這些人作為人質制約貴族。

貴族也願意把自己的子女送進王宮。至少有五重好處：

1. 與國王、王后、王子、公主保持頻繁接觸，有機會獲得國王提拔。
2. 和王子在一起工作生活，將來成為新國王的摯友。
3. 王宮裡有很多主教和學者，可以學到很多知識。

4.　結識年輕權貴，結交眾多好友。

5.　發現潛在的結婚對象，甚至可以和王子公主結婚。

英國王宮相當於頂級俱樂部、貴族學校和高階婚姻介紹所。這其中還有一個最最難得的機會，成為國王的岳父（女兒被國王搞大了肚子）。

西元 1103 年，威利斯出家為僧。亨利一世任命老朋友羅傑為國庫長。羅傑就任後，在倫敦設立財政部，要求全國地方官員每年到倫敦核對帳目。核對的方式就是在一張方格布上數籌碼，不用現金就可以計算收支（類似於賭桌）。這種方格布英文叫「exchequer」。時間久了，人們稱英國財政部為 exchequer，延續至今。

亨利一世還剩下一個敵人，一個最難對付的敵人，安瑟倫大主教。

安瑟倫回國之後不肯下跪，拒絕承認亨利一世有主教任命權。面對羅貝爾大軍壓境，亨利一世只能忍氣吞聲。在此之後安瑟倫確認了王后的身分，主持了婚禮，到前線不辭勞苦抵抗羅貝爾，逼退了生火主教。亨利一世很感動。可以說，沒有安瑟倫，就沒有《奧爾頓條約》，就沒有亨利一世的王位。反過來，亨利一世全力支持安瑟倫的工作，讓他如願以償地召開了一次全國宗教大會。整體上看，兩人相互尊重、相互配合。

現在危急已經解除，亨利一世掌握了局勢，他要奪回主教任命權。

亨利一世認為，你安瑟倫不承認我是你的主人，我忍了，我讓了。如果全國的主教都由你安瑟倫任命，都不承認我是他們的主人。那英國教會就會變成一個不屬國王管轄的獨立組織，變成一個教宗插手英國事務、攫取英國財富的工具。

亨利一世絕對不能接受。

亨利一世任命吉法德為溫徹斯特主教，羅傑為索爾茲伯里主教，伊王后的大臣瑞耐恩為赫里福德主教。他們三人找安瑟倫祝聖。

安瑟倫認為羅傑和瑞耐恩不符合條件，只為吉法德祝聖。

亨利一世對安瑟倫說，三個人必須一起祝聖。

安瑟倫說，那我一個也不祝聖。

亨利一世說，只要我是國王，我就要任命主教！

安瑟倫說，只要我是大主教，我就不為你任命的主教祝聖。

亨利一世說，我寧願失去我的王冠，也不能失去主教任命權。

安瑟倫說，我寧願失去我的腦袋，也不能失去主教任命權。

事情僵住了。

亨利一世和安瑟倫分別寫信給巴斯加教宗（Paschalis PP. II），尋求支持。

巴斯加教宗分別向兩人回信。

亨利一世拿出教宗的信說，教宗已經答應給我主教任命權。

安瑟倫也拿出教宗的信說，教宗明確拒絕給國王主教任命權。

兩個人都沒有打開信，也不敢打開信。

如果教宗在信件裡把事情說絕了，兩個人就沒有商量的餘地，就要撕破臉了。

亨利一世知道主教任命權是教宗的新主張，安瑟倫只是執行者。

安瑟倫知道主教任命權過去一直在國王手裡。現在突然從亨利一世手中奪走，他強烈反對也是可以理解的。

兩個知識分子你看著我，我看著你。誰都明白，誰都解決不了。

他們都很尊重對方，甚至喜歡對方，但原則性問題誰也不能讓步。

最後，亨利一世打破了沉默。他說，請您到羅馬去一趟，與教宗商量一個解決辦法。

安瑟倫說，如果國內貴族和主教也是這個意見，我願意去羅馬。

經過徵詢，國內權貴是「這個意見」。

安瑟倫離開英國，來到諾曼第的貝克修道院。他打開了教宗的信件。

亨利一世也打開了教宗的信件。

兩封信都禁止國王任命主教。

亨利一世知道，自己和安瑟倫的矛盾不可調和了，於是禁止安瑟倫回國。

安瑟倫第二次流亡海外。

亨利一世趕走貝萊姆伯爵等人，掌握了軍權。

任命羅傑，掌握了財權。

放逐安瑟倫，掌握了人（事）權。

英國政局穩定，經濟發展，人民幸福。

西元 1103 年 8 月 5 日，亨利一世加冕三週年紀念日。伊王后生下一名男嬰，取名艾德林（William Adelin）。英國有了王位繼承人。

西元 1103 年冬季，諾曼第的塞爾修道院院長伊斯庫斯來到英國。

兩個月前，貝萊姆伯爵燒了塞爾修道院。

伊斯庫斯找羅貝爾，請他主持正義。

羅貝爾說，反正都燒了，總不會燒第二回吧。

伊斯庫斯在諾曼第投訴無門，氣得來英國找亨利一世。

亨利一世說，我馬上寫信給我的兄長，勸他承擔起自己的責任。

伊斯庫斯說，沒有用的。您應該把羅貝爾驅逐，親自管理諾曼第。

「這！」亨利一世有些猶豫，「如果我發兵攻打諾曼第，別人會不會罵我貪得無厭。」

「陛下。您別忘了。諾曼第是您的祖國，您有義務保護她。」

「可我不是諾曼第的主人。我可以督促、協助羅貝爾來保護諾曼第。」

「不！不！不是這樣的。您的父親，是位公認的偉大人物。再往前推，哪一位諾曼第公爵不是公正而勇敢呢？哪一位諾曼第公爵不是為諾曼第人民帶來和平和公義呢？至於羅貝爾，他把諾曼第毀了，他不配稱諾曼第公爵。您是威廉公爵的兒子，沒有誰比您更合適去拯救諾曼第了。」

亨利一世說，我明年到諾曼第看一看，再做決定。

第十九集　兩次試探

西元 1088 年，貝萊姆伯爵幫助羅貝爾打紅臉王，被紅臉王剝奪了英國的全部財產。他剛回到諾曼第，又被羅貝爾關了半年監獄。西元 1101 年，貝萊姆伯爵幫助羅貝爾打亨利一世，又被亨利一世剝奪了英國的全部土地。他人在英國，羅貝爾又從背後偷襲他的城堡。

貝萊姆伯爵快被羅貝爾折磨成精神病了。

我的公爵大人，您把我當朋友也好，當敵人也行，您別把我當驢啊。

貝萊姆伯爵已經失去了英國的財產，他必須保住諾曼第的土地。

他做到了，因為驢脾氣一上來，誰也擋不住。

羅貝爾被貝萊姆伯爵打得節節敗退，連大舅哥都成了俘虜。這位公爵大人只得屈辱地簽署停戰協議，退回盧昂。

西元 1103 年，羅貝爾的妻子去世了。有人說公爵夫人死於束胸太緊（影響呼吸和血液流通），有人說羅貝爾的一個情婦毒死了她。總之死因不明。公爵夫人有頭腦，有才幹，是羅貝爾的好幫手。夫人死後，沒有人幫助羅貝爾，沒有人約束羅貝爾。他天天和酒友們混在一起醉生夢死，對諾曼第的事務不聞不問。

羅貝爾只顧自己享受，不顧別人死活。他需要你的時候，你傾家蕩產幫助他是應該的。他不需要你的時候，你和他打招呼他都不理你。

除了貝萊姆伯爵之外，亨利一世、厄德，甚至他的妻子都是他的犧牲品。

我看過一個電視節目，印象非常深刻。

一個寒冷的夜晚，一名記者拿著一份熱騰騰巨無霸套餐走向一名街頭流浪漢。

他把漢堡送給流浪漢。

流浪漢流著口水接過去。

這名記者從口袋裡掏出一包香菸。問流浪漢：

「如果在香菸和巨無霸之間只能選一個，你會選擇哪一個？」

「香菸。」

「那好。把這包香菸拿走，把漢堡還給我。」

流浪漢有些不捨地送回漢堡，抓住香菸。

這名記者從口袋裡掏出一瓶酒。問流浪漢：

「如果在酒和香菸之間只能選一個，你會選擇哪一個？」

流浪漢眼睛都亮了，「我要酒。」

「為什麼？」

「酒能使我忘記不幸。」

羅貝爾就是這樣的人，遇上問題就喝酒，一喝酒問題立即消失。

從西元1100年8月羅貝爾帶著一萬馬克東征歸來到西元1103年9月，短短三年的時間，羅貝爾從那個萬眾景仰的英雄又變回了以前那個花天酒地的半夢公爵。

諾曼第徹底陷入無政府動盪狀態。

沒有羅貝爾的約束，貝萊姆伯爵這頭蠻牛橫衝直撞，所到之處一片狼藉。他不僅僅燒毀了塞爾修道院，甚至把親妹妹名下的勒爾梅修道院也夷為平地。

當時的民諺說道，公爵在沉睡，(貝萊姆)伯爵在犯罪，教士在下跪(祈禱)，人民在流淚(Duke is sleeping, Earl is robbing, Priest is praying, People are crying.)。

西元1104年春天，亨利一世在科唐坦半島的巴夫勒爾登陸，隨後一路南下，沒有遇到什麼阻攔。這裡曾經是他的勢力範圍，這裡的貴族都是「亨利幫」成員。

亨利一世所到之處滿目瘡痍。用句某教宗的話表達，那就是：

「到處都是貧困、飢餓和憂愁，到處都是悽慘的景象。老人幾乎死光了，木匠們不停地釘著棺材，母親們悲痛欲絕地抱著孩子的屍體。旅人無論白天黑夜都難以免於強盜的襲擊。人們時刻處在被搶劫和被誆騙的危險之中。」

曾經富裕、安寧的諾曼第變成了悽慘、破敗的人間地獄。

復活節當天，亨利一世推開了卡朗塘教堂的大門，眼前的景象讓他嚇了一跳。

通常情況下，教堂大廳是聖潔的、空曠的、整潔的。這座教堂倒好，變成了大雜貨舖。鐵鍬木叉、水桶籮筐、活雞活鴨，擺滿了一地，堆滿了牆角。

教堂裡的人擠得滿滿的，一場彌撒正在舉行。

亨利一世不想打擾民眾。他只帶了兩個人，安靜地站在教堂的最後面。

伊斯庫斯在祭壇前面，對眾人大聲說道，「各位兄弟姊妹，不要再往教堂裡放東西了。你們看，我現在想找個跪下來祈禱的地方都沒有了。我告訴你們，就算是放在教堂裡面，也不能保障安全。就在上個月，貝萊姆伯爵燒死了四十多名躲在阿朗松教堂裡面的子民。」

「神父啊，快快向上帝禱告吧。快救救我們吧！」有人開始哭泣。

「救你們的人，就在教堂的後面。他就是亨利國王，諾曼第的保護者。」

所有人都把頭扭向後方。

面對一張張充滿期盼的臉，亨利一世只得說，「以上帝的名義起誓，我願意盡自己最大的努力，恢復諾曼第的和平，並且以和平的方式。」

當天晚上，伊斯庫斯拿來一把剪刀，把亨利一世的腦袋剃成了鍋蓋。

歐洲教會反對男人留長頭髮。

千百年來，各國政府發表了大量約束男人髮型的法律。今天男人可以自由選擇髮型，是無數人流血犧牲換來的。

亨利一世回到闊別多年的棟夫龍。

小鎮居民興高采烈，就像過狂歡節一樣。

亨利一世向小鎮居民按人頭發錢。

歐邁勒伯爵、切斯特伯爵、厄鎮伯爵、埃夫勒伯爵、佩爾什伯爵應亨利一世邀請，陸續來到棟夫龍。甚至連緬因人、安茹人、布列塔尼人都來了。

按照現在的說法，小鎮居民發了一筆會議財。

為什麼亨利一世一露面，就來了這麼多人呢？

這並不奇怪。

我問你，社群平臺裡什麼時候最活躍？什麼時候朋友最多？

當然是發紅包的時候。

亨利一世帶來了真正的大紅包。金銀珠寶、英國的土地（原屬於貝萊姆伯爵和威廉等人）、需要監護的繼承人（就是父母都死了的未成年富二代），還有一樣最最寶貴的東西，亨利一世的雜種女兒。

亨利一世至少有二十二名私生子女。

有人說，亨利一世有很多情婦，是個變態淫棍。

有人說，亨利一世和很多女人睡覺，並非滿足淫慾，而是為了國家利益。

國王有了兒子，長大以後可以幫助他。國王有了女兒，長大以後可以拉著女婿幫助他。國王有三個兒子就有三個助手，有三個女兒就有三個盟友。

亨利一世日夜「操」勞，都是為了國家安全。

亨利一世共有 28 個子女，是英國歷史上孩子最多的人。

和亨利同年登基為帝的宋徽宗，有 32 個兒子，34 個女兒。

亨利一世把一個私生女菲茨羅伊（FitzRoy）嫁給佩爾什伯爵（「十三太保之子」），把另一個私生女朱麗安娜（Juliane）嫁給白鍾堡堡主尤塔（威利斯的私生子，菲茨奧斯本之孫）。他成功地在諾曼第發展了兩個盟友和兩個據點。

當然，大部分貴族並不是衝著紅包來的。他們或他們的父輩參加過哈斯丁戰役，在英國有封地。他們需要亨利一世確認並保護他們的封地。

亨利一世始終維護著「亨利幫」成員的利益，並不斷發展新的朋友。

而羅貝爾的「十字軍戰友團」多數拋棄了他。「酒臣團」對他倒是不離不棄。

離開楝夫龍，亨利一世和羅貝爾在諾曼第的利雪小鎮見了面。

亨利一世指責羅貝爾和貝萊姆伯爵這樣的惡棍達成停戰協議，違背了《奧爾頓條約》。亨利一世請求羅貝爾承擔起公爵的職責，制止貝萊姆伯爵，保護諾曼第教會和民眾。

「諾曼第的事情，我不需要你來教我，」羅貝爾不滿地嘟囔著，「好像你是法官，我是罪人一樣。」

亨利一世還想接著說。

羅貝爾趕緊插話，「夠了！夠了！我都知道了。我會處理的。你別管了。」

三年前，亨利一世恨不得跪在羅貝爾面前求饒。

三年後，亨利一世像老師訓斥不聽話的學生。

亨利一世於秋季返回英國。

聖誕節前，法國路易太子（Louis VI）來到倫敦。

薄唇夫人替腓力一世生下兩個兒子。她再三慫恿腓力一世廢掉路易太子，立自己的兒子為王。腓力一世不答應。薄唇夫人偷偷動手，派人在太子的酒裡下慢性毒藥。

路易太子上吐下瀉，終於發現了這個陰謀。毒藥漂白了路易的皮膚，把這個胖子變成了白胖子。

整個巴黎都不安全了。無助的白胖子只得來到倫敦避難。

亨利一世不敢怠慢，以最高規格接待他。

薄唇夫人派人送密信給亨利一世，請求他就地除掉路易太子，或者把白胖子押回巴黎。事成之後，法國王室願意付高價給亨利一世。

亨利一世把薄唇夫人的信件當面交給路易太子。

路易太子閱後極度惶恐，他乞求亨利一世不要聽信薄唇夫人的話。

當著白胖子的面，亨利一世把信件放在蠟燭上燒了。「你就放心地住在英國，住到什麼時候都可以，沒有人敢傷害你。」

「我不知道如何報答您！」路易太子感激地說。

「如果有一天你加冕為王，我不要求你幫助我，但我不希望你幫助我的敵人。英法之間永遠保持和平。」

「我向你保證。」路易太子立即答應。

中國歷史上也有一個類似的故事。

晉獻公的寵妃驪姬（薄唇夫人）要殺晉獻公前妻的兒子重耳（路易太子）。

重耳跑到楚成王（亨利一世）那裡，受到隆重的招待。

有一天，楚成王問重耳，「如果有一天你回到晉國，拿什麼回報我呢？」

重耳說，「珍禽異獸，珠玉綢絹，您富富有餘。我不知道用什麼回報您。」

楚成王說，「請公子還是給我一個回答吧。」

重耳說，「如果有一天在戰場上相見的話，我軍願意退避三舍。」

重耳返國後成為「春秋五霸」之一的晉文公。

晉楚城濮之戰，晉軍「退三舍辟之」。

西元 1105 年 4 月，亨利一世第二次登陸諾曼第。他率領軍隊來到巴約城下，要求守城官開城投降，並釋放費薩蒙。

一個月前，費薩蒙率軍進攻巴約，被巴約的守城官俘虜，關進地牢。費薩蒙是自己主動進攻巴約的，還是受亨利一世背後指使？歷史學家沒有定論，但後者的可能性更大。

巴約守城官回覆說，我可以釋放費薩蒙，但絕不獻城投降。

亨利一世下令攻城。英軍用放火將巴約焚成平地。

守城官棄城而逃。亨利一世救出費薩蒙。

四個康城市民聽說了巴約的慘狀。他們怕亨利一世下一步毀滅康城，於是帶著自己的財寶，偷偷溜出城門，準備到鄉下避難。

英軍巡邏隊抓住了他們。

亨利一世對市民們說，「我可以釋放你們，不要你們一分錢贖金。但是，你們要為我做一件事情。」

市民說，「請您吩咐。」

亨利一世說，「我要你們回到康城，四處散布消息，就說巴約燒死了很多人，康城馬上也要淪陷了，讓市民能跑就趕緊跑。」

四個市民點頭答應。

很快，康城城內謠言四起，人心惶惶。每個人都在收拾行李，出城的人絡繹不絕。羅貝爾當時就住在康城城內。他嚇得逃出城市，連行李都不要了。

這幕場景就是當年紅臉王收買盧昂富商卡蘭的重演。

市民第二次拋棄羅貝爾。羅貝爾第二次逃跑。

四個回城的市民得到了英國達靈頓莊園（年收入達八十英鎊）。

拿下康城後，亨利一世決定進攻西部重鎮法萊斯。法萊斯是征服者威廉的出生地，後來進行多次擴建，存放著諾曼第公國的財產、物資和軍械。

此時，亨利一世收到了巴斯加教宗的一封恐嚇信。信裡列舉了亨利一世的三大罪狀：

1. 篡奪了屬於教會的主教任命權。
2. 驅逐無辜的安瑟倫大主教。
3. 霸占坎特伯雷教區的財產。

巴斯加教宗在信裡警告亨利說，羅馬教廷已經將墨朗開除教會，以示警戒。如果你在三個月內還不改正錯誤，我授命安瑟倫大主教對你實施破門律（開除教會）。

自從安瑟倫離開英國之後，亨利一世多次派專使帶著昂貴的禮物前往羅馬與教宗溝通。對於主教任命權問題，亨利一世表面上含糊（既不同意也不反對），實際上就是拖著不辦。他認為占領諾曼第全境之後，就有更大的話語權與教宗談判。

巴斯加教宗當然明白亨利一世的伎倆。所以他要趕在亨利一世征服諾曼第之前，發出最後通牒。

亨利一世把教宗的信放在一邊。他準備拿下法萊斯之後再回覆。

在戰鬥中，費薩蒙被一根長矛刺進頭部，變成植物人（兩年後去世）。亨利一世另一名勇將羅格中箭而亡。

亨利一世只得停止戰爭，與羅貝爾進行第二次談判。

雙方選擇康城和法萊斯中間的桑托，這是一個中立地點。

會談持續了兩天。

亨利一世要求羅貝爾到英國居住，由自己代管諾曼第。

羅貝爾憤怒地拒絕了。兩兄弟不歡而散。

此時剛剛進入五月。在寒冬來臨之前，兄弟倆人還可以再打上四、五個月。

亨利一世卻解散了軍隊。

有傳聞說安瑟倫已經從里昂出發，目的地是諾曼第。他很可能在盧昂大教堂宣布將亨利一世開除教會。

亨利一世一直打著保護諾曼第教會的旗號攻城掠地。如果他自己不再是基督徒，就失去了保護諾曼第教會的資格，反而成為教會的敵人。

亨利一世中止武裝戰爭，就是為了迎接即將到來的宗教戰爭。

安瑟倫經營貝克修道院將近三十年，是諾曼第很多主教和修道院院長的老師，是諾曼第很多貴族的教父。一旦成為安瑟倫口中的敵人，亨利一世將失去諾曼第大半盟友，以及諾曼第全部民心。

亨利一世不懼上千名諾曼第騎兵，卻怕安瑟倫大主教一個人。他一籌莫展。

亨利一世的姐姐，布盧瓦伯爵夫人阿黛拉來信邀請亨利一世立即前往萊格爾。安瑟倫在那裡等他。

原來，阿黛拉夫人聽說安瑟倫要把自己的弟弟開除教會，急忙寫了一封信給大主教，說自己得了重病，急需教父的臨終關懷。

安瑟倫讀罷書信，不敢耽擱，急匆匆趕到布盧瓦，卻發現阿黛拉夫人比剛下蛋的母雞還健康。

阿黛拉夫人痛哭流涕，苦苦哀求安瑟倫不要把亨利一世開除教會。

安瑟倫這才明白，阿黛拉夫人患的是「外交病」。

湯姆和傑瑞兩個人鬧矛盾，誰都不想低頭，陷入冷戰。幾天後傑瑞派人通知湯姆，說自己病了（其實沒病）。湯姆可以名正言順地探望傑瑞。兩人的矛盾在愛和關心的氣氛中得以解決，這就是「外交病」。

經阿黛拉夫人力勸，安瑟倫答應和亨利一世再談一次。

亨利一世趕到萊格爾，發現安瑟倫衰老了許多，當場就掉淚了。

安瑟倫也很難過。

諾曼第和主教任命權，亨利一世只能選擇一個。

傻瓜才同時向兩個敵人宣戰，而智者會把其中一個敵人變成盟友，共同滅掉另一個敵人。

亨利一世向安瑟倫大主教妥協。他說，我可以放棄任命主教權。但主教就任後須以他的土地和財產向我跪下效忠。

亨利一世放棄面子，抓住裡子。

即使這樣，亨利一世的讓步也是驚人的。

國王能任命主教（神職人員），說明他身上有神性，他可以和上帝直接溝通。

國王不能任命主教，說明國王身上沒有神性，國王是俗人。

舉個不恰當的例子。明朝皇帝有權任命全國各大寺院的住持，但在實際操作中他並不參與。但是，你要皇帝釋出一個詔書，宣稱自己無權任命各大寺院住持。那麼，皇帝在全國僧侶心中的地位，在全國信眾心中的地位肯定是直線下降。皇帝是萬萬不敢的。

安瑟倫感受到了亨利一世的誠意。要讓主教完全脫離國王的管轄也是不現實的，似乎沒有更好的方案了。

安瑟倫沒有當場表態。他說，將方案上報羅馬教廷，由教宗裁決。

亨利一世再三懇求安瑟倫跟隨自己回英國。

安瑟倫說，收到教宗的回信後，再做決定。

亨利一世依依不捨和安瑟倫告別，返回英國。

西元 1105 年年底，亨利一世在溫徹斯特舉行聖誕慶祝活動。

貝萊姆伯爵從諾曼第來了，請求亨利一世歸還他在英國的財產。他承諾幫助亨利一世戰勝羅貝爾（他的確有經驗）。

亨利一世拒絕了。

貝萊姆伯爵怒氣沖沖回到諾曼第。

西元 1106 年 2 月，羅貝爾從諾曼第來到英國的北安普敦，要求亨利一世把巴約和康城還給他。

亨利一世拒絕了。

羅貝爾怒氣沖沖回到諾曼第。

西元 1106 年春季，亨利一世北上，在蒂克希爾會見了貝萊姆伯爵和威廉曾經的附庸。他這是在安撫國內勢力，為發動總攻做準備。

3 月 23 日，亨利一世終於收到了巴斯加教宗批准《萊格爾協議》的書信，心中大喜。失去主教任命權的代價很大，但畢竟解除了破門律的重大威脅，與羅馬教廷化敵為友。

現在可以放心大膽地征服諾曼第了。

當年征服者威廉北伐英國成功，羅馬教廷的支持功不可沒。

亨利一世將跨海日期定在 5 月 3 日。他希望安瑟倫在此日期之前回到英國。他想和安瑟倫在英國人民面前公開表演一場「和解」戲。另外，亨利一世希望自已在諾曼第作戰期間，由安瑟倫代為主持英國政教事務。

安瑟倫回信說自己病了，不能乘船。

亨利一世只好在英國等待。這一等就是三個多月。

到 7 月底，夏季快要過一半了。

亨利一世著急了。

如果再這樣拖延下去，留給諾曼第作戰的時間就不夠用了。

不能再等了！

亨利一世把英國政務交給羅傑，率領大軍向諾曼第開去。

這是第三次登陸諾曼第了，這次一定要征服它！

第二十集　命運與征服

西元 1106 年 7 月，諾曼第烏雲滾滾，雷電交加，暴雨肆虐。

亨利一世第三次登陸諾曼第，第一站直奔貝克修道院，請求安瑟倫回國。亨利一世提出歸還教會財產，免除教會稅收。總之，他又向安瑟倫承諾了很多優厚的條件。

安瑟倫總算答應了。他親自主持了一場隆重的彌撒，為亨利一世征服諾曼第祝福。安瑟倫清楚地知道，諾曼第的教會，一半處於戰火和搶劫當中，另外一半則完全腐敗和癱瘓了。就連其首領盧昂大主教，也因為犯下買賣教職罪被教宗開除教會。

安瑟倫登船回到多弗，結束了第二次流亡生涯。

伊王后和眾臣從倫敦早早趕到這裡迎接他。英國的教士與民眾見到安瑟倫淚流滿面，如同流浪兒找到親生父母。

三年的爭論終於畫上句號，並不圓滿。亨利一世為了這一天付出了龐大的代價。

亨利一世來到康城。他準備像去年一樣，將進攻重點放在法萊斯。

聖皮埃爾修道院院長卡洛跑來，向亨利一世哭訴說，雷金納德（薩里的弟弟）和西維霸占了他的修道院，請國王幫助他奪回來。

亨利一世知道這兩個人都是羅貝爾的嫡系將領，就問卡洛有沒有具體計劃。

卡洛說，他們劫掠修道院，所帶士兵不多，十幾人左右。您只要帶上一支小小的隊伍，就可以把他們全部抓住。

亨利一世大喜。他立即起身，命令全軍出發。

卡洛連忙說，陛下不必興師動眾，您只要帶上五十人就足夠了。

亨利一世說，我要有百分之百的把握。

卡洛說，那我先回去和我的人說一聲，讓他們做些準備。

亨利一世上前拉住卡洛的手說，不用了。七百人對付十幾個人，還需要什麼準備？

到了聖皮埃爾修道院門外，亨利一世下令向院內投擲火把。

雷金納德和西維帶著一百多人冒著濃煙逃出修道院，全部成了亨利一世的俘虜。

羅貝爾的一支軍隊從法萊斯趕來，原計劃與雷金納德裡應外合生擒亨利一世。他們看到火光沖天，發現事情敗露，立即調頭逃回法萊斯。

亨利一世對卡洛說，修道院沒了，你也不再是修道院院長了。離開諾曼第，滾得越遠越好。

薩里請求亨利一世寬恕自己的弟弟，說願意替弟弟出贖金。

亨利一世說，我不需要贖金，你把他領回去吧。

探馬報告，威廉在坦什布賴（Tinchebray）城堡屯下重兵。只要亨利一世前往法萊斯，他就進攻康城，擾亂亨利一世的後方。

亨利一世決定先拿下坦什布賴，再進攻法萊斯。

威廉探聽到亨利一世的軍隊正向自己開來，緊急派人向羅貝爾求援。

9 月 27 日，亨利一世和羅貝爾同時來到坦什布賴城外，紮下營寨。

就像五年前在奧爾頓一樣，兩支大軍再次正面遭遇。

打還是不打？這個問題又擺在了兩兄弟面前。

亨利一世的回答是不打。他提出和平條件：

1. 由我全面接管諾曼第。

2. 羅貝爾到英國居住，在英國全境不受人身限制。但不能回到諾曼第，除非經我批准。
3. 我將諾曼第年收入的一半給羅貝爾。

羅貝爾的回答是打。他基於以下理由：

第一，亨利的條件比當年紅臉王的條件要苛刻得多，你這就是要我完全放棄諾曼第。

第二，從亨利一貫的所作所為（比如對待貝萊姆伯爵）來看，他的承諾不可信。

第三，我的軍隊比你多，我的作戰經驗比你豐富。

亨利，害怕了吧！認輸了吧！懦夫！呆子！笨雞！等我打敗了你，看你還和我談什麼狗屁條件！你不讓我回諾曼第？等我把你關進監獄，也不讓你回英國。

羅貝爾、貝萊姆伯爵等人把亨利一世的使者罵出陣營。

9 月 28 日，兩兄弟在坦什布賴城外擺開陣勢。

與常見的「左中右」陣型不同，這次雙方擺出的是「前中後」陣型，就像兩頭頂角的牛，兩把對立的劍。

亨利一世方面，「亨利幫」成員雷納夫擔任前鋒官，托尼的雷夫（十三太保之子），格蘭梅西爾的羅貝爾（十三太保之子）輔佐他。薩里感恩亨利國王無條件釋放自己的弟弟，專門請願來到前陣。

亨利一世率領步兵居於中陣。

兩名「十三太保」，墨朗和埃夫勒伯爵殿後。

緬因伯爵「毒箭」、布列塔尼公爵阿倫四世（亨利一世的姐夫）作為第二梯隊，在稍遠的山坡上候命。

羅貝爾方面，威廉列先，羅貝爾和埃德加居中，貝萊姆伯爵壓後。

諾曼第八大龍頭，亨利一世占六，羅貝爾占二。

在此之前，羅貝爾試圖向法國國王腓力一世和佛蘭德伯爵求救。他們回答得很乾脆：只要您付錢，我們隨時出兵。「窮漢」羅貝爾只得放棄這兩個「見利忘義」的盟友。

兩支大軍中間的草地上，隱修士維塔一身黑衣，手持大十字架，為和平做最後的努力。他大聲喊道：「一切拒絕和平的人啊，上帝將結束你們的快樂！趁時間還來得及，放下你們的武器，向我主悔過吧！」

上午九點，威廉率先發動衝鋒，與雷納夫的軍隊混戰在一起。羅貝爾的騎兵接著衝上來，對以步兵為主的英軍造成重大損失。

亨利一世被一名騎兵擊中頭部，在盔甲的保護下倒無大礙。他沒有退縮。

英軍頑強抵抗。

目擊者稱，雙方的人馬交叉在一起，密集得甚至抽不出一柄長劍。

膠著了半個小時之後，亨利一世向第二梯隊發出信號。

緬因和布列塔尼的軍隊都是騎兵，像一群馬蜂一樣刺向羅貝爾的後方，殺死不下兩百名步兵。

殿後的貝萊姆伯爵看到敗象，嚇得一催馬匹，率領自己的親兵逃離戰場。後方的士兵潰敗，前方的士兵立即失去了鬥志，紛紛繳械投降。

神父瓦瑞克手持大棒俘虜了羅貝爾。布列塔尼人俘虜了威廉和埃德加。

一個小時，戰鬥結束。

西元 1066 年 9 月 28 日，征服者威廉登陸佩文西。

西元 1106 年 9 月 28 日，整整四十週年之後，英格蘭征服了諾曼第。

真是風水輪流轉。

如果羅貝爾不來參戰的話，亨利一世即使占領坦什布賴，也很難攻下法萊斯。現在已經是 9 月底 (28 日)，羅貝爾只要再避戰兩個月，亨利一世就得解散軍隊，返回英國。

半夢公爵好不容易英勇了一回，又錯了。

羅貝爾完全放棄反抗，全力配合亨利一世。他要求法萊斯、盧昂以及諾曼第所有的守城官立即無條件向亨利一世投降。

法萊斯守城官說，除了羅貝爾本人，他們不會向任何人打開城門。羅貝爾就陪著亨利一世來到法萊斯。

亨利一世在法萊斯城堡住了一夜。第二天離開的時候，他下令將宏偉的城堡焚毀。

我不想讓別人說我的父親是雜種。我不想讓別人說我是雜種的兒子。我不想讓別人看到雜種當年生活的地方。這裡沒有「威廉故居」。

這裡將矗立起一座嶄新的、與過去完全不同的法萊斯城堡。

在盧昂城前，亨利一世停勒住戰馬，心中百味雜陳。他想起了羅貝爾的那句話，「離開盧昂，永遠不要回來！」

一晃十六年過去了，「卡蘭角」還在，我已不再是當年那個意氣風發的少年了。我也不是當年那個居無定所的流浪兒了。

盧昂城牆破壞嚴重，今天已經找不到卡蘭角了。

亨利一世在盧昂召開政務會議，約法三章：

1. 諾曼第公國的土地恢復到征服者威廉臨死前的狀態。
2. 貴族之間嚴禁武裝衝突。
3. 地方官嚴打罪犯，維護治安。

亨利一世命人將羅貝爾和威廉押到英國監禁，其他貴族一律釋放。

埃德加是羅貝爾的鐵桿附庸，也是伊迪絲王后的舅舅。亨利一世給了他一筆年金，讓他找地方養老去了。在此之後他又平平安安地活了二十年。作為正宗的英國王位繼承人，埃德加歷經五任國王，全身而退，真是人才。

貝萊姆伯爵向亨利一世投降。亨利一世原諒了他，讓他保留了全部財產，以征服者威廉去世時為標準。

雖然亨利一世征服了諾曼第，但他還不能自稱諾曼第公爵。

羅貝爾還活著。他五十五歲了，按照正常情況猜想，會死在亨利一世的前面。

羅貝爾還有一個四歲的兒子，克利托。除非小克利托也死在亨利一世前面。

中世紀的醫療衛生條件極其落後。幼兒死亡率很高。三分之一的嬰兒活不過週年，另三分之一的兒童死在十歲之前。

克利托有一半的機率活不到十歲。

克利托三、五年後病逝，外人沒有話說。如果他在一年之內死掉，不管出於什麼原因，人們都會懷疑到亨利一世頭上。

這個邪惡的叔叔，為了得到公爵的寶座，竟然殺害了自己的親姪子，竟然殺害了一個無辜的孩子。

為了避嫌，亨利一世把克利托交給羅貝爾的女婿、阿爾克伯爵埃利亞監護。你們都看見了，我把克利托交給了他的親人（姐夫）。如果這個孩子以後有個三長兩短，與我無關。

西元 1107 年 3 月，亨利一世帶著羅貝爾、威廉勝利回到英國。

不到兩年的時間，就像是變魔術一樣，諾曼第又恢復了和平和繁榮，諾曼第的人民又變得富裕和快樂起來。後來成為聖但尼修道院院長的敘熱（Suger），當時是諾曼第的一名修道士。他親眼目睹這一奇蹟，終生景仰亨利一世。

安瑟倫第一時間收到了坦什布賴的捷報，他激動地寫信給亨利一世說：

亨利，光榮的國王和公爵，請允許我的心和嘴為您祝福，為您祈禱。希望萬能的上帝給你更偉大、更美好的明天而不是相反。

安瑟倫相繼任命了巴特爾修道院院長、羅姆西修道院院長、聖艾德蒙修道院院長、彼得伯勒修道院院長、瑟尼修道院院長。這些人基本上都是安瑟倫的學生，主要來自諾曼第的貝克修道院和康城男子修道院。修道院院長都是學究，安瑟倫熟悉這樣的人才。

在主教任命上，安瑟倫遇上了困難。

主教需要很強的溝通、執行能力。安瑟倫流亡在外多年，根本沒有儲備這方面的人才。況且從他的性格上講，他基本上也不和這類人打交道。

安瑟倫發現亨利一世很會識人育人，他提名的主教有能力，可勝任，於是全盤接受了亨利一世給出的名單。

吉法德在亨利一世加冕前就被提名溫徹斯特主教，到現在才正式任命。

羅傑有情婦有孩子，不影響成為索爾茲伯里主教。

瑞耐恩是王后的首相，如願獲任赫里福德主教。

亨利一世與教宗溝通的特使，韋爾瓦斯獲任艾希特主教。

安瑟倫寫信給巴斯加教宗，彙報了英國教會的最新進展，對亨利一世讚不絕口。

「亨利尊重教會，尊重我，他是一位好國王。」

西元 1109 年，安瑟倫去世，享年七十六歲。第三屆國際安瑟倫大會給他的評價是：服務上帝的僧侶，可愛的牧師，偉大的主教，深刻思考的學者，勇敢的政治家、聖徒和教會博士。

安瑟倫去世後，亨利一世故意不提名新的坎特伯雷大主教。他親自管轄英國教會，相當於收回了主教任命權。不僅如此，他還像紅臉王一樣，把坎特伯雷教區的高額收入裝進自己的口袋。

亨利一世向安瑟倫低頭，讓安瑟倫高興，和安瑟倫合作，讓安瑟倫發揮作用。

最後，等他死。

英國西部的敵畏堡（Devizes Castle）由羅傑主教修建，高大堅固。當時的一位修道士說這座城堡在整個歐洲也是數一數二的。由此可見羅傑已經成為英國巨富。

羅貝爾就關押在這裡。亨利一世允許他在衛兵的監護下，到城外騎馬打獵。

有一次，羅貝爾趁衛兵不備，縱馬向森林深處跑去。剛高興了沒一會兒，就連人帶馬陷入泥潭不能自拔。無望的羅貝爾只得大聲呼救。膽顫心驚的追兵聽到羅貝爾的聲音，高興地把他救回敵畏堡。

亨利一世聽說後，寫信給羅傑，讓他弄瞎羅貝爾的眼睛。

羅傑命人將羅貝爾緊緊綁在椅子上。

一名士兵從火爐中取出燒得通紅的烙鐵，向羅貝爾走來。烙鐵散發著灼熱的金屬氣息。

羅貝爾驚恐地盯著烙鐵。他拚命地晃動，想從繩索中出來。

「不要！不要啊！」羅貝爾聲音尖得像個女人。

羅傑對羅貝爾說，「大人！如果您配合的話，受傷的只是眼睛。如果像您這樣晃來晃去，額頭、鼻子、鬢角、臉頰恐怕都保不住了。如果您配合的話，一分鐘就完成了。否則的話，時間就不好確定了。請您考慮一下。」

「一隻，能不能只燙一隻啊，求求你。」

「您還想看什麼，烤肉燒鵝？女人屁股？公爵大人，您的人生就敗在一個字上，逃。西元 1088 年您逃避去英國，1090 年您逃出盧昂，1101 年你逃避戰爭，1105 年您又逃出康城。今天，烙鐵已在眼前，您還逃嗎？」

「是啊，我為什麼要逃呢？」羅貝爾閉上眼睛，眼淚瞬間滑落。以後，連眼淚都沒有了。

逃避困難，就是逃避成功。因為困難和成功在一個方向，成功就在困難後面。

「啊！啊！」隨著兩聲慘叫，空氣中瀰漫著皮肉燒焦的味道。

羅傑和士兵抽抽鼻子，怎麼還有股騷味、臭味。

羅貝爾不是笨人，也不是壞人，是懶人。

笨人能成功，壞人能成功，懶人不能。

西元 1109 年，亨利一世在外交上獲得一項重大突破。羅馬皇帝亨利五世（Heinrich V）（以下簡稱亨利皇帝）請求迎娶他的女兒莫德公主。

亨利皇帝的主教任命權也被教宗剝奪了。他決定率領一支軍隊占領羅馬，逼迫巴斯加教宗放棄主教任命權。他沒有錢。整個歐洲，只有亨利一世能拿出一萬馬克的嫁妝。

這樁婚事對亨利一世具有重大意義。

第一，如果皇帝逼迫教宗放棄主教任命權，亨利一世也是直接受益者。

第二，我的女婿是皇帝，可以威懾法國國王和佛蘭德伯爵，保障諾曼第的安全。

第三，我是雜種威廉的兒子。現在和歐洲最古老、最高貴的家族結親。如果我的女兒莫德和皇帝生下兒子，那我就成了羅馬皇帝的外公。

就是十萬馬克也值。

富人需要貴人，貴人需要富人。

莫德臨走前，亨利一世與王后有些難過。莫德只有七歲，她這一走，十年之內別想再見，也許一輩子都見不到了。伊王后捐資在泰晤士河上修了一座石橋，方便倫敦市民，算是保佑女兒的婚姻。

西元 1110 年，莫德到達美茵茨，與皇帝舉行了訂婚儀式。亨利皇帝二十四歲，莫德八歲。四年後，雙方正式結婚。

西元 1110 年，亨利一世的幸運年。

他實現了羅貝爾和紅臉王都沒有完成的夢想，統一了諾曼第和英格蘭。

安瑟倫大主教死後，他完全控制了英國教會。

他有了王位繼承人，七歲的艾德林王子。

他的女兒已經到了德國，和皇帝舉行了訂婚儀式。

英國已經維持了十年的和平，現在諾曼第也變得安全和繁榮了。

亨利一世還建立了英國第一家動物園，主要成員包括老虎、獅子、豪豬和駱駝等。

西元 1110 年，克利托八歲了。這是一個男孩開始學習騎馬射箭的年齡。

亨利一世派常尚爵士到聖塞斯，把自己的姪子接到身邊看管。

常尚到的時候，埃利亞外出打獵去了，克利托正在房間裡睡覺。

全副盔甲的常尚讓埃利亞的老管家起了疑心。他叫人把克利托藏進地窖，然後心平氣和地告訴常尚，埃利亞帶著克利托外出了。

常尚一看兩人的確不在，告訴老管家明天再來。

常尚剛走，老管家就讓人帶著克利托去找埃利亞，告訴他白天發生的事情。

埃利亞一聽就明白了，亨利一世這是要軟禁小少爺呀。他不敢耽擱，立即帶著克利托去巴黎投奔法國國王去了。

第二十一集　亨利與路易

西元 1108 年 7 月 4 日，法國國王腓力一世病逝。生前，他支持羅貝爾反叛，導致征服者威廉意外死亡。他也曾在維辛城下和紅臉王戰成平手。然而，人們唯一記住的故事，就是他頂住強大的壓力，不要臉、不要命，只要薄唇夫人。後人為腓力取的綽號是「情種（Amorous）」。

不管如何，腓力至少做到了一點：哪怕全世界都反對，我都要和你在一起。

其他人沒有資格說這句話。

別說全世界，你居住的社區鄰居都不認識你，更不會反對你。

腓力一世覺得自己無顏去見列祖列宗，吩咐路易太子把自己葬在弗勒修道院。而在此之前，每位法國國王都葬在巴黎北郊的聖但尼修道院。

腓力一世去世後，三十八歲的薄唇夫人去了豐特夫羅修道院。一位修道士寫道：「不要說男人，即使上帝看著她都會感到愉悅。」

法國國王應該在巴黎東北的蘭斯加冕。薄唇夫人的兒子菲利普(Philip)率領一支人馬攔住了去路。路易太子只好跑到巴黎西南的奧爾良加冕為王，史稱「路易六世」，綽號「胖路易」。

胖路易發現，法國王室除了沒臉，還沒權，沒錢。

說到沒權。別說諾曼第、安茹、布盧瓦等各路諸侯，就連法王自己的領地，他都做不了主。腓力一世的領地只有巴黎和奧爾良兩座大城市，可是他很難安全地在兩地之間穿梭。如果不交過路費，蒙特赫利男爵就禁止他通過。

法國歷史上有一個非常有名的故事。

法國國王查理問那些桀驁不馴的男爵，誰讓你們成為貴族的？

男爵們反問，誰讓你成為國王的？

說起來沒錢，你也許不信，不過歷史確有記載。腓力一世為了維持王室開支，自己扮成劫匪，領著宮廷侍衛多次搶劫義大利商人的財物。

胖路易登上王位。他下定決心要壯大法國王室實力，

提高法國王室威望，用鐵腕對付「不服從的人」。

埃利亞帶著克利托來了，請求胖路易賜封克利托為諾曼第公爵。

亨利一世的使者也來了，請胖路易賜封他的兒子艾德林為諾曼第公爵。

這是胖路易加冕以來要處理的第一件大事，對他來說也是第一個大機會。

雖然亨利一世曾經庇護過他，但胖路易仍決定支持克利托。

法國國王路易六世

從法理上講，諾曼第的確是羅貝爾的，是克利托的。

就像當年法國國王亨利一世支持幼年的征服者威廉一樣，胖路易支持幼年的克利托，可以監管諾曼第政務，占有諾曼第若干領土。

不過，胖路易也意識到僅憑法國王室微弱的實力不足以和亨利一世抗衡，於是召集國內諸侯，建立反亨利聯盟。

第一個拉攏對象是安茹的富五伯爵（Fulk V）（薄唇夫人與前夫的獨子）。

諾曼第和安茹，為了爭奪位於兩國之間的緬因，打了將近五十年，早已成為宿敵。征服者威廉占領了緬因，他死後安茹人奪回緬因。紅臉王占領了緬因，他死後安茹人再次奪回緬因。富五伯爵認為亨利一世一定會再來爭奪緬因，因此他需要和胖路易結盟。

亨利一世為了保衛英國和征服諾曼第，給了佛蘭德伯爵羅貝爾十年的貢金。統一英國和諾曼第之後，亨利一世沒有再和羅貝爾續約。羅貝爾認為，利用克利托要挾亨利一世，就有可能繼續獲得貢金。

貝萊姆伯爵於四年前跪倒在亨利一世腳下。可是在他心裡，對亨利一世的仇恨之火從未熄滅。聽到反亨利同盟成立，他舉著雙手雙腳入夥。

諾曼第的東北地區是羅貝爾的直屬領地。那裡有很多貴族跟著羅貝爾參加過十字軍東征，像歐邁勒伯爵、戈耐等等。他們念記羅貝爾的舊情，在胖路易的煽動下，欣然加入同盟。

亨利一世溫和待人，從不樹敵，沒有得罪這些諾曼第貴族。他們反叛的理由如下：

1. 諾曼第混亂不堪時，他們需要亨利一世帶來和平。諾曼第和平了，他們又開始關心諾曼第公爵的合法性問題。

2. 羅貝爾的確無能有罪。可是，八歲的克利托是無辜的。亨利叔叔沒有理由不把公國還給他的姪子。

安茹伯國在西南，胖路易在東南，佛蘭德在東北部，反亨利同盟完成了對諾曼第的策略包圍。至於諾曼第境內，很多別有用心的人也在蠢蠢欲動。

胖路易雖然支持克利托，卻沒有立即賜封他為新的諾曼第公爵。克利托是顆炸彈，一旦扔出去爆炸了，就沒有迴旋的餘地。胖路易就是讓炸彈「滴滴、滴滴」不間斷地鳴叫，以便向亨利一世索取更多的條件。

胖路易聯合佛蘭德和安茹，亨利一世同樣可以尋找自己的盟友。他選擇的是布盧瓦伯爵。布盧瓦伯國的位置相當今天法國的中央大區，以眾多美麗的城堡聞名世界。

布盧瓦伯爵史蒂芬死於十字軍東征前線，把領地留給了他的妻子，亨利一世的姐姐阿黛拉。阿黛拉夫人和兒子蒂博四世（Thibaut IV de Blois）（以下簡稱第四伯爵）共同治理布盧瓦和香檳兩個伯國。親眼目睹羅貝爾的無能和諾曼第人民的不幸，阿黛拉支持亨利一世從羅貝爾手裡接管諾曼第。

從地圖上看，安茹在西、布盧瓦在中、胖路易在東、香檳在更東，他們相互為鄰、相互為敵。布盧瓦和法國王室可以說是老對頭了。西元1111 年，第四伯爵在莫城趕走了胖路易，佛蘭德伯爵羅貝爾掉進河裡淹死。西元 1112 年，第四伯爵在圖爾再次擊敗胖路易。

當亨利一世尋求姐姐幫助的時候，阿黛拉夫人恰好也有求於他。阿黛拉夫人育有六子五女，家產都給了第四伯爵，其他兒女需要出路。

阿黛拉的四子史蒂芬（Stephen）已經成年。亨利一世封他為莫坦伯爵，命他鎮守阿朗松，防範安茹的富五伯爵。阿黛拉的五子恆力（Henry of Blois）是名修道士。亨利一世把英國最富有的格拉斯頓伯里修道院院長送給他。阿黛拉的女兒露西亞 - 瑪特（Lucia-Mahaut）待嫁。亨利一世把她介紹給切斯特伯爵的獨生子理查（Richard d'Avranches, 2nd Earl of Chester）（巨富二代）。

什麼叫幫別人的大忙？無非就是兩件事：

幫別人的兒子找一份好工作，幫別人的女兒找一門好婚姻。

諾曼第和布盧瓦，姐姐和弟弟，緊密地、親密地結成同盟。

亨利一世把一個私生女嫁給布列塔尼公爵康南三世（Conan III de Bretagne），又把他綁上戰車。

英國和諾曼第兩岸之爭正式升級到英法兩國之爭。

亨利一世的競爭對手從羅貝爾、紅臉王變成胖路易。

法國北部諸侯全部捲入進去。至於法國南部諸侯，如阿基坦公國，處於半獨立狀態，根本不把胖路易當領導者，也不把自己當法國人。

陣營組建完畢，雙方先談後打。

亨利一世承諾給胖路易一筆錢，讓他放棄克利托。

胖路易沒有同意。雙方簽署三年停戰協議。

亨利一世返回英國。

亨利一世一走，胖路易就攻擊亨利一世的重臣墨朗。

墨朗的妻子是法國國王亨利一世的孫女，胖路易是法國國王亨利一世的孫子。兩人還算是不遠的親戚。

墨朗毫不客氣，反攻巴黎。胖路易倉皇渡過塞納河，眼睜睜看著墨朗的軍隊衝進自己家裡。墨朗尊重法國王室，沒有放縱士兵搶劫，只是燒毀塞納河的一座橋梁，以示懲戒。

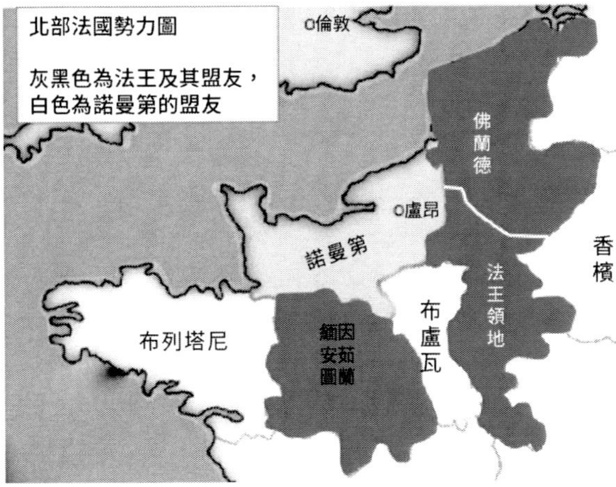

西元 1110 年，亨利皇帝在岳父亨利一世巨額資金的支持下攻破羅馬，將巴斯加教宗及十六名紅衣主教俘虜，用刀槍逼迫教宗發表放棄主教任命權的宣告。

亨利皇帝的大軍剛剛離開羅馬，巴斯加教宗就宣布之前的宣告作廢，並報復性地將皇帝開除教會。巴斯加教宗決定召開一次國際會議，再次強調主教任命權歸屬羅馬。

皇帝沒有征服教宗，沒有奪回主教任命權，這對亨利一世來說不啻是一個壞消息。安瑟倫去世後，趁著亨利皇帝和教宗混戰，亨利一世侵占了坎特伯雷教區五年的收入，和紅臉王的作為沒有什麼區別。

諾曼第屬於自己的兒子艾德林，還是屬於克利托，教宗手裡有重要的一票。亨利一世決定利用這次會議，和教宗打好關係。當務之急，趕快選出一位新的坎特伯雷大主教參會。

安瑟倫與兩任國王的關係都鬧得很僵。亨利一世吸取教訓，提名了一個與自己關係非常密切的候選人，自己和王后的私人醫生，阿賓登修道院院長法萊提斯。知道自己一天拉幾回屎，撒幾回尿的人，這關係絕對算親近。

羅傑卻竭力反對這項任命。他說法萊提斯是醫生，長期接觸女人的尿液（指王后），雙手已經玷汙，不能接觸純潔的聖體。

驗尿是歐洲醫生主要診斷手段之一。

今天，歐洲很多藥店的 LOGO 就是一個尿杯。

眾多主教附和羅傑的意見。

亨利一世只得接受勸告，提名羅徹斯特主教伊斯庫斯。首先，伊斯庫斯既熟悉諾曼第，又了解英格蘭。既做過修道院院長，又當過主教。綜合素養較強。其次，伊斯庫斯性情溫和，容易相處。第三，伊斯庫斯在最困難的時候，亨利一世收留了他。亨利一世心想，你過去欠我的大恩未報，現在我又把你提拔為英國最高宗教領袖，以後你總不會反對我吧。

眾人不再表示異議。伊斯庫斯走馬上任。

約克大主教的位子也空缺好幾個月了。按照以往的做法，亨利一世一定會無限期推遲新主教任命，吃上幾年約克教區的空餉。不過，在「理財高手」羅傑的管治下，英國長年收大於支，國庫充盈（這其中包括坎特伯雷教區的兩萬英鎊）。

為了避免讓教宗留下口實，亨利一世順道連約克大主教一起任命。

約克大主教的產生程序比較簡單，不用徵詢他人意見。亨利一世直接任命自己多年老友、小教堂神父色斯坦。

窮人在家裡擺個神龕，偶爾到廟裡向普通僧侶求教。

富人在家裡留出一個房間供神，偶爾聘請私人大師提供服務。

國王和貴族在自己的城堡裡修建一所小教堂，任命專職神父。

上至國政大事，下至性生活過程，國王都可以和自己的神父說。這名神父也叫私人牧師[22]。私人牧師的級別比不上大主教、修道院院長，

[22]　蔣介石在臺北士林官邸就有一座小教堂，叫「凱哥堂」。他也有自己的私人牧師。

但和國王的關係卻是最親近的。

色斯坦的哥哥阿都因也是亨利一世的好友，現任埃夫勒主教。由此可見，亨利一世對色斯坦的信任。

去羅馬參會之前，伊斯庫斯在國內召開了一次預備會議。

色斯坦走進會場，發現主席臺上兩把座椅一高一低。上前一問，伊斯庫斯是高椅子，自己是低椅子。

色斯坦大怒，走上前去一腳把低椅子踢倒。

給我換把一樣高的！

伊斯庫斯說，你發表順服宣告（約克大主教服從於坎特伯雷大主教），我就替你換高椅子。

色斯坦說，我們都是大主教，是平等的，誰也不服從誰。

伊斯庫斯說，不發表順服宣告，就不要參會。

色斯坦說，不參加就不參加。說罷，揚長而去。

伊斯庫斯氣得渾身發抖。他立即寫信給亨利一世和巴斯加教宗，控告色斯坦。

亨利一世支持伊斯庫斯，巴斯加教宗支持色斯坦。

十二年前，巴斯加教宗要求約克大主教服從坎特伯雷大主教安瑟倫。當年他拔高安瑟倫的地位，有利於向亨利一世爭奪主教任命權。

現在，教宗發現伊斯庫斯已經臣服於亨利一世，於是故意扶持色斯坦，製造矛盾，給亨利一世難堪，以便在今後的爭鬥中占據主動。

教宗對皇帝的態度是打，對法國國王的態度是拉，對英國國王的態度是又打又拉。拉是目的，打是手段。

掌管意識形態的教宗都是政治高手。為什麼？因為他沒有軍隊，只能依靠政治、宗教、法律、外交手段去控制各國國王。

西元 1115 年，亨利一世帶著艾德林王子登陸諾曼第。他再次向胖路易行賄，請求胖路易將諾曼第公爵賜給自己的兒子。

不出意料，胖路易再次拒絕。

亨利一世不顧胖路易反對，在諾曼第首府盧昂為兒子舉行公爵就職儀式。

諾曼第的權貴一一向艾德林王子下跪，向他效忠。

亨利一世以滿意的心情，喜愛的眼神，看著自己唯一的合法兒子。

胖路易想派一位特使到盧昂，警告亨利一世這種效忠儀式是非法的、無效的。

貝萊姆伯爵主動請纓。他來到盧昂，以法國國王代表的語氣要求亨利一世釋放羅貝爾，退出諾曼第。

亨利一世問他，見我為何不跪？

貝萊姆伯爵說，在英國，你剝奪了我的土地，我無須向你效忠。在諾曼第，我的領主是羅貝爾。我和你不是主僕關係，當然不需要行禮。

亨利一世大怒，命令侍衛上前把貝萊姆伯爵抓起來。

貝萊姆伯爵掙扎著喊道，我是法國特使。這裡也不是戰場，你不能抓我。

亨利一世走上前去，盯著他的眼睛問道，「請你再說一遍，你是誰？」

「我是您的附庸。」貝萊姆伯爵嘴軟了。

「將我的附庸關於地牢，不得釋放！」亨利一世下令。

貝萊姆伯爵被抓，揭開了英法兩國之戰的序幕。

亨利一世率軍前往諾曼第東北地區平叛（羅貝爾勢力範圍），史蒂芬和第四伯爵兄弟鎮守阿朗松，防範富五伯爵。

不久，史蒂芬發來求救信說，第四伯爵受傷退出，阿朗松兵力有限，即將失守。

阿朗松是諾曼第的西南大門，亨利一世只得從東北急行軍到阿朗松。

阿朗松市民不滿史蒂芬徵收重稅。在一天晚上為富五伯爵的軍隊打開了城門。

亨利一世不得不半夜起來，和史蒂芬一起逃出城去。宮廷文件、珠寶和行李都丟了。

阿朗松之戰極大地鼓舞了各路叛軍，戰事更加頻繁。這些戰爭主要發生在諾曼第境內，所有損失都由亨利一世承擔。這就像一群牛衝進了你的瓷器店，即使你把所有的牛都趕走了，你的瓷器店也得破產。

亨利國王四處平叛，疲於奔命。最讓亨利一世傷心的是，他處處與人為善，盡量照顧到每一個人的利益。即使這樣，還是有不少人拋棄他，背叛他，甚至要暗殺他。亨利一世不得不在自己的床頭擺上長劍和盾牌，防止敵人半夜刺殺他。

播種黃金，收穫磚塊。播種熱情，收穫冷漠。播種友誼，收穫敵視。

戰爭持續了整整三年，還是看不到一絲和平的曙光。

西元1118年，亨利一世的後方傳來噩耗。伊王后在倫敦病逝，享年三十八歲。可憐的王后有三年多沒有見到自己的丈夫和兒子，有九年沒有見到自己的女兒。伊王后以善良著稱，後人稱她為「好王后」。她還有一個更廣為人知的名字，「Fair Lady」。

London Bridge is falling down,

Falling down, falling down.

London Bridge is falling down,

My fair lady.

陷入苦戰的亨利一世離不開諾曼第，只得委託羅傑重葬王后，多做彌撒。

不到一個月，第二個噩耗傳來。墨朗病逝。他是最後一名去世的十三太保。另一名十三太保埃夫勒伯爵早他兩個月去世。

墨朗始終站在亨利一世身邊，沒有缺席任何一場戰爭，包括對抗安瑟倫的宗教戰爭。他忠實地履行了自己的諾言：

「我，博蒙特家族的羅貝爾，願意擁護您為英格蘭國王，並且為您而戰，從今天一直到我死的那一天！」

臨死前，墨朗把未成年的雙胞胎兒子小墨朗和羅貝爾交給亨利一世，還委託亨利一世替自己的妻子麗莎尋找一門好婚姻。

西元 1118 年，亨利一世的厄運之年。

西元 1118 年，和亨利一世同一年成為國君的宋徽宗將端州改名肇慶。

肇者，開始也。慶者，喜慶也。

也就是說，宋徽宗開始高興了。

西元 1119 年，亨利一世面臨的局面更加惡化。英國發生了嚴重的旱災，但仍要為諾曼第的戰爭籌集軍費。《編年史》寫道，巡迴法官巴襲特一次就絞死了 44 個竊賊，比過去幾年絞死的總和還多。這些竊賊多數是為了活命，偷麵包吃的窮人。

埃夫勒伯爵死後無子，阿三伯爵以姪女婿的身分向亨利一世申請繼承他的領地。

亨利一世沒有批准。一來，阿三伯爵是薄唇夫人的弟弟，富五伯爵的舅舅，胖路易的表親，明顯屬於敵對陣營。二來，埃夫勒的領地位於諾曼第正南部，與法王領地接壤。把埃夫勒給阿三伯爵，就相當於把諾曼第的大門鑰匙交給敵人的朋友。

阿三伯爵一怒之下，直接出兵占領了埃夫勒城。他還挑唆亨利一世的女兒朱莉安娜（Juliane de Fontevrault）和女婿尤塔和自己一起造反。

事情的經過是這樣的：

哈涅克把自己的兒子送到尤塔那裡當人質，換回尤塔的兩個雙胞胎女兒。讓貴族之間互換人質是防止他們反叛的一種常用手段。

亨利一世沒有見過自己的雙胞胎外孫女。他讓哈涅克把她們送到自己身邊。在這段痛苦的日子裡，兩個活潑的小女孩為亨利一世帶來不少笑聲。

受阿三伯爵挑唆，尤塔挖掉了哈涅克兒子的雙眼，把孩子還給哈涅克。

眼睛紅腫的哈涅克找到亨利一世，要求把兩個小女孩帶走。

這是哈涅克的人質，亨利一世不得不將自己的兩個外孫女還給他。

哈涅克挖掉了兩個小女孩的眼睛，還不解氣。我的兒子廢了，你們兩個女孩子能補償嗎？哈涅克親自操刀，又削去了兩個女孩子的鼻子。

兩個漂亮的小女孩生不如死。

很多人在這件事情上責備亨利一世不該放走兩個孩子。

如果你是亨利一世，你會怎麼做？

瀕臨崩潰的朱莉安娜向亨利一世和哈涅克投降。

當亨利一世準備上前安撫女兒時，朱莉安娜突然彎腰掀起了裙子。

眾人不知道她要做什麼。

朱莉安娜從裙子裡掏出一把十字弓，向亨利一世射了一箭。她技能不及，再加上情緒激動，箭射偏了。

亨利一世氣瘋了。他把朱莉安娜關進白錘堡，並拆掉城堡的吊橋。

朱莉安娜順著繩子滑下城牆，光著屁股游過護城河，到帕西找丈夫去了。

在這種情況下，亨利一世依然願意和阿三伯爵講和。他同意阿三伯爵繼承埃夫勒伯爵的全部土地，但城堡除外。

阿三伯爵不願意。這個頑固的阿三伯爵，就是第二個貝萊姆伯爵。

亨利一世帶著軍隊來到埃夫勒城外。

他對埃夫勒主教阿都因（色斯坦的哥哥）說，我要燒毀整座城市，你的埃夫勒教堂也不能倖免。我以後給你錢，讓你修建一個更大的教堂。你看如何？

阿都因只能忍痛答應。

亨利一世讓人從北城點起大火。正值夏季，天氣炎熱，整個城市都燒平了。

阿三伯爵撤出埃夫勒城，向胖路易求救。

胖路易聯合佛蘭德伯爵鮑德溫（羅貝爾之子）一起出兵，奪取了深溝堡，差一點俘虜了亨利一世的私生子理查（Richard of Lincoln）。

亨利一世聞訊立即率軍迎上前去。

英法兩軍眼看就要相遇，一場大戰即將爆發。

亨利一世多年的酸楚和仇恨在胸中翻滾。

死胖子，忘恩負義的白眼狼！

十年了，我多少次低三下四的求你，你就是不肯把諾曼第給我。

十年了，就是因為你，英國和諾曼第耗費了多少錢，死了多少人。

要不是你，王后說不定還活著。

要不是你，我的女兒也不會向我射箭。

要不是你，我的外孫女也不會被挖掉眼睛和鼻子。

明天，我要在戰場上讓你付出代價！

第二十二集　大獲全勝

西元1119年8月20日，諾曼第小鎮布萊姆勒，英法兩軍擺開陣勢。

法軍方面有胖路易、王室管家賈朗德，佛蘭德伯爵鮑德溫、克里斯平（亨利一世分別在西元1106年、1113年放過他兩回）、埃利亞、歐邁勒伯爵和戈耐。十七歲的克利托第一次走上戰場。此時的他已經成為一名英俊、勇武的年輕騎士。

英軍方面，薩里主動要求打頭陣。

多年來，薩里一直想娶一位出身高貴的妻子。亨利一世把墨朗的遺孀麗莎推薦給他。薩里非常感激。麗莎是法王亨利一世的孫女，這身分足夠高貴。麗莎為墨朗生了三兒六女，是臺效能強大的生育機器（後來又替薩里生了五個孩子）。

在古代，能為大家族生下五個兒子，即使是母夜叉也會是全家人供奉的祖奶奶。只生下兩個丫頭，哪怕你是西施貂蟬，會琴棋書畫，全家人不僅不尊重你，還虐待你。

亨利一世和史蒂芬在第二陣營。亨利一世的三個兒子、艾德林王子、私生子羅伯特（Robert, 1st Earl of Gloucester）、私生子理查在第三陣營。

亨利一世和胖路易兩人打馬來到陣前。

亨利一世說，「陛下，您曾在倫敦向我承諾，永遠保持英法兩國和平。您還記得嗎？」

「當然記得，」胖路易說，「所以我並沒有入侵英國。現在是你在破壞法國的和平。」

亨利一世說，「是你破壞諾曼第的和平。」

「如果你把諾曼第還給克利托，這裡馬上就和平了。」

「如果我當初把你交給薄唇夫人，這裡早就和平了。」

「舌頭再長也沒有用，讓刀劍決定吧。」

兩人帶馬，回到陣營。

法軍騎兵數量較多，很快衝垮了英軍的第一陣營。英軍第二陣營主要是下馬作戰的騎士。亨利一世帶著他們以數量優勢擋住法國軍隊。

克里斯平用長劍擊中亨利一世的頭部，在頭盔的保護下倒無大礙。這是一年之內亨利一世第四次在戰場上被人擊中腦袋。

卡萊爾俘虜了克里斯平。他用自己的身體保護著自己的俘虜，因為亨利一世的很多朋友都憋著要殺死這個反叛者。

一名諾曼騎兵把胖路易打下馬來。不用摘頭盔，看體型就知道是國王。他上前一把抓住了胖路易的手臂，興奮地喊道，「我抓住了國王！我抓住了國王！」

胖路易抓住了騎士的手，張嘴就是一口。

這名騎兵痛得「哇」地一聲大叫，眼淚都出來了。

胖路易哈哈大笑，「小子！國王可不是那麼容易抓的，無論在戰場上，還是在棋盤上！」

The King is not taken, neither at war, nor at chess!

英軍下馬作戰的騎士砍斷了很多法國騎兵的馬腿。

賈管家向胖路易報告說，「我們超過八十名騎士被俘，現在實力大大地削弱了。因此，我懇求您，我的陛下，盡快撤出戰場，避免更大的損失。」

胖路易點頭同意，騎著借來的馬獨自逃出戰場。

胖子國王一逃，法軍全線潰敗。莫爾的彼得等人急忙撕掉自己身上的標誌，用英語高喊：「亨利國王萬歲！」

胖路易不敢在田野逗留，打馬逃進茫茫森林，一進去就找不到出路了。他盲目地跑了半天，總算遇上一位農民。經過激烈地討價還價，胖路易同意出五馬克作為指路費。

到了加永，看到王室衛隊，農民才知道自己救的是國王。

「一個國王的價錢不應該和一頭豬同價！」

克利托在埃利亞的保護下跑了。

整場戰役持續了一小時。英軍清點戰場，俘虜法軍一百四十人，殺死三人。英軍被俘一人。英法兩國決戰，死亡人數還不及某次黑社會火拚。

歐洲中世紀戰場的傷亡率極低。一是殺不死人，因為盔甲厚重。二是不願殺死人。敵人死了，找誰要錢呢？像卡萊爾，還得拚命保護自己的俘虜。

最大的戰利品是法國王旗。亨利一世獎給獻旗者二十馬克。

亨利一世派人把胖路易的戰馬、馬鞍和轡頭收拾好，送還給他。

艾德林王子仿效父親，把克利托的戰馬也送還回去。

亨利一世的士兵一路叫囂著、大搖大擺回到盧昂。

亨利一世親手把法國王旗放在盧昂大教堂最顯眼的位置。這是不滅的物證。以後世世代代的諾曼第人都會為這面旗幟驕傲。

亨利一世派醫生去探望受傷的佛蘭德伯爵。

醫生回來的時候說，鮑德溫伯爵天天喝蜂蜜酒，吃生羊肉、玩女人。看來，他知道自己沒救了。

鮑德溫伯爵死後，「好人查理」成為新的佛蘭德伯爵。亨利一世提議簽署和平協議，查理同意了。

反亨利聯盟的四大龍頭折了三個（貝萊姆被關、鮑德溫死、胖路易大敗），亨利一世撤回匕首，向富五伯爵伸出了橄欖枝。

「布萊姆勒之戰」促使富五伯爵回到談判桌前。雙方很快達成協議如下：

1. 艾德林王子娶富五伯爵的長女瑪蒂爾達（Matilda of Anjou）為妻。
2. 富五伯爵把緬因作為女兒的嫁妝交給亨利一世。
3. 富五伯爵把阿朗松交還給亨利一世。
4. 亨利一世赦免打開阿朗松城門的市民。
5. 亨利一世為上述條件，付給富五伯爵兩千馬克。

艾德林王子和瑪蒂爾達的婚禮剛剛結束，富五伯爵就拿著亨利一世的金幣去耶路撒冷朝聖去了。

接著，亨利一世為自己另外一個兒子羅伯特舉行了婚禮，新娘是好友費薩蒙的長女瑪蓓爾（Mabel）。費薩蒙沒有兒子，他的土地財產全部轉入羅伯特名下（包括亨利一世母親的土地）。亨利一世封羅伯特為格洛斯特伯爵（以下簡稱格洛斯特）。亨利一世為自己兒子選了一門最好的婚姻，也對得起好友費薩蒙。

歐邁勒伯爵投降，戈耐投降，最後阿三伯爵也投降了。

尤塔穿著麻布衣服，光著腳，跪倒在亨利一世面前。

亨利一世上去狠狠踢了幾腳。

什麼人都能反叛我，唯獨你不能。你不過是一區區私生子，我費了多少心血讓你繼承了白錘堡，又把女兒嫁給你。我把肉端給你吃，你吃完了用骨頭砸我的臉。你們夫妻休想得到寬恕！

理查和朱莉安娜是同母兄妹。他跪下來為妹妹求情。他們雙胞胎女兒眼睛鼻子都沒有了，這個代價足夠慘重。

亨利一世最後心軟了。他們夫妻去英國吧，我替你們另找一塊土地。沒有我的命令，永遠不要回到諾曼第。

亨利一世把白錘堡給了理查。格洛斯特成為英國的實力諸侯，理查成為諾曼第的實力諸侯，兩個私生子在海峽兩岸輔佐艾德林王子。

西元 1116 年，亨利皇帝第二次侵入義大利，將巴斯加教宗趕出羅馬。

西元 1118 年，巴斯加教宗去世，傑拉教宗（Gelasius PP. II）繼位。亨利皇帝把傑拉教宗關進監獄（不久死去），扶植了額我略（Antipope Gregory VIII）為新教宗（自己人）。

羅馬教廷拒絕承認額我略，他們選出加理多（Callistus PP. II）為新教宗。

教宗沒有軍隊，他們反抗皇帝的武器就是開會。

加理多教宗宣布，西元 1119 年 10 月在法國萊斯開會。

德國皇帝再三驅趕教宗，教宗只能往法國跑。一來二去，法國國王和教宗成了天然盟友。

伊斯庫斯臥病在床，不能參加會議。他再三叮囑亨利一世，不要讓色斯坦去。色斯坦再三向亨利一世申請，我特別想去。

色斯坦一直沒有發表順服宣告，伊斯庫斯一直沒有為他祝聖。因此，色斯坦不是正式的大主教，而是當選大主教。這就像美國總統選舉一樣。川普（Donald Trump）雖然於 2016 年 11 月 9 日當選美國總統，但在 2017 年 1 月就職之前這段時間，他不是美國總統。

如果色斯坦參會的話，為了對抗伊斯庫斯，他很可能請求教宗為他祝聖。教宗為了坐實主教任命權，很可能答應他的要求。讓色斯坦參會，相當於讓二十歲的女兒去外地和兩年多沒見面的男朋友約會，貞操肯定不保！

亨利一世對色斯坦說，如果你不接受教宗祝聖，我就讓你去。

色斯坦答應了。

亨利一世還是不放心。他又寫信給教宗說，如果你不替色斯坦祝聖，我就允許他參會。

教宗答應了。

9 月 22 日，色斯坦在圖爾與教宗見面。教宗忍住了，沒有為色斯坦祝聖。

10 月 19 日，在會議召開的前一天，教宗突然公開為色斯坦祝聖。

教宗這是演戲給亨利皇帝看，我有主教任命權。

無辜的亨利一世淪為犧牲品。

英國代表團怕亨利一世責怪他們失職，在會議期間假裝不認識色斯坦，不和他說話。

教宗和色斯坦雙雙違背事先的約定。亨利一世拿教宗一點辦法也沒有，他只能把怒火發洩到色斯坦身上，禁止他回國（相當於流放）。

20 日，十五名大主教，兩百名主教，數百名修道院院長齊聚一堂。

會議剛剛開始，胖路易就拉著克利托來到會場，大聲控訴亨利一世的罪行。

第一，西元 1104 年到 1106 年之間，亨利一世三次侵略法國，至今還非法霸占法國領土（諾曼第）。

第二，亨利一世囚禁了令人尊敬的十字軍英雄羅貝爾公爵，並驅逐了他的兒子克利托。

第三，亨利一世違反外交禮節，扣押法國特使貝萊姆伯爵。

胖路易以受害者的身分，提出主張如下：

第一，亨利一世立即釋放羅貝爾和貝萊姆伯爵。

第二，英國軍隊撤出諾曼第。

第三，亨利一世付給我一萬馬克，作為十多年來侵占諾曼第的賠償。

說完，胖路易拉著克利托坐在前排。

主持會議的蘭斯大主教問，「有人為亨利辯護嗎？」

作為諾曼第的代表，盧昂大主教站起來說道，「尊敬的教宗和國王陛下，我想向各位 —— 」

「騙子！暴君的幫凶！」有人打斷了他。

「我們不想聽他胡言亂語！」另一個人喊道。

盧昂大主教不說話了。等會場安靜了，他接著說：「我想 —— 」

「閉嘴！閉嘴！閉嘴！閉嘴！」一群法國主教齊聲喊道。

盧昂大主教氣得坐下來，不辯解了。坐了三分鐘，他又站了起來，「讓我說 —— 」

旁邊立即起來幾個主教，直接動手把他摁在座位上。

加理多教宗不得不說話了。他說，我們正式接受路易國王的控告，在查明真相之後，再做出公正的裁決。

教宗和主教們普遍傾向於支持胖路易。因為他說得沒錯，每一項主張都有事實、有依據。

蘭斯會議結束後，色斯坦私下找到教宗，表示願意安排教宗和亨利一世會面。

諾曼第邊境小鎮日索爾的一所教堂的門口。亨利一世帶著艾德林王子、小墨朗兄弟等人終於迎來了加理多教宗的隊伍。墨朗死後，亨利一世把他的兩個孿生兒子帶在身邊，和王子同吃同住，視同己出。

亨利一世趴下，抓住了教宗的鞋子，親吻上面的珠寶。

加理多教宗將亨利一世攙扶起來，拉著他的手走進教堂，坐下來交談。

這還是近百年來，英國國王第一次與教宗會面。

加理多教宗開口了，「陛下！人們都說你有所羅門[23]一般的智慧，用它來和所有的敵人和解吧。羅貝爾是你的哥哥，不是你的敵人。放了他，把諾曼第還給他吧。」

「聖父！我不是從羅貝爾手裡，而是從惡魔手裡奪回諾曼第的。教堂焚毀，教士受難，羅貝爾在哪裡？是主教們和修道院院長一遍一遍地求我，求我保護教會。是我讓諾曼第的主教恢復布道，是我讓諾曼第的子民走進教堂，這不就是上帝和聖父您所期待的嗎？」

亨利一世的意思是說，我是為了教會，為了教宗您才征服諾曼第的。

「那就恢復羅貝爾的人身自由吧。」

「他現在衣食無憂，身體健康，比外面任何一個地方都好。」

「克利托怎麼辦？」

「我把克利托交給了埃利亞，是他們背叛了我。即使是這樣，我也不

[23] 所羅門（Solomon）是（西元前 1000 ～西元前 930 年）古代以色列第三位國王，智慧的化身。最著名的故事是：兩個女人都說自己是同一個嬰兒的母親。所羅門下令將嬰兒劈為兩半，一人一半。一個女人竊喜，一個女人哭泣。所羅門立即判斷哭泣的女人為嬰兒真正的母親。

想懲罰克利托。相反，我歡迎他回來，我向您保證會給他體面的身分。」

「路易說你多次入侵法國。」

「我和路易簽過兩次和平協議。每次破壞協議的都不是我，恰恰是路易自己。從今以後，只要路易國王不向我開戰，我發誓絕不破壞和平。我願意像歷代諾曼第公爵一樣向他效忠。」

教宗本來是贊同胖路易的主張，現在他改變了主意。原因有三：

1. 稍有頭腦的人都能看出來，亨利一世不會釋放羅貝爾，更不會退出諾曼第，除非使用戰爭手段。而羅馬教廷一貫主張和平。
2. 加理多教宗的頭等大事是解決與皇帝的主教任命權之爭。他不想在亨利一世和胖路易的爭端中陷入過深。特別值得一提的是，亨利一世是皇帝的岳父。
3. 教宗目前處於流亡狀態，生活窘迫，缺錢。

加理多教宗說，那就維持現狀吧。維持現狀的意思就是胖路易敗訴。

兩人繼續下一議程，色斯坦回國問題。

亨利一世說，只要他發表順服宣告，我隨時歡迎他回國。

教宗威脅說，「你覺得我的話是建議呢，是請求呢，還是命令呢？」

「我已經向上帝發誓，不讓他回國。」亨利一世把責任推給了上帝。

「這個，」教宗一笑，「我可以解除你的誓言。」

的確，解除誓言是教宗的特權。

亨利一世說，「色斯坦違背了承諾，至少需要流放一段時間吧。」亨利一世把「違背了承諾」一字一頓說出來。其言外之意是說，您教宗也違反了對我的承諾。

第三項議程，教宗特使問題。

四年前，教宗派紅衣主教安塞姆出使英國，亨利一世禁止他入境。

亨利一世解釋說，這幾年他都在諾曼第，不便在英國接待特使。等我回到英國之後再來安排。

加理多教宗站起來，準備告辭。

亨利一世連忙跪下。教宗摸著亨利一世的頭，向他賜福。

眾人走出教堂。亨利一世扶著教宗坐上馬車，看著教宗的隊伍遠遠得不見了，才長長地吁了一口氣。

教宗離開日索爾，總覺得哪裡不對勁，想了半天才明白。

上帝啊，我上當了！亨利一世的請求我都同意了。我的要求，他一條也沒有答應。教宗責成紅衣主教庫諾，去威脅亨利一世，讓色斯坦回國。

外交就是如此。

見面時愉快地達成共識，分開後強烈地譴責對方。

聖但尼修道院院長敘熱問胖路易，布萊姆勒戰爭之後，您是不是覺得有些沮喪？

胖路易回答，我沒有喪失信心，頻繁的不幸只會把我磨礪得更堅硬。

長久以來，我一直認為歐洲封建社會等級森嚴，平民子弟根本進不了上層社會。而中國的科舉制可以讓田舍郎登上天子堂。

我錯了。

敘熱、羅傑、生火主教，他們都是出身卑微的人，他們的職位卻相當於一人之下，萬人之上的首相。

知識改變命運，在古今中外都通用。

大貴族認為自己的財富是祖上傳下來的，不會對國王感恩，甚至和國王頂嘴。他們貪婪地擴大勢力（比如威廉），有顛覆王權的危險。所以，國王願意提拔出身寒微之士。他們沒有勢力，只能忠於國王，言聽計從。

在外交與軍事戰中，胖路易敗在亨利一世手下。

在宗教和法律戰中，胖路易再次敗在亨利一世手下。

在財務戰中，胖路易敗得更慘。

亨利一世堅決把貝萊姆伯爵之類的不安定分子趕走，保障了英國十幾年的和平。羅傑在這十幾年的時間裡，每年像收割莊稼一樣往國庫堆錢。這才是亨利一世獲勝的關鍵。

胖路易本來家底就不豐厚，在和亨利一世的爭鬥中欠下高額債務。這次，他終於在亨利一世的金幣面前低下了高貴的國王頭顱。

西元 1120 年 10 月，艾德林王子跪倒在胖路易的面前，接過了象徵諾曼第公爵的權杖和青草。坦什布賴戰爭已經過去十四年了，直到這一刻亨利一世才真正擁有了諾曼第。

征服者威廉在未成年的時候，曾經屈膝在法王亨利一世的面前。自他加冕為王之後，再也不願意向法王下跪。亨利一世也不願意向胖路易下跪，艾德林王子正合適。

艾德林王子從巴黎回來，亨利一世立即在盧昂安排盛大效忠儀式。以往多次的效忠儀式只能當做彩排，這次是正式的。艾德林和他的新娘瑪蒂爾達坐在中央，盧昂大主教、諾曼第主要主教、史蒂芬、阿三伯爵、歐邁勒伯爵等，所有諾曼第的權貴逐一跪倒在艾德林王子面前，把自己的手交給他，向他效忠。

這其中還包括伊沃的兩個兒子。西元 1101 年《奧爾頓條約》簽署之後，亨利一世第一個報復的對象就是伊沃。十九年過去了，伊沃的兩個兒子長大成人，亨利一世決定把伊沃的土地還給他們。

亨利一世和分別十多年的姪子克利托見了面。這個可憐的年輕人徹底失去了諾曼第，失去了盟友和軍隊。

亨利一世說，我的姪子，你到英國去，我給你三個伯爵領的土地。以後，我可以安排你到宮中任職。

克利托問，我父親您打算怎麼辦？

亨利一世說，他不能放。你可以定期去看他。

克利托說，我不要三個伯爵領，我只要我的父親恢復自由。他出獄後，我們父子就去聖城，永不越過阿爾卑斯山之西（永不回來）。

亨利一世說，我不能相信你的保證。

克利托說，你不釋放我的父親，我就不接受你的條件。

談判破裂，兩人分開。望著亨利一世的背影，克利托氣得當場昏倒。

如果你是克利托，你怎麼辦？

毫無希望地和亨利一世鬥下去，還是立即選擇富裕的生活？

西元 1120 年，亨利一世的幸運年。

他與胖路易結束了十年戰爭，他名正言順地接管了征服已久的諾曼第。他與宿敵安茹伯爵結成親家，他與佛蘭德修復了破裂的關係。他與所有背叛的貴族達成和解。

亨利一世與教宗進行了歷史性的會晤。

他從全面危機走向全面勝利。

被迫在諾曼第滯留了五年，亨利一世希望盡快返回英國，出發時間定在 11 月底，以便趕回倫敦過聖誕節。

除了自己的三子一女（艾德林王子、格洛斯特、理查、佩爾什伯爵夫人菲茨羅伊），亨利一世邀請大量法國貴族隨行，包括布盧瓦家族的第四伯爵、史蒂芬、切斯特伯爵夫婦等人。亨利一世的用意是給這些人一些英國土地，收買這些人，將來為艾德林王子服務。

畢竟年過五旬，亨利一世開始考慮兒子的未來。

第二十三集　白船海難

巴夫勒爾位於諾曼第科唐坦半島的東北角，是法國最值得遊覽的七個迷人小鎮之一。寧靜的花崗岩街巷散發著千年的氣息，熱鬧的濱海碼頭堆著裝滿龍蝦的簍子。

西元 1120 年 11 月 25 日夜晚，薄雲擋住了月亮，放過了月光。南風輕拂，海面微瀾，非常適合航行。

亨利一世吃罷晚餐，帶著格洛斯特、第四伯爵等人來到巴夫勒爾，準備登船返回英國。

在碼頭，一名叫湯瑪斯（Thomas FitzStephen）的船長跪在國王面前說道：

「陛下！我的父親就是威廉國王座艦『耽擱號』的船長。今天晚上，我的新船『白船號』即將開始它的處女航。我請求您允許我以及五十名優秀的水手為您服務，那將是我們家族至高無上的榮譽。」

「湯瑪斯，謝謝你。我的船隻已經安排好了。王子在後面，讓他們乘坐吧。」

亨利一世登船走了。

接近十一時，艾德林王子在一幫年輕權貴的簇擁下，醉醺醺來到碼頭，登上「白船號」。這些權貴知道，他們的前途就在這位未來國王的手中，所以整日圍繞在他身邊。

很快「白船號」就滿員了，湯瑪斯船長還拒絕了幾名嘟嘟囔囔的教士。

火光中，艾德林看見史蒂芬正在下船，於是好奇地問，「表兄，你要去哪兒？」

史蒂芬用手一捂肚子，大聲回答，「我這裡出毛病了，要馬上解決，否則會臭死一船的人。」

「明天能和父王同時到達英國嗎？」艾德林問湯瑪斯船長。

「您說能，我們就能。」

湯瑪斯大聲向水手們吆喝道，「小蟹小龜們！都給我聽好了！明天早上想拿王子的賞金，今天晚上就他媽給我加把勁！」

「白船號」急速離開碼頭，果然比普通的船隻要快得多。

船上有的人在飲酒，有的人在唱歌，有的人在賭博，沒有人打算睡覺。

突然「嘭」的一聲巨響，「白船號」猛地停住了。

船上的人順著慣性向前撲去。有的倒在地上，有的滾在一起。

一塊凸出的礁石把「白船號」撞出一個大洞，海水瞬間湧進船艙。

「先救王子，」湯瑪斯吩咐兩名水手扶著艾德林登上救生小船。

「王子，不用怕！這裡離海岸很近，而且沒有風浪。」湯瑪斯安慰艾德林。

「白船號」迅速下沉，船上的人都在大聲求救。

「王子！救救我！王子！救救我！」佩爾什伯爵夫人哭喊著。

「是我姐姐，快把小船划回去！」艾德林焦急地對水手說。

「王子，這太危險了！」

「我叫你們回去！」艾德林怒吼一聲。

救生小船剛剛靠近「白船號」，大船上的人爭先恐後地跳上來，小船頓時失去了平衡。

大船、小船都沉沒了。

三百多人在冰冷的水面上掙扎，淒厲的呼叫聲在寂靜的夜裡傳出很遠。亨利一世的船上，很多人聽到了微弱的聲音，有人以為海妖在唱歌。那些沒有登船的教士，無奈地哭伏在地上，為船上的人禱告。

湯瑪斯憑藉嫻熟的水性，在水面上到處尋找艾德林王子。

一個人接一個人不動了。哭聲、叫聲越來越弱。

很快，水面上安靜了，只有一具一具的浮屍。

湯瑪斯只找到一個人，王子的廚師伯柔德（Beroldus 或 Berout），抱著一片木板。

見到船長，伯柔德興奮起來，「船長，我們快游到岸邊吧。」

「你就這樣抱著木板，持續踢腿，不要太快，否則耗盡了力氣會被凍死。」湯瑪斯用手一指，「控制好方向，向那邊游！」

「船長，那你呢？」

「我對不起國王，沒臉再見他了！」湯瑪斯說完，伸開雙手，張開嘴巴，沉入海底。

輪船沉沒的時候，船長最後一個下船。汽車翻倒的時候，司機最後一個上救護車。大樓著火的時候，別人向外逃，物業經理要向裡衝。

這就是職業精神！

伯柔德邊哭邊游，第二天清晨終於爬上沙灘，成為唯一的倖存者。

艾德林王子如果不回大船的話，完全可以活下來。

死亡名單上除了艾德林王子，還包括亨利一世的兒子理查、女兒佩爾什伯爵夫人、第二代切斯特伯爵及夫人、羅馬皇帝的姪子、王室管家、王子導師、伊沃的兩個兒子等等，都是海峽兩岸黃金一代人物。

艾德林的妻子瑪蒂爾達當晚沒走，躲過了一劫。

事發區域離海岸並不遠，甚至可以說相當近。今天，如果你站在巴夫勒爾懸崖的燈塔上，用肉眼就可以看到這塊礁石。

「白船號」水手當晚飲了不少酒，體力不支，加上 11 月底冰冷的海水，他們都沒能倖免於難，更別提那些不識水性的顯貴了。

「白船海難」是改變歐洲歷史走向的重大事件。至於如何改變，我們後面會慢慢講述。不過，她與八百年後的「鐵達尼號海難」有許多驚人的相似之處：

處女航；沒有風浪；半夜；海上碰撞；龐大的死亡人數（三百人死亡在今天依然可以上世界頭條）；事發後在歐洲社會引起的震驚。

「鐵達尼號」出發前還在離巴夫勒爾不遠的瑟堡接過乘客。

最相似的是：

先救助女人的騎士精神。

與船共生死的船長精神。

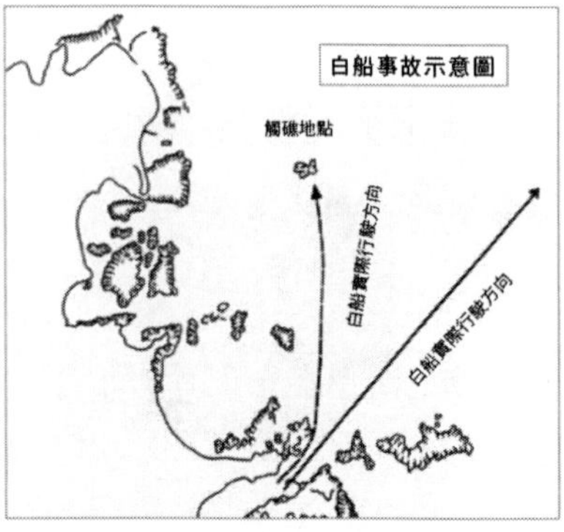

一個星期之後，亨利一世在倫敦焦急地問，「王子怎麼還沒有到？」

第四伯爵答，「也許還在諾曼第吧。」

「很多人對我說，我太寵他了。當父親的怎麼能不了解自己的兒子呢。他剛剛結婚，又繼承了爵位，讓他按自己的想法去做。錯了，我還可以幫他。當然，這次回來，我得和他好好談談了。」

「陛下說的是。」第四伯爵小聲說道。

「你的臉怎麼啦？」

「也許是水土不服吧。」

第四伯爵失去了妹妹和妹夫。英國宮廷裡的貴族，幾乎每個人都有親屬和朋友遇難。他們在晚上或私下裡哭泣，在國王面前則盡力掩示自己的悲痛。沒有人敢告訴國王他失去了兩個兒子和一個女兒。

大家商量著想出一個辦法。

兩天後，第四伯爵把一個八、九歲的男孩推到亨利一世面前。

「你是誰家的孩子？我怎麼沒見過？」亨利一世笑著問道。

孩子突然跪下，哭著說道，「王子乘坐的船隻沉了，所有人都死了。」

「你！你胡說什麼？」亨利一世臉色瞬間就變白了，他把頭轉向第四伯爵，帶著不滿的質問表情。

第四伯爵悲痛地點點頭。

「王子他，他也死了？」亨利一世不甘心地問。

第四伯爵再次點點頭。

亨利一世站立不穩，身子一晃，癱倒在地上。

第四伯爵等人趕緊上前扶起亨利一世，把他抬進房間，放到床上。

貴族們不敢走。有的守在床前，有的等在門外，不少人開始小聲哭泣。

第四伯爵給男孩一些錢，打發他走得遠遠的。

甦醒之後，亨利一世連連哭喊：「你們騙我！你們騙我！我的兒子沒死！你們偷懶，不替我找。我自己去找！快！快幫我備馬，我要去找我兒子！」說完，他翻身下床，大步向外跑。一不小心，絆倒在地上，把臉都磕青了。

眾人連忙上前去扶國王。

「都給我滾開！」亨利一世怒喝一聲。他坐在地上，嚎哭起來，「艾德林，我的兒子啊！」哭了幾聲，又昏死過去。

第二天，亨利一世出來的時候，頭髮白了一大半，臉上的皺紋增加了五、六道。只見他目光呆滯，步履蹣跚。一夜之間，剛剛步入五旬的亨利一世變成了一個衰弱的老人。

身邊的侍衛說，從此以後，再也沒有看見國王笑過。

亨利一世懷著內疚的心情到西敏寺拜謁妻子的陵寢。他原打算帶著艾德林王子一起去的。

亨利一世決定在雷丁（Reading）修建一所修道院。

為了拯救我自己的靈魂，為了我父親，我哥哥，我妻子和兒子，向上帝贖罪。

羅傑，替我籌錢，這所修道院會花掉很多很多的錢。

白船海難除了帶給亨利一世撕心裂肺的疼痛，還有更加嚴重的致命性後果。

亨利一世有二十多個私生子女，卻只有艾德林這一個合法兒子。如果不能生出新的兒子，他就不得不將奮鬥大半生的英國和諾曼第交給克利托。

人家可是征服者威廉的長子長孫，而且是唯一的合法孫子。

以前防止克利托奪走諾曼第，現在還要防止克利托索要英格蘭。

亨利一世已經五十二歲，現在是單身，必須抓緊時間結婚，生子。

沉浸在悲痛之中的亨利一世命人在歐洲尋找可以結婚的對象。人選很快就定下來了（不快也不行），是魯汶伯爵霍德弗里德一世（Godfried I van Leuven）之女阿德莉薩（Adeliza of Louvain）。她出身高貴，容貌秀麗、還會讀書識字。最重要的資產是年齡，十八歲，適合生育。

按照慣例，婚禮本該在倫敦的西敏寺舉行。羅傑勸說亨利一世改在溫莎。溫莎位於他的教區，羅傑想主持這場婚禮。亨利一世答應了，一來伊斯庫斯大主教嗓子紅腫，說話含糊，的確不適合當主持。二來，亨利一世喜歡溫莎城堡。他是第一個在溫莎城堡定期居住的英國國王。從此，溫莎城堡成為英國王室的行宮至今。

最近一個月以來，伊斯庫斯正在極度鬱悶當中。在教宗接二連三的威脅下，在教宗特使三番五次的堅持下，亨利一世解除了禁令。色斯坦得意洋洋地回國了。

亨利一世與伊斯庫斯並肩戰鬥多年，還是輸給了教宗——色斯坦組合。

伊斯庫斯聽說羅傑要搶走他的主持權，氣得從病床上跳到地下。

你們都把我這個大主教當病貓啊。

伊斯庫斯不顧身體不適，氣沖沖來到溫莎。他拉著溫徹斯特主教吉法德的手說，「吉法德，我告訴你，我不行你就上，就是不能讓羅傑得逞。」

在教堂門口，伊斯庫斯大主教一臉嚴肅，用手指著亨利一世頭上的加冕王冠。

「噢，對不起！」亨利一世摘下王冠，伸手遞給大主教。

伊斯庫斯讓吉法德接過來。

一年當中，英國國王只在三個重大場合戴上加冕王冠。復活節在溫徹斯特，聖靈降臨週在西敏，聖誕節在格洛斯特。平時戴普通王冠。

中國皇帝同理。只在祭天地、宗廟的時候才戴上前後綴著玻璃球的洗衣板。

國王不能自己替自己加冠，這是大主教的專利。

亨利一世平時不戴加冕王冠，把這件事情忘了。

新婚之夜，面對王后光滑的胴體，亨利一世沒有了往常的興奮，反而感到龐大的壓力。整個王國的命運，就繫在自己的下半身了。

主持完婚禮之後，伊斯庫斯病情急遽惡化。有一天，他和亨利一世在鹿苑騎馬，突然從馬上掉下來了。

亨利一世立即下馬，坐在地上，把大主教抱在胸前，含著熱淚看著他閉上眼睛。

接觸過伊斯庫斯的人，都說他是個溫和的人，偶爾還會和人開開玩笑。自從和色斯坦爆發矛盾之後，他的性格完全變了，急躁、易怒、好爭論。

新婚蜜月還沒有度完，白船海難的後遺症就在英國發作了。

切斯特伯爵死後，他位於英國西部的領地遭到威爾斯酋長布雷丁的入侵，兩個城堡淪陷，數十人傷亡。

亨利一世不得不率軍西征。在戰鬥中，一枝利箭射到亨利一世身上，好在並無大礙。威爾斯酋長最後臣服了。

亨利一世封切斯特伯爵的叔叔雷納夫為第三代切斯特伯爵。

富五伯爵從耶路撒冷朝聖回來，接回了女兒瑪蒂爾達。

瑪蒂爾達傷心過度，拒絕再嫁，走進豐特夫羅修道院做了修女。

富五伯爵問亨利一世，什麼時候把緬因還給我。

亨利一世說，緬因從我父親那時起就屬於諾曼第。

富五伯爵說，婚姻協議上寫得清清楚楚，緬因是我女兒的嫁妝。

亨利一世說，你非法侵占緬因在先，我只是以和平的手段收回而已。

富五伯爵說不過亨利一世，也打不過亨利一世，於是找胖路易作主。

胖路易為了把小克利托扶上諾曼第公爵的寶座，足足奮鬥了十年，遍體鱗傷，一無所獲。萬萬沒想到，一場意外的海難就把棘手的難題解決了。

胖路易正準備第二次把克利托推上舞臺的時候，富五伯爵來了。

兩個亨利國王的老敵人一拍即合。

胖路易向富五伯爵提議，你把二女兒希比拉（Sibylla of Anjou）嫁給克利托，把緬因當嫁妝。你的長女瑪蒂爾達沒當上英國王后，就讓你的二女兒希比拉當（指克利托為未來的英國國王）。

胖路易對富五伯爵說，上次你背著我和亨利講和，這次我要你的承諾。

富五伯爵說，「我以我母親的名義發誓：我將終生與亨利為敵，再也不和這樣的卑鄙之徒談判。如有違反，我將放棄安茹伯國，前往聖地永不回來。」

第二次反亨利聯盟正式成立。

另一個亨利一世的老敵人阿三伯爵欣然加入。

阿三伯爵慫恿小墨朗說，諾曼第肯定是克利托的，英國也是克利托的。你從現在起就支持他，將來你就是他的首席封臣。

小墨朗年輕衝動。他拉著自己的三個姐夫，幾個諾曼第邊境守將一起報名參加反亨利同盟。

騎士兼詩人盧克寫了一首歌詞，諷刺亨利一世生不出兒子。

天上的老鷹飛得有多高，

天下的讀書人就有多騷。

二十六個雜種都沒用啊，

一個王子沉於海底把命消。

年老的國王不甘心啊，

想把自己的麵條變成麵包。

年輕的王后叉開腿等了一通宵，

我的國王，你怎麼還不把門敲。

胖路易告訴反亨利同盟成員，戰場上的勝負已經不重要了。只要亨利一世生不出兒子，我們就算勝出。

眾人忙問為什麼？

胖路易說，二十年前，在溫徹斯特，亨利和羅貝爾簽署了《奧爾頓條約》。條約規定，如果一方死去並無繼承人，則另一方繼承對方的領地。現在亨利沒有繼承人，當然要把英國和諾曼第送給克利托。

亨利一世在英國度蜜月。反亨利聯盟在法國進攻諾曼第。他們焚燒農田，搶劫商人，殺死守軍，把和平富裕的諾曼第變成了硝煙瀰漫的戰場。

亨利一世派遣格洛斯特和雷納夫先登陸諾曼第，加強盧昂、康城的防禦。戰場悍將紅狼、宮廷侍衛長季波特、威廉 · 畢高德等大量優秀的騎士、指揮官死於白船海難，嚴重削弱了諾曼第的軍事實力。

就在亨利一世準備去諾曼第的時候，教宗的一個通知讓他大驚失色，不得不把平息諾曼第叛亂的事情往後放。

西元 1122 年，加理多教宗和亨利皇帝簽署《沃姆斯宗教協定》，解決了爭執四十七年之久的主教任命權問題。皇帝放棄名義上的主教任命權，教宗默許皇帝干涉主教選舉。應該說，皇帝退讓了一大步。

作為羅馬教廷的勝利成果，這份文件的原件現藏於梵蒂岡祕密檔案館。

這種解決方案的原創者是亨利一世。

加理多教宗光榮返回羅馬，驅逐了偽教宗額我略。

亨利一世、胖路易、羅馬皇帝，他們終其一生都在與自己的敵人爭鬥。

教宗何嘗不是呢？他沒有一兵一卒，卻勇於向世界上最有權勢的帝王挑戰。

額我略七世被驅逐、維克多被驅逐、烏爾巴諾被驅逐、巴斯加被驅逐、哲拉旭被囚禁至死，加理多教宗被驅逐。新舊教宗前仆後繼，一次次逼迫皇帝低下高貴的頭顱，一次次光榮返回羅馬。

教宗和皇帝的爭鬥史如果一一寫來，同樣精彩、刺激。

加理多教宗雄踞羅馬寶座，手握《沃姆斯宗教協定》，與三年前四處流浪的悽慘地位不可同日而語。特別在這個關鍵時刻，如果教宗倒向克利托，亨利一世將滿盤皆輸。上次會面時，加理多教宗就提出過把諾曼第還給羅貝爾，還給克利托。

亨利一世正相反。他手上已經沒有談判籌碼了。

加理多教宗準備在羅馬召開一次國際會議。

亨利一世必須選出一位新的坎特伯雷大主教去羅馬參會。至於平息諾曼第的叛亂，只好往後放一放了。

亨利一世對主教和修道院院長們說，你們願意選誰就選誰，我都認可。

以羅傑為首的主教團，不願意接受一個滿嘴清規戒律的修道院院長當選。他們說，新的大主教應當從主教中產生。

亨利一世答應了。

修道院院長們強烈反對，向亨利一世抗議了兩天，也沒有用。四名候選人當中，最終羅徹斯特主教，柯貝的威廉（William de Corbeil）（以下簡稱「柯貝」）當選。

色斯坦認為，我現在是英國唯一的大主教，理應為柯貝祝聖。

柯貝和伊斯庫斯的立場是一致的。除非你發表順服宣告，否則我拒絕與你接觸。

兩人不說話，分別前往羅馬參會。

這次會議因在拉特蘭大殿（羅馬四座特級宗座聖殿之一）召開，又影響重大，史稱「第一次拉特蘭會議」。

在羅馬，色斯坦「受到隆重的接待」，而柯貝「在那裡整整過了一星期才得以與教宗談上話。」

原因有二：

第一，柯貝拒絕色斯坦祝聖是藐視聖職人員。

第二，教宗就是要抬高約克大主教，制衡坎特伯雷大主教。

不過，加理多教宗看在金幣的面子上，把羊毛披肩（大主教象徵）給了柯貝。

柯貝向加理多教宗提出一項請求。

加理多教宗說，如果亨利同意我派特使訪問英國，我就答應。

這一次亨利一世屈服了。

至此，征服者威廉建立的三大宗教隔離牆（禁止英國主教到羅馬、禁止教宗任命英國主教、禁止教宗派特使到英國），全部失效。

七十歲高齡的紅衣主教克里瑪登陸英國，受到隆重歡迎。

克里瑪在倫敦召開會議，強烈譴責了教士結婚這一陋習。

「那些教士晚上用嘴親吻娼妓（指教士的妻子）的乳房，用手撫摸娼妓的下體。白天他們又道貌岸然地來到教堂裡，用同一張嘴宣講上帝的教義，用同一雙手觸碰耶穌的聖體。這些淫蕩、骯髒的傢伙，難道他們連下地獄都不怕嗎？」

第二天早上，治安官帶人闖進倫敦的一家高級妓院，推開一間豪華包廂的大門。

克里瑪坐在一把椅子上，一個少女赤裸地站在他面前。七十歲的老主教抱著少女的屁股，像個嬰兒一樣吮吸著少女的乳房。

寧可下地獄，也要撫摸女人的身體。

撫摸不到女人的身體，就是地獄。

克里瑪狼狽回到羅馬。

根據歷史資料查證，此事與亨利一世無關，並非他故意設局。

諾曼第烽火蔓延，反亨利聯盟不斷壯大。

亨利一世不能再等了，必須立即、馬上趕到諾曼第。他沒有南下，反而北上巡視約克和卡萊爾。

亨利一世先娶了蘇格蘭老國王的女兒，後把自己的私生女嫁給蘇格蘭新國王。透過兩場婚姻，亨利一世保障了英國北方邊境將近三十年的和平。

與此形成鮮明對比的是，亨利一世死後第一年，蘇格蘭軍隊就大舉殺入英國。確保北境安全之後，亨利一世才敢離開英國。

亨利一世派財政官柯林頓盯緊瓦立克伯爵洛戈，防止他在英國發動武裝叛亂（他是小墨朗的表親）。

政治、軍事、宗教、經濟、外交，滴水不漏，樣樣都安排妥當。

最麻煩的事情還是沒有解決，王后依然沒有懷孕。

王后這邊沒有懷孕。諾曼第那邊，二十一歲的、「精力」十足的克利托和希比拉隨時會生下一個兒子，這可怎麼辦？

西元 1123 年 7 月，亨利一世將英國交給羅傑主教，帶著王后登上駛往諾曼第的大船。

他決定不在巴夫勒爾登陸，以後永遠也不去那裡。

看著茫茫大海，亨利一世的心開始刺痛起來。

我的兒子就死在這裡！整個大海都是我兒子的墳場！

亨利一世剛剛登陸諾曼第，就投入了一場接一場、沒完沒了的戰爭。天天都有自己的朋友投靠敵人，天天都生活在戰火和死亡的威脅當中。

亨利一世在異常煩惱中度過了西元 1123 年的聖誕節。

上次在諾曼第打仗，是為了我兒子艾德林。

這次，守住了諾曼第，又是為誰呢？

上次在諾曼第打了六年。這次，不知道又要耗費幾年時間。

第二十四集　歐洲大戰

西元 1124 年 3 月 26 日上午，阿三伯爵，小墨朗以及他的三個姐夫來到布特魯德。他們砍下農民的雙腳，強姦農民的老婆女兒，搶走農民的糧食牲口，最後點燃農民的房子。

當時的戰爭就是這樣，在遇到正式的敵軍之前，搶！殺！奸！燒！

如果你冒著生命危險占領了一個敵人的村莊，而這個村的女人你可以隨便睡，請問你睡不睡？也許三天後你就會死於下一場戰爭，請問你今天睡不睡？你的兄弟們跟著你出生入死，他們想搶劫，請問你讓不讓？

中午，阿三伯爵等人準備返城。他們剛走出森林，迎面遇上亨利國王的軍隊。

包林騎士獲悉阿三伯爵的行蹤之後，臨時召集了一支人馬，迅速趕來。他的軍隊主要由步兵組成，看著高頭大馬、盔甲鮮明的職業騎士，士兵的臉上露出一絲驚恐的神色。

包林看在眼裡。他跳下戰馬，面向士兵們高聲喊道：「如果我們今天不作戰，我們如何對得起國王發給我們的麵包。如果我們今天不作戰，我們如何有機會走進王宮接受國王的獎賞！」

包林拔出長劍，用力插在地上。然後他伸出雙臂，張開五指，說道：「今天，我將赤手空拳捉住第一個敵人。」

說完，他轉身向敵人軍陣走了十步，站穩，緊盯著前方。

阿三伯爵老奸巨猾。他發現包林的軍隊有備而來，建議撤退。

年輕的小墨朗（剛滿二十歲）早已按捺不住。他面對士兵大聲說道，「如果我們今天不作戰，就會被人笑話說，農民嚇破了騎士的膽。如果我們今天不作戰，什麼時候才能讓克利托坐上公爵的寶座。今天我將親手殺死第一個敵人！」。

說完，他調轉馬頭，猛踢馬刺奔向王軍。

小墨朗看見一個騎士孤零零地站在前面，他伸出了長矛。

如果不扎死你，也要用戰馬撞死你。

包林全神貫注地看著小墨朗衝過來。就在戰馬離自己還有七、八公尺的時候，他突然搖晃雙臂，大叫一聲：「吁——！」

小墨朗的戰馬來了個緊急煞車。牠的前蹄高高抬起，想把小墨朗甩下來。

小墨朗用手緊緊抓住馬鞍前橋。

說時遲，那時快。包林話音未落，就猛跑向前。他雙腳一點，騰空而起，抓住了小墨朗的衣服，順勢向下一拉。

小墨朗此時身體後傾，沒有任何反抗的力量，重重地摔倒在地上。還沒等他想明白，包林的雙手已經掐住他的脖子。

一切來得太快了，王軍的士兵瞪大了眼睛，屏住了呼吸，時間就像是停止了。

「噢 —— 誒 —— 噢 —— 誒」，王軍陣營突然爆發出震耳的歡呼聲。

五、六名士兵迅速跑上前，把小墨朗押回陣營。

小墨朗獨自一人衝過去了。阿三伯爵作為主帥不能不管不顧，於是命令全軍向王軍衝鋒。

「跟我上！」包林拿起長劍、第一個衝向敵人。王軍所有士兵，沒有一個停在原地。個個精神抖擻，奮勇向前，使出他們平生最大的力氣。

阿三伯爵的軍隊被徹底打成渣了。小墨朗的兩個姐夫很快成了俘虜。

格林用劍指著阿三伯爵，逼他投降。

「格林，我認識你。你父親的土地都給了你哥哥，你到現在還是個窮騎士，是不是？」

「閉嘴！」

「我偏要說。跟著我怎麼樣，我封你為男爵。」

格林想了想，跟著阿三伯爵跑了。

小墨朗的姐夫洛維爾跑了一會兒，附近一個農民抓住了他。

「這個給你，至少頂五頭牛，」洛維爾邊說邊解自己的盔甲。

沒有盔甲，姐夫跑起來更快。跑著跑著，前面出現一條大河。

洛維爾心想，我來的時候怎麼沒注意到有條河啊。還好有艘船，有漁夫。

洛維爾問，能把我渡過河嗎？

漁夫沒說話。

「這個給你，可以頂十條魚。」洛維爾邊說邊脫自己的鞋子。

過了河，洛維爾長喘了一口氣。再有人追，只剩下大片尿漬的內褲了。

整場戰爭只持續了半小時，卻是決定性的。

獲勝的消息傳來，亨利一世簡直不敢相信自己的耳朵。

聽到小墨朗的名字，亨利一世胸口一陣疼痛。你的父親是最忠於我的臣子和朋友，你也在我的宮廷住過兩年。我實在想不明白，我到底是哪裡對不起你。其他人可以釋放，你就在監獄裡養老吧。

亨利一世下令，剜掉盧克等人雙眼。

「我不要瞎著眼過一生！」盧克用頭奮力地向監獄裡的石牆撞去，疼得眼淚直流，滿地打滾。他忍著巨痛爬起來，繼續撞牆，直到頭上汩汩流出鮮血。

盧克躺在地上，雙腿併攏，雙臂側面伸直，擺成十字架的形狀，直到死去。

佛蘭德伯爵「好人查理」指責亨利一世傷害盧克等人的身體，有違騎士精神。

亨利一世回覆說，盧克等人違法在先。

柯貝大主教去羅馬拜見教宗的時候，提供了克利托和希比拉兩人是近親的證據，請求教宗解除他們的婚姻。

教宗答應了。很快，一名特使就到了昂熱，宣布了教宗的判決。

不用猜，富五伯爵就知道這準是亨利一世的主意。亨利，你兒子娶我的女兒不是近親，克利托娶我的女兒就是近親，這他媽是什麼邏輯？

富五伯爵把怒火發洩到特使身上，把他關進牢房。

教宗報復性地把富五伯爵開除教會，又對安茹全境實施禁教令（Interdict）。

開除教會又叫破門律，前文多次提到，想必大家已經非常熟悉了。禁教令是教宗的第二件武器。其內容是：關閉某國或某區域的全部教堂，不提供服務。

當時的教堂在一定程度上相當於現在的民政局。民政局不工作，嬰兒不能報戶口（受洗），年輕人不能登記（結婚），老人死了不能下葬。

一時間安茹人心惶惶，感覺漆黑的世界末日就要來臨。

富五伯爵只得放了教宗特使，接回傷心的女兒。

「卑鄙的亨利！無恥的亨利！我要和你爭鬥，一直到我死！」

雖然平息了內亂，拆散了克利托和安茹的聯盟，但懸在亨利一世頭上的達摩克利斯之劍還沒有解除。

只有抓住克利托，關進監獄，才能徹底保障英國和諾曼第的安全。

要想抓住克利托，就得抓住胖路易。

抓住這個好鬥的胖子，談何容易。

以亨利一世現有的實力，這是一項不可能完成的任務。

不過，亨利一世還有一件雪藏了十五年，從未使用過的超級武器，即自己的女婿，神聖羅馬帝國皇帝亨利。

在皇帝和教宗的長期爭鬥中，法國國王始終扮演著庇護教宗的角色。皇帝對法國國王的不滿不是一天兩天了。

亨利一世的作戰計畫是：

第一步：皇帝從東路進攻蘭斯。

第二步：蘭斯是法國國王的加冕之城，胖路易一定會率領全軍前去救援。

第三步：亨利一世率領軍隊從西路拿下維辛，然後進軍巴黎。

第四步：胖路易無論是進是退，都將遭到兩路夾擊。

胖路易是法國國王不假，但全國諸侯都不服從他。有幾個諸侯，比如第四伯爵，長期與他為敵。所以，胖路易能夠調動的軍隊數量非常有限。

胖路易，我們鬥了十幾年，需要一場決戰了。一場決定歐洲格局的大戰！

我不要你的命，我不要你的土地，我只要你把克利托交給我。

面對英德兩國雙重威脅，胖路易的對策就是，讓廚師做上一頓豐盛的宴席。酒足肉飽之後，胖路易渾身充滿了力量。他來到聖但尼修道院，舉起了一面查理大帝曾經在戰場上使用過的金焰旗幟，高聲喊道：

「法蘭克人（即法國人），我以國王的身分要求你們到巴黎來，跟著這面旗幟到蘭斯去。如果只有一百個人跟隨我，我也要迎上去，絕不投降。因為法國國王並不從屬於德國皇帝，法國人並不比德國人低一等。」

聽到德國和英國聯合入侵的消息，法國人被徹底激怒了。勃艮第公爵、特魯瓦伯爵、內維斯伯爵、韋芒杜瓦伯爵、佛蘭德伯爵，法國各大貴族傾巢而出，總兵力據說高達創紀錄的十六萬，是德軍的二十倍。就連胖路易多年宿敵，第四伯爵也率領一支軍隊，站在了胖路易的身邊。

我們不為胖路易，不為土地，不為利益，只為證明法國人不懼德國人！

面對數量眾多、士氣高漲的法軍，亨利皇帝衡量再三，無奈地撤退了。

客觀地說，德法兩國實力不相上下。不過，亨利皇帝面臨著胖路易同樣的困擾，大部分德國諸侯不聽從他的指揮。

亨利一世率軍來到維辛城下，發現阿三伯爵已經做好了防禦準備。接著又聽到皇帝撤軍的消息，只好悻悻回到英國。

敘熱院長興奮地寫道：「無論現代還是古代，法蘭西從沒有獲得如此卓越的功績。在法國國王戰勝了德國皇帝和英國國王的同一時刻，當王國所有的部分團結在一起的時候，它榮耀地證明了王國的力量。」

亨利皇帝退回德國之後，羞辱難當，於西元 1125 年 3 月 23 日死於癌症，終年四十四歲，沒有子女。羅馬帝國由他的姪子繼承。

二十三歲的莫德皇后沒有為皇帝生下子女，自動喪失皇室成員資格。按照慣例，她可以選擇在修道院裡度過餘生，或者另嫁他人。已經有一些德國王子向她伸出了玫瑰，畢竟皇后還有一些可觀的地產。

亨利一世派人趕到德國，接回女兒。

一見到莫德，亨利一世緊緊抱著女兒，哭得很傷心。

走的時候還是個不滿十歲的小女孩，回來的時候已經是少婦了。

莫德知道亨利一世正在修建雷丁修道院，於是從德國帶回一件寶貝，聖詹姆斯[24]的手臂，送給父親。後續幾任德國皇帝願意出天價，也沒有要回來。

亨利一世大喜。雷丁修道院即將竣工，這條手臂就是鎮院之寶。

亨利一世與修道院院長修直討論了《雷丁修道院章程》。他特意要求

---

[24]　一般譯為雅各，耶穌十二門徒之一，也是第一位殉道的門徒。

加上一條：任何人不得干預該修道院院長的選舉，無論是國王、當地領主、教區主教，還是大主教。

亨利一世可以干預任何修道院院長的選舉，但不干預雷丁修道院院長的選舉，也不允許其他人干預。

我本人最討厭干預選舉。社群平臺投票我一概不參與，發紅包的除外。

西元 1124 年，胖路易逼退英德聯軍之後，沒有反擊英軍。反正亨利國王一死，一切都得交給克利托，何苦再大動干戈，何必再花大錢，何況還沒有獲勝的把握。

亨利一世更不會主動挑起戰爭。每逢重大節日，他還送給胖路易和法國王后三套上等服裝。

亨利一世也定期送衣服給羅貝爾。

有一次羅貝爾發了脾氣，「我他媽是個瞎子！給我這麼多衣服有什麼用！」

作為胖路易的附庸，亨利一世甚至還派出一支軍隊跟著胖路易去討伐奧弗涅。

兩國國王難得保持了三年的和平，直到「佛蘭德伯爵刺殺案」爆發。

西元 1127 年 3 月 2 日，佛蘭德伯爵「好人查理」虔誠地匍匐在聖多納田教堂的祭壇前面。心懷怨恨的管家布查德突然拔出長劍，砍下了查理的腦袋。當時沒有人敢帶著武器進入教堂，目瞪口呆的人們眼睜睜地看著布查德及其幫凶快速離去。

查理死後無子，各方勢力蠢蠢欲動，繼位大戰一觸即發。

由於佛蘭德與諾曼第、法王領地接壤，自然成為亨利一世和胖路易爭奪的新戰場。

胖路易第一個率軍進入布魯日。他抓住了布查德及其同黨，將他們從聖多納田教堂的高塔上推下來摔成肉泥。隨後胖路易以佛蘭德伯國宗主的身分，賜封克利托為第十四代佛蘭德伯爵。為了把克利托徹底變成自己人，胖路易還把王后的妹妹嫁給他。

克利托當眾承諾，我會給佛蘭德人民更多的自由，更少的稅負。

布魯日市民接受了克利托。胖路易又帶著他陸續接管了根特、阿拉斯、里爾、伊普斯等佛蘭德主要城市。

胖路易花了整整兩個月的時間幫助克利托站穩腳跟，隨後放心地返回巴黎。

亨利一世是佛蘭德伯爵鮑德溫五世的外孫，也是合法繼承人之一。他沒有興趣去爭這個伯爵，但也不希望落在克利托手裡。克利托有了一個伯國，諾曼第就有了一個持續的強大敵人。

為此，亨利一世採取了四項措施：

第一，支持「好人查理」的表弟蒂埃里為新的佛蘭德伯爵。

第二，支持伊普爾的威廉（以下簡稱伊普）。這個伊普是老伯爵羅貝爾一世的孫子，按理說是第一繼承人，只不過他是個私生子。伊普本人可不這麼想。

第三，控制佛蘭德的附屬領地布洛涅。亨利一世原本安排王后的妹妹嫁給布洛涅伯爵尤三世。尤三世只有一個女兒叫瑪蒂爾達（Mathilde de Boulogne）（為易記，本文稱布蘭達）。這次，亨利一世安排外甥史蒂芬娶布蘭達，從而達到控制布洛涅的目的。

第四，禁止英國向佛蘭德出口羊毛。

在蒂埃里、伊普、史蒂芬三路軍隊的夾擊下，克利托很快就招抵不上了。他要求佛蘭德各地市民交稅，支持他僱傭更多的士兵。

佛蘭德工商業發達。這裡地主少，商人多，而商人最看重的就是錢。市民們因貿易制裁損失慘重，早已牢騷滿腹。他們紛紛指責克利托違背上任時的承諾，拒絕交稅。

布魯日市民發動暴亂，把克利托趕出城。根特市民倒向蒂埃里，阿拉斯市民倒向阿諾德（好人查理的姪子）。

克利托節節敗退，只得向胖路易求救。

胖路易命令蘭斯大主教開除蒂埃里和伊普的教籍，然後再次率軍進入布魯日，鎮壓了反抗的市民。

蒂埃里和伊普只得向亨利一世求救。

亨利一世不想到佛蘭德與胖路易當面作戰。他率軍直奔胖路易的後方坎佩爾城堡。亨利一世抵擋了胖路易無數次進攻，這還是十幾年來第一次進入胖路易的領地。

阿三伯爵在埃佩爾城堡熱情地接待了國王。他向亨利一世表示，我將永遠忠於您，反對胖路易和克利托。

狼愛上羊，耗子喜歡貓，世界就是這麼奇妙。

胖路易的管家賈朗德神父到了退休年齡，沒有子女。他向胖路易提出，我推薦我的外甥女婿阿三伯爵接班。

在大多數情況下，管家活得比主人舒服。主人的財務情況有起有落，甚至會舉債、破產。管家呢，主人錢多，多貪。主人錢少，少貪。主人錢無，換個主人接著貪。

賈管家的豪華官邸比法國王宮還漂亮。

阿三伯爵早就想接賈朗德的班。

胖路易早就不滿這個專權的老貪汙犯了。這次他選擇的是王后的親戚。

賈管家拉著阿三伯爵向胖路易開戰，大敗。從此，阿三伯爵視胖路易和法國王后為不世敵人。

克利托是王后的妹夫，自然也是阿三伯爵的敵人。

敵人的敵人就是朋友。

於是阿三伯爵投靠了亨利一世，再也沒有反叛過，一直到死。

胖路易聽說亨利一世率領英軍進了自己後院，只得匆匆撤出佛蘭德，留下克利托獨自支撐。

亨利一世的目的已經達到，於是從坎佩爾城堡回到盧昂。

西元 1127 年，中國的厄運之年，恥辱之年。

宋徽宗、宋欽宗被金人掠往北地為囚，妻子兒女被金人輪姦。

此時據宋徽宗開始高興（肇慶）還不到十年。

GDP 世界第一，人口世界第一，科技世界第一，文化世界第一的國家，敗於人口稀少、生產技術落後的金國，值得反思。

如果宋徽宗有教宗一半的堅持、亨利一世一半的謀略、胖路易一半的勇氣，北宋都不會滅亡。

從威爾斯入侵開始，經諾曼第叛亂、英德聯軍失敗、到佛蘭德之爭，這一切的一切都是因為白船事件引發的。在歐洲，國與國之間保持著複雜的敵友關係，並且瞬息萬變。某一國家太子的確立、變更和死亡，往往會引發歐洲大戰，甚至會導致世界大戰，

比如第一次世界大戰，起因就是奧匈帝國皇儲斐迪南大公（Franz Ferdinand von Österreich-Este）的死亡。

亨利一世和胖路易再次陷入僵持階段。

時間拖得越久，對亨利一世就越為不利。他馬上就要進入六旬，幾乎可以確定不會生下子嗣。克利托年輕英俊，勇猛善戰，正在贏得越來

越多的支持者。

繼承人問題不能再拖了，必須盡快解決、立即解決。

有一天晚上，亨利一世披上衣服，坐到桌子前，拿出紙筆，開始寫繼承者的名字。

第一個：艾德林

每當說起王位繼承問題，亨利一世就會想起艾德林。每當想起艾德林，胸口就會湧起一陣疼痛。

第二個：格洛斯特

文能治國，武能安邦，正值壯年（近三十歲）。完美、理想。

唯一問題，私生子。

我耗盡半生精力勉強保住英格蘭和諾曼第。格洛斯特是雜種，反對他的人更多。我可不想讓格洛斯特經歷我這樣的生活，甚至還不如我。

第三個：第四伯爵

最合適人選。從身分上講，他是姪甥輩中年齡最大，實力最強者。從能力上講，他有多年抵抗胖路易的作戰經驗。唯一問題，他在英國和諾曼第都沒有什麼根基。

第四個：史蒂芬

諾曼第和英格蘭兩地第一貴族，有豐富的對敵（胖路易和克利托）爭鬥經驗。

史蒂芬還有一個他人不具備的條件，他的妻子有古老的英國王室血統。

史蒂芬的優點是勇敢、慷慨，熱情。史蒂芬的缺點是過分勇敢而魯莽，過分慷慨而浪費，過分熱情而不分是非。

第五個：克利托

征服者威廉的長子長孫，天然的第一繼承者。

如果立克利托為英國國王，就得放了羅貝爾。史書也會把亨利一世寫成篡位者。

第六個：蘇格蘭國王大衛

大衛是自己的妻舅，有著古老的英國王室血統。選他的話，包括征服者威廉在內，整個諾曼王朝都失去了合法性。

候選人不少，沒有一個合適的。選人就像擇偶一樣。

比如：

最喜歡的人已經遙不可及。

非常喜歡的人隔著天然不可踰越的鴻溝。

列入考慮範圍的人總有一些這樣或那樣的缺陷。

馬上能定下來的人卻是無論如何也不能接受。

比如：

才貌雙全的唐僧鐵了心歸入佛門。

有人格魅力的孫悟空是大男子主義，你愛他他不愛你。

有幽默感、會逗你開心的豬八戒卻喜歡出軌。

沒有任何毛病的沙僧，也沒有任何優點，嫁給他不受苦也沒有樂。

白龍馬也有優點，但牠不是人。

第二十五集　莫德皇后

西敏廳。英國的主教和貴族們聚集一堂，議論紛紛，猜測亨利一世會把王位傳給哪個幸運兒。

有人說肯定是格洛斯特。他畢竟是國王的親兒子，而且德才兼備。

有人說是第四伯爵，他的血緣和地位無人能比。

亨利一世走進大廳，坐下，環視眾人。

「我的決定是 —— 」

貴族們抬起頭來，盯著國王。

「我的女兒，莫德。」

亨利一世話音剛落，下面立即響起一片嘈雜的議論聲。

「一個女人？我沒有聽錯吧？」

「難道我們要做一個女人的僕人？」

「國王是不是糊塗了？」

「陛下！」一名貴族站出來問道，「國王要保家衛國，女人能上戰場嗎？」

「女人可以指揮男人作戰。」

「陛下！我從未聽說過歷史上出現過女王。如果有的話，那我就向莫德公主效忠。」另一位貴族說道。

「《聖經》裡面有位女士師[25]叫底波拉（Deborah），埃及豔后克麗奧佩脫拉（Cleopatra VII Philopator）、東羅馬帝國女皇帝聖伊琳娜（St. Irene of Athens），這些人你們都聽說過吧。」

貴族們搖頭，沒有，一個也沒聽說過（大都是文盲）。

亨利一世肯定不知道中國有個武則天。

不過，你知道中國有個陳碩真嗎？她稱女皇帝比武則天還早。

「把公主請出來！」亨利一世說道。

莫德從側門走進大廳，停下來，看了一眼在場的主教和貴族，走上

[25]　士師是古猶太人對領袖的稱呼。

前向亨利一世行禮，站在一旁。

亨利一世站起來，讓莫德坐在自己的王座上。

很多權貴沒見過莫德。他們盯著公主，發現她沒有一絲怯懦，舉手投足倒是有一股女王風範。

「莫德是我唯一的合法後嗣。如果你們當中有誰反對她，現在可以站出來。」

沒有人說話。

亨利一世看了一眼羅傑。

羅傑走上前，主持效忠儀式。

第一個是坎特伯雷大主教柯貝。他跪在莫德面前，將雙手放進莫德的手中說道，「我尊您為英格蘭王位第一繼承人。我發誓忠誠於您，服從於您！」

接著是約克大主教、溫徹斯特主教、倫敦主教，都是自己人。

主教之後是修道院院長。院長之後是世俗貴族。

「格洛斯特，上前，向你的主人效忠。」羅傑說。

格洛斯特站出來，說道，「還是請表兄史蒂芬先來。」

「不，還是你先來，」史蒂芬連忙謙讓。

「不要爭了，」亨利一世說，「史蒂芬先來。」

這就是亨利一世喜歡格洛斯特的原因。

莫德回國兩年多了。亨利一世沒有早早宣布她為繼承人，這裡面有三個原因：

第一，亨利一世沒有放棄自己生兒子的希望。

第二，十幾年沒見過莫德，不知道她能不能勝任，需要觀察了解她。

第三，讓權貴們有一個了解、接受女兒的過程，過早地把莫德推向臺前可能會遇到更大的阻力。

亨利一世只是出於人的本性，即愛女兒超過愛姪子、愛外甥的本性，沒想到又開啟了一場偉大的實驗：一場男女平等的實驗，一場讓女性領導國家的實驗。

表面上看，英國有了王位繼承人。實際上，問題還是沒有解決。

莫德已經二十六歲，現在寡居，沒有子女，誰又來繼承她的王位？

當務之急，寡婦再嫁。

主教和貴族們聚集一堂，議論紛紛，猜測亨利一世準備把莫德嫁給哪個幸運兒。

有人說，應該嫁給一位德國貴族，繼續維繫英德兩國的同盟關係。

有人說，肥水不流外人田，應該嫁給一位諾曼貴族。墨朗家族、薩里家族都有王室血統。

「我的決定是——」

貴族們抬起頭來，盯著國王。

「富五伯爵的長子若弗魯瓦（Geoffroy V d'Anjou）。」

下面立即響起一陣嘈雜的議論聲。

「如果莫德嫁給了若弗魯瓦，那若弗魯瓦豈不是要成為英國國王？」

「不。若弗魯瓦仍然是安茹伯爵，英國和諾曼第之主是莫德。」亨利一世回答。

「我們服從莫德，莫德服從若弗魯瓦，我們還不是要服從若弗魯瓦？」

「誰說莫德要服從若弗魯瓦？」亨利一世問。

「做妻子的難道不要服從丈夫嗎？」

「不。若弗魯瓦要服從莫德。」

亨利一世的回答，貴族們還是不能理解。

鴉片戰爭後，道光皇帝聽說英國竟然由一個二十三歲的女人（維多利亞女王〔Queen Victoria〕）統治時，大為不解。他命令朝中大臣務必調查清楚一個問題：

「（女王）其夫何名何人，在該國現居何職？」

如果女人稱王，那她的丈夫稱什麼？她的丈夫怎麼管教她，能打她嗎？

亨利一世安排這樣一場婚姻，自然有他的策略考量。莫德繼位之後，預計將和年輕的克利托展開長期爭鬥。一向對自己心存怨恨的富五伯爵肯定會站在克利托一邊，再加上胖路易，莫德一個女子怎麼對付得了三個大男人，怎麼守得住諾曼第？

亨利一世要第二次把富五伯爵化敵為友，與胖路易、克利托形成均衡的對抗態勢。

若弗魯瓦相貌英俊，綽號「美男子」。這也許是隔代遺傳的作用，因為他的奶奶就是大名鼎鼎的薄唇夫人。

若弗魯瓦出門的時候，喜歡把一枝金雀花[26]插在帽子上。後人稱他為金雀花伯爵。

金雀花法語是Plantagenêt，可拆成Plant（種）a（一枝）genêt（花），因此也可以翻譯為扎金花。

本書簡稱他為金花伯爵。

金花伯爵今年十五歲，比莫德小十一歲。

---

[26] 金雀花顏色金黃，其花瓣端稍尖，像小鳥的頭。旁分兩瓣，像小鳥的翅，故而得名。四川、雲南、西藏有分布。在中國還可以吃到「金雀花炒雞蛋」。

莫德本人強烈排斥這樁婚事。

我乃堂堂羅馬帝國皇后，難道要嫁給一區區伯爵之子。

亨利一世勸她說，先當幾年伯爵夫人，以後你還是英國女王和諾曼第女公爵。

莫德勉強答應下來。

五年前，亨利一世向教宗告狀，說克利托和富五伯爵的女兒希比拉是近親，不能結婚。顯然，莫德和富五伯爵的兒子若弗魯瓦也是近親。

政治家的原則就是，**我是一個堅持原則的人，但有的原則我不知道，我忘了。**

富五伯爵最近攤上一件大事。

耶路撒冷國王鮑德溫（Baldwin II of Jerusalem）遇上了亨利一世同樣的麻煩。他有四個女兒，沒有兒子。老國王看上了富五伯爵，願意將長女梅利桑德（Mélisende）嫁給他，承諾他與女兒共同掌管王國。

由伯爵一躍成為世界上最重要的國王，富五伯爵心中十萬個願意。不過，他的長子若弗魯瓦還沒有成年，富五伯爵正猶豫著要不要去，什麼時候去。

恰在此時，亨利一世的婚姻提議到了，富五伯爵不知道該哭還是該笑。

亨利，在你眼裡我是不是一隻狗？你一會兒遛我，一會兒放我，一會兒抱我，一會兒踹我。現在，你把一個王國（英格蘭）、一個公國（諾曼第）、一個伯爵國（緬因）送給我。

你是天使，你是聖人！

第一天，有人打了你一耳光。還沒等你反應過來，他就跑了。氣得你一晚上沒睡好。

第二天，趁你不注意，他一腳把你踹倒在泥坑裡，又跑了。氣得你兩晚上沒睡好。

第三天，你面對一百個人發下毒誓：我一定要痛打這狗賊，否則我當你們的面吃屎。

第四天，他拉著一個大皮箱站在你家門口，笑瞇瞇地對你說，「對不起！前兩天多有冒犯。這箱子裡有一千萬現金和十棟別墅的房產權狀，算做我對你的補償。」

現在麻煩來了，怎麼才能不吃屎呢？

富五伯爵現在就是這種感受。

若弗魯瓦強烈排斥這樁婚事。他說，莫德心高氣傲，我管不住她。

富五伯爵說，如果你不能管住妻子，你就不配叫男人。

西元 1128 年 6 月 17 日，若弗魯瓦和莫德在緬因首府勒芒的聖朱利安大教堂舉行了婚禮。這座異常宏偉的教堂現在還可以參觀。

婚後，富五伯爵把安茹、緬因和圖蘭全部送給若弗魯瓦。

富五伯爵對亨利一世說，我女兒（希比拉）的婚事是你拆散的。我走後，你得負責把她嫁出去。

亨利一世說，沒問題，交給我吧。

富五伯爵說，我還有一個兒子叫埃里亞斯 (Elias II, Count of Maine)，他的婚事你也要管。

亨利一世說，沒問題，交給我吧。後來，亨利一世讓埃里亞斯娶了自己的外孫女（她母親就是死於白船中的佩爾什伯爵夫人）。

富五伯爵去豐特夫羅修道院看望長女瑪蒂爾達，隨後離開家鄉，奔赴耶路撒冷。

我娶了耶路撒冷國王的女兒，成為耶路撒冷國王。

我兒子娶了英國國王的女兒，成為英國國王。

在我們父子手裡，安茹家族一下產生了兩個國王。

還是這種方式成本低，速度快啊！

西元 1143 年，富五國王在打獵時受傷而亡。提爾的威廉（William of Tyre）在自己的書中寫道，「富五國王是一個健壯的人，崇尚公平、風度優雅、待人和藹。他的最大缺點：總是不能把別人的名字和長相對上號。」

富五伯爵曾經當著胖路易的面發誓說，「我以我母親的名義發誓：我將終生與亨利為敵，再也不和這樣的卑鄙之徒談判。如有違反，我將放棄安茹伯國，前往聖地永不回來。」

這傢伙的確沒有違背誓言，他是去了聖地永不回來。

莫德和金花伯爵舉行婚禮的同時，克利托正在佛蘭德與蒂埃里的軍隊廝殺。一名士兵用長矛劃破了他的手腕。克利托退回軍營。

天氣炎熱，克利托的傷口染上壞疽，幾天後竟然不治身亡，年僅二十六歲，沒有子女。克利托出身高貴，英俊勇敢，當時的人們對他評價很高。

臨終前，克利托口授一封書信給亨利一世：

「親愛的叔叔，我請求您一定要寬恕我這麼多年來給您帶來的麻煩。另外，我還請求您滿足我兩個願望：第一，饒恕所有支持我的人，包括埃利亞，允許他們回到諾曼第。第二，千萬不要把我死亡的消息透露給我的父親。每年聖誕節，以我的名義，送給他一籃蘋果，表示我還平安的活著。」

埃利亞哭倒在地。他是看著克利托長大的，替他餵飯，為他穿衣，教他騎馬，陪他打仗，伴他結婚、看他封爵。埃利亞和克利托之間建立了一種類似父子關係的血肉親情。二十多年來，埃利亞幾乎沒有一天離開過克利托，萬萬沒想到竟然會看著心愛的小克利托死在自己前面。埃利亞悲傷過度，幾天之後也撒手而去。

讀完克利托的信，亨利一世百感交集。

這絕對是十幾年來，亨利一世收到的最好的消息！十幾年的折磨與不幸，完全都是因為克利托引起的。

克利托不死，莫德將永無寧日。說不定會把諾曼第和英格蘭輸給克利托。

要說克利托的身體也是不爭氣，兩場婚姻都沒有生下一兒半女。否則，亨利一世還是睡不著覺，甚至死不瞑目。

不過遇上這種事情，亨利一世也高興不起來。他從來沒有想過把克利托逼死。相反，他始終願意向克利托提供有地位、有財富的生活。這麼多年把克利托逼成流浪狗、單身狗，這都是殘酷的政治鬥爭需求。

克利托死了，沒有必要繼續關押他的支持者。亨利一世把小墨朗和他姐夫休易放了，返還了他們的財產，安排他們到宮中任職。

莫德建議把羅貝爾從羅傑那裡轉移給格洛斯特看管。

亨利一世答應了。一來羅傑老了，二來格洛斯特是兒子，放心。

羅傑滿腹怨言。以前，亨利一世事事都徵求他的意見。現在，國王和莫德、格洛斯特商量，讓羅傑執行。

克利托去世的那天晚上，羅貝爾做了一個夢。他夢見桌子上多了一籃蘋果。羅貝爾走上前去，伸出右手想拿，突然整個右手手臂掉在地上。第二天早上，羅貝爾平靜而又絕望地對看守說，「我想，一定是我兒子死了。」

羅貝爾坐了二十多年的牢，眼淚都沒有了。由於看不見外面的事物，他常常回想過往的人生。在輝煌的宮殿裡通宵飲酒，在茂密的森林中追逐獵物，在遙遠的東方奮勇殺敵，在西西里島受到英雄般的歡迎。他親愛的朋友，美麗的妻子，他幼年的兒子，他漂亮的女兒。羅貝爾不壞，他從沒有故意傷害過誰。他有令人羨慕的出身，他有接二連三的機會，他有精湛的騎術和劍術，他有很多願意幫助他的朋友，他有大把大把的時間。

羅貝爾應該是高高在上的國王而不是可憐的囚徒。

落到今天這般田地，他還真不能怪別人。

克利托死後，亨利一世支持的蒂埃里成為新的佛蘭德伯爵。很快雙方就簽署了和平協議。亨利一世提了一個附加條件，你要娶安茹伯爵的女兒希比拉。

蒂埃里答應了。希比拉第二次成為佛蘭德伯爵夫人。

富五伯爵四個兒女的婚姻都由亨利一世包辦。除此之外，亨利一世還安排了蘇格蘭國王（兩場）、佛蘭德伯爵（兩場）、布洛涅伯爵（兩場）、布列塔尼伯爵、莫爾坦伯爵、切斯特伯爵、薩里伯爵、佩爾什伯爵等人的婚姻。他絕對算是「超級紅娘」。

西元 1129 年，亨利一世勝利回到英國。現在萬事俱備，只有一件事情還沒有結果，那就是莫德懷孕生外孫。

英國的命運，從一個女人（王后）的肚皮轉移到另一個女人（公主）的肚皮。

英國國王一笑，就該法國國王哭了。

胖路易眼睜睜地看著十幾年的老盟友佛蘭德和安茹相繼投入亨利一世的陣營，再加上亨利一世的傳統盟友布盧瓦和布列塔尼，整個法國北部都屬於亨利集團，高貴的法蘭西王成為有名無權的孤家寡人。至於法國南部，從來不把法國國王當幹部。

胖路易失去了干涉諾曼第事務的王牌（克利托）。

奮鬥了十八年的事業，一夜之間回到起點。

雪上加霜的是，西元 1131 年，胖路易十五歲的長子菲利普(Philippe)，以一種非常不體面的方式結束了自己的生命。

菲利普騎馬經過巴黎格雷夫市場的時候，一頭大白豬突然從斜巷裡衝出來。菲利普的戰馬受驚。牠抬起前腿「嘶溜溜」一聲長鳴，把菲利普掀翻在地，狂奔而去。菲利普重重地摔在地上，腦袋不偏不倚正好與一塊凸起的石頭發生碰撞，當場斃命。

胖路易只好把次子小路易 (Louis VII le jeune) 從聖但尼修道院叫回來。

法國王室的取名原則是，長子用祖父的名字，次子用父親的名字。

胖路易把小路易交給敘熱院長，本意是把兒子培養成學者，將來當主教或者修道院院長。現在不得不把他立為王儲。兒子多就是有好處。胖路易至少有六個兒子。

小路易說，我不想當國王。

胖路易，那你想當什麼。

小路易說，我想成為聖但尼修道院的一名修道士。

胖路易反覆進行思想教育。

小路易勉強答應下來。

菲利普太子之死，對亨利一世來說是個好消息。第一，菲利普像胖路易，勇武好鬥。小路易像自己，性格溫順。也就是說，莫德新的對手缺乏攻擊性。第二，小路易比菲利普小四歲。也可以理解為，對手多給莫德留了四年的和平時間。

說起莫德，亨利一世的眉頭鎖緊了。

這都結婚兩年多了，一直沒有傳出莫德懷孕的消息。亨利一世聯想到女兒和皇帝也沒有子女，難道女兒沒有生育能力？

這可糟了！如果我沒有外孫，王位繼承人的問題還是沒有解決。

亨利一世正在犯愁。有人來報，公主從安茹回來了。

亨利一世一見女兒，沒看臉，先看肚子。身材正常，不像懷孕的樣子。亨利一世的心立即提了起來，

他劈頭就問，「懷孕了嗎？」

「沒有。」

「那你回來做什麼？」

「離婚！」

「離婚？為什麼？」亨利一世當時就急了。女兒，難道你要氣死我啊？

「我和他不能相處！」

「總有個理由吧！」

「他不尊重我？」

「哪裡不尊重？」

「就是感覺不尊重。」

「我聽說你從不讓別人叫你伯爵夫人。若弗魯瓦當然不高興了。無論你有什麼樣的頭銜，有多高的地位，在家裡，你永遠是妻子。」

「我本來就不想嫁給他——」莫德委屈地說。前夫是體貼大叔，後夫是剛學抽菸的高中生，這就是莫德心裡的感受。

「我的女兒！」亨利一世上前一步，雙手扶住莫德的肩膀說道，「女人可以任性而為，女王必須約束自己。女人為家庭而活，女王為國家而活。你享受女王的權利，就得承擔女王的義務。我生不出來，你不打算生，這個王國給誰？」

莫德不說話了。

亨利一世接著說，「當然，我也可以同意你們離婚，但你也要答應我一個條件。」

「什麼條件？」莫德忙問。

「至少生下一個兒子。生完之後再離婚。」

莫德又不說話了。

「他晚上表現怎麼樣？主動嗎？」

「父親——」

「你是結過婚的人，這種事情和我談談沒有關係。」

「反正上去幾下子就結束了。」

「嫩雛。看來得找個人教教他。」

「我還有一個要求，」亨利一世對莫德說，「如果你生下兒子，一定要叫亨利。」

為了鞏固莫德的地位，亨利一世讓英國貴族第二次向莫德宣誓效忠。

莫德在英國小住了一段時間，返回安茹。

西元 1133 年 5 月，諾曼第的使者匆匆來到亨利一世面前說道，「公主生了！」

亨利一世身子前傾，眼睛溜圓，緊張得看著信使的嘴巴。

「男孩！」

亨利一世「騰」地站了起來。「你要是說謊我活剝了你！」

「真的，真的！」使者使勁點頭。

「哈哈！男孩！哈哈！你這個幸運的混蛋，快去找財務官領錢去吧！」亨利一世就覺得自己站立不穩，連忙扶住桌子。他用右手在胸前畫了一個十字。

「感謝上帝！感謝上帝！感謝上帝！」

使者高高興興走了。

「快！」亨利一世本想讓祕書安排事項。此時他已經淚流滿面，說不出話了。

亨利一世把右手放在額頭上，默默數到十，然後放下手抬頭說道，「快去通知王后，讓她籌辦慶祝宴會，就在今天晚上。通知所有的人參加！」

「快去通知柯貝。告訴他英國所有的教堂都要為小亨利點上蠟燭，保佑我的外孫！」

「快去通知格洛斯特，讓他設計一個去諾曼第的行程，要盡快出發！」

看著大家都出去了，亨利一世就覺得站在原地不對勁。走了兩步，也不知道去哪裡。

衛兵覺得老國王變了。哪裡變了？原來他又露出了久違的笑容。

為了早一天到諾曼第看望外孫，亨利一世加緊處理英國政務。

亨利一世將實力雄厚的馬姆斯伯里修道院賜給羅傑，又將伊利主教授予羅傑的姪子，財政官尼可。柯貝大主教得到了位於多弗的聖馬丁教堂。亨利一世這是在向他們「行賄」。柯貝為莫德加冕，羅傑作為首相輔佐莫德。

亨利一世將最為重要的溫徹斯特主教授予外甥恆力，絕對的自己人。柯貝六十三歲，羅傑也接近六十。恆力三十五歲，年富力強，未來他將接替羅傑，成為莫德的「股肱」。

達勒姆主教空缺五年了，授予大臣盧弗斯。

新建卡萊爾教區，授予自己的私人懺悔師安德羅夫。

捐贈土地給雷丁、拉姆西、惠特比、徹特西、奧古斯丁、坎特伯雷等修道院。

批准籌建米森登修道院。

確認西敏寺的喪葬權優先於聖保羅教堂。

貝萊姆伯爵死了（75 歲）。亨利一世將他的領地賜給他的兒子泰勒斯，不包括城堡。

批准倫敦市民租用密德薩斯的土地，允許他們在這片土地上選舉自己的長官。這是倫敦自治的開始。

緊緊張張足足忙了四個多月。

亨利一世定下渡海日期：8 月 5 日，自己的加冕紀念日。

臨出發前，一名叫伍德瑞克的隱修士做出三個預言：

第一，亨利一世在登船前將遇上一個極為罕見的災難。

第二，災難過後，亨利一世將順利渡過海峽。

第三，亨利一世渡過海峽之後，再也不會回來。

亨利一世讓格洛斯特去問伍德瑞克。

伍德瑞克回答，的確是我說的。而且，我是不會改口的。

佛蘭德家族圖譜

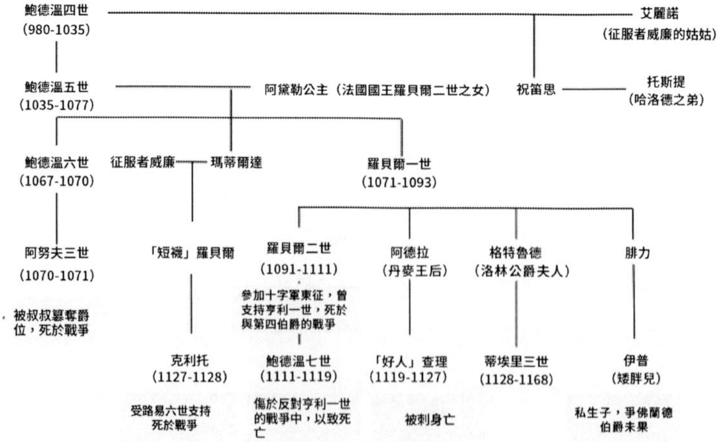

安茹家族圖譜

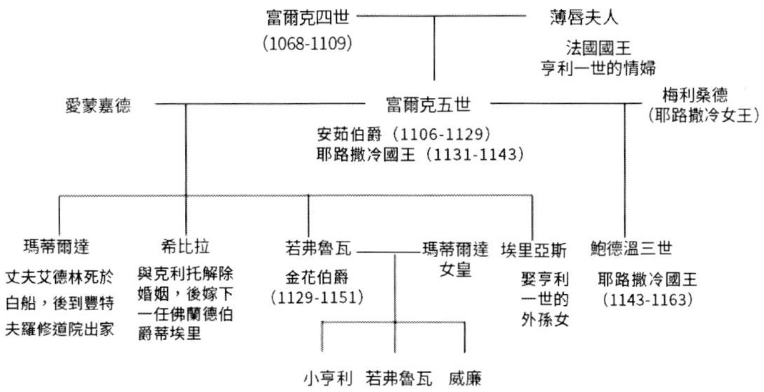

第二十六集　命運之輪

8 月 5 日正值酷夏，豔陽高照，萬里無雲。

亨利一世、王后及格洛斯特等人坐在海灘邊的帳篷裡，邊聊天邊等著北風。

宮廷文書阿德拉德[27]把一本厚厚的書雙手交給亨利一世，說道，「陛下，這是我最新翻譯的作品。」

亨利一世接過來，看了一眼封面。「幾何原——本，幾何原是什麼意思？」

「幾何是希臘語，土地測量的意思。這是一門關於長度、面積的學問。」

「歐——幾里德，這是阿拉伯人嗎？」

「不是。他是一千四百年前希臘的一位數學家。」

[27] 阿德拉德（AdelardofBath）（約西元 1116 ～ 1142 年），英國數學家、天文學家，修道士。

亨利一世翻開封面，指著一個字母說，「這又是什麼神祕符號？」

「這是阿拉伯人表達數字的方式，我把它們稱為阿拉伯數字。它比我們羅馬數字更簡單易用。」據記載，阿德拉德是歐洲第一個使用阿拉伯數字的人。

「阿德拉德先生，說實話我也想學習這本書。可是你知道我政務繁忙，不比常人，有沒有快一點、省時間的學習技巧。」

「很好的問題。當年托勒密國王就是這樣問歐幾里德 (Euclid) 的。」

「歐幾里德是怎麼回答的？」

「他說，數學對所有人開放，沒有專門為國王鋪設的大道。」

「我覺得托勒密國王不會學數學了，」亨利一世說，「阿德拉德先生，你知道我為什麼請你去諾曼第嗎？」

「請陛下明示！」

「我想請您作亨利王子的導師！」

「亨利王子，他才七個月呀。」阿德拉德說。

有人進來報告，北風來了。

亨利一世站起來，走出帳篷，四處看了看，說道，「你們看，什麼事情也沒有發生。」

格洛斯特說，「父親不必在意，伍德瑞克的預言就是個笑話。」

亨利一世走向碼頭，準備登船。這時候，他就覺得有些異樣。

四周開始變得灰暗，明明是大中午，怎麼感覺像是到了傍晚。

亨利一世舉頭一望，藍天變淡了，變白了，變灰了，變黑了。不一會兒，相鄰的兩個人都看不清對方的臉了。

所有人都緊張起來。一會兒看看天空，一會兒看看四周，難道世界末日來了？

太陽就像被什麼東西咬了一口，兩口三口，最後變得就像朔日（初一）的彎月。

星星出來了，大海如同墨汁。

太陽又開始變化，變成一個光環，一枚巨大的指環。

貴族們目瞪口呆，教士們閉目祈禱，奴僕們嚇得跪倒在地。

亨利一世聽見了自己的心跳，咚咚，咚咚，咚咚。

所有人都不知道會發生什麼，也不知道該做什麼。

好在時間不長，烏雲開始變淡，太陽開始變圓。

不一會兒，什麼都沒有了，還是烈日當頭。

「父親，我們是不是明天再渡海？」格洛斯特擔心亨利一世的安全。

「伍德瑞克怎麼說的？是不是說我能平安渡過海峽？」

「是的。」

「那我們就走，」亨利一世登上大船。

一帆風順，一路無話。亨利一世剛踏上諾曼第的土地，就馬不停蹄趕到盧昂。

莫德和金花伯爵早已守在公爵府的門口。

亨利一世還沒下馬，劈頭就問，「孩子在哪裡？」

「在裡面睡覺。」

「快帶我去，」亨利一世跳下馬，對莫德夫妻說，「這孩子好大架勢，國王來了還敢睡覺。」

當老亨利看到小亨利的時候，鼻子有點發澀、發酸。

「我叫醒他，」莫德說。

「不用，」亨利一世覺得自己的聲音都變得柔弱了，「讓他睡吧。」

在盧昂，亨利一世和女兒女婿外孫一家度過了一段溫馨的生活。

他從早到晚抱著小亨利。

亨利二世，你快長大吧。你明天就會走路，後天就說話，大後天就認字。

亨利一世只有一個想法：多活幾年，看著小亨利長大成人。

嬰兒出生，老人去世。

有人從英國匆匆趕來，告訴亨利一世，羅貝爾去世了。

亨利一世先是怔了一下，突然捶著桌子大哭起來，「都怪我啊！都怪我啊！我為什麼沒有去看看他！我為什麼沒有去看看他！」

這兩年來，亨利心裡想的全是女兒懷孕、懷孕、外孫、外孫、小亨利、小亨利，哪還有心思考慮別人。

年輕的時候瞧不起羅貝爾，受委屈的時候怨恨羅貝爾，隨著年齡的增長，亨利一世早就忘掉了過去的不快。羅貝爾不是壞人，沒有壞心眼。當年圍攻聖米歇爾山的時候，羅貝爾特意送了兩桶葡萄酒給亨利一世。

亨利一世把羅貝爾當親人，滿足他在監獄裡的所有需求。

亨利一世下令，以國王的規格下葬羅貝爾，為他點上一年的蠟燭。

羅貝爾的墓地至今還在格洛斯特大教堂。棺槨上有彩色的、精美的雕像。羅貝爾身披鎧甲，擺出一幅拔劍的姿勢。

我印象當中，羅貝爾是本書中壽命最長的人（八十歲）。他的長壽之道就是沒心沒肺。

羅貝爾的綽號是「半夢」公爵，叫「半醒」公爵也可以。

我有時候在想，我們每天早上起床穿衣、刷牙洗臉、用罷早餐，拎包出門。在車水馬龍的街頭，我們真正清醒了嗎？我們知道自己想去哪裡嗎？我們知道要做什麼嗎？

西元 1134 年 7 月，亨利一世咧著嘴，抱起了第二個外孫，若弗魯瓦。這次用的是金花伯爵的名字。亨利一世剛高興了一天，就陷入了極度悲痛當中。

莫德難產，生命垂危。

剛剛高興了一年的亨利一世，彷彿又回到白船事件之後的狀態。

我兒子死在我前面，我女兒也要死在我前面？

莫德的病危讓亨利一世不得不考慮王位安排。外孫亨利繼位，金花伯爵攝政。

亨利一世沒有心情考慮這些瑣事。他天天坐在莫德的床前，目不轉睛地盯著女兒。

兒子死的時候，不打招呼就走了。這次，我要看著女兒，哪怕是看著她死去。上帝啊，我究竟犯了什麼深重的罪孽，非要讓一兒一女都死在我的前面。

莫德說，我要葬在貝克修道院。

亨利一世說，你是諾曼第女公爵，要葬在盧昂大教堂。

莫德堅決不同意。

「唉！」亨利一世嘆了口氣。我的女兒怎麼這麼任性呢。她的母親是個隨和的人，我也是。這孩子，脾氣秉性一點都不像我們。

用個現代詞彙，莫德得的是公主病。不過，人家是公主的命。

亨利一世命人在房間裡放上一張床。他每天晚上都睡在莫德旁邊。

幸運的是，幾天後莫德恢復了健康。

亨利一世大喜，下令舉辦大型宴會。一是慶祝莫德康復，二是為二王子慶生。

亨利一世左手抱著小亨利，右手抱著小若弗魯瓦。他征服諾曼第的時候，他平息諾曼第叛亂的時候，都沒有這麼高興過。小亨利比英國更寶貴，小若弗魯瓦比諾曼第更重要。

亨利一世整天抱著兩個孩子，莫德都搶不過他。

金花伯爵看岳父心情大好，趁機說道，「陛下！我結婚前您承諾將緬因和諾曼第的幾座城堡作為莫德的嫁妝。現在我都有兩個兒子了，您是不是該考慮把嫁妝交給我。」

「這件事情我不想談！」

「我現在可以不要。我只想問您什麼時候可以給我。」

「我剛才說過了。」

「我沒聽見。」

「下去！」亨利一世生氣了。

岳父就是不喜女婿。

走就走！金花伯爵早就受夠了。這場婚姻我什麼都沒有得到。我就是一匹種馬。

莫德從來不稱自己是安茹伯爵夫人。我呢，卻得叫什麼「前羅馬皇后、現英國公主的丈夫」。

這就像你的名片上印著「某百億富翁遺孀安娜現在的丈夫張三」。

一個大男人，多沒面子！

要是我，說實話，名片我就印純金的！

亨利一世在諾曼第愉快地生活了兩年。英國傳來消息，威爾斯人又來騷擾邊境了。亨利一世就想回英國。伍德瑞克的預言在他耳邊響起：

國王渡過海峽之後，再也不會回來。

明谷修道院院長聖伯爾納鐸（St. Bernard）送信說要來拜訪。別人可以不等，這位長老，亨利一世可不敢怠慢。聖伯爾納鐸是當時的「活聖人」，其地位在教宗和皇帝之上。

聖伯爾納鐸來訪目的是遊說亨利一世在英國發展更多的熙篤會修道院。

歐洲最早的連鎖式修道院叫本篤會，早就腐敗墮落了。

克呂尼修道院是 2.0 版的修道院。它不受國王約束，只對教宗負責，更簡樸，更清廉。同樣腐敗墮落了。

比如說你遇上了一件麻煩事，想請僧侶替你消災。

第一位僧侶腦滿腸肥，穿金戴銀，結交各種頂層人士。接觸久了你會發現，他比你富有的多。

第二位僧侶面黃肌瘦，破衣爛衫，只吃白菜豆腐，幾乎不出門，天天在屋裡念經。

我想大部分人會選擇第二位僧侶。

幾年之後，第二位僧侶比第一位還有錢。

西元 1098 年，法國出現了修道院 3.0 版，熙篤會修道院。聖伯爾納鐸的明谷修道院就是其中之一。3.0 版修道院不蓋教堂，不向民眾募捐，不要別人贈金，甚至不與外人接觸。修道士們住茅草屋，自種自吃，祈禱閱讀，過著克己簡樸的精神生活。

聖伯爾納鐸說過，「教堂裡光芒四射，而窮人卻家徒四壁。教堂裡金碧輝煌，而教會的兒子們卻衣不蔽體。如果人們連飯都吃不飽，要那麼大的建築有什麼用？」

很多市長修建高大辦公樓和奢侈辦公室，這些錢純屬浪費，應該用來修建房屋給市民住。

亨利一世向聖伯爾納鐸承諾，我保障在英國發展更多的熙篤會修道院。

會談結束後，亨利一世準備搭船返回英國。

有人來報，諾曼第發生了叛亂。

這個消息把亨利一世逗笑了。

我人還在諾曼第，他就敢發動叛亂，究竟是什麼人如此大膽？

貝萊姆伯爵的兒子泰勒斯怨恨亨利一世沒有把父親的城堡給他，就跑到安茹慫恿金花伯爵和他發動兵諫。金花伯爵埋怨亨利一世不把莫德的嫁妝交給自己，同意加入。

亨利一世只得放棄返回英國的計畫，帶著軍隊南下。

西元 1135 年 11 月 28 日晚上，里昂拉福雷城堡裡歡聲笑語。亨利一世和格洛斯特、小墨朗兄弟、薩里、畢高德等主要權貴正在宴飲。

「七鰓鰻！太好了！多替我上一盤。」看著桌上的魚，亨利一世笑了。

「醫生說了，魚是寒性食物，您要少吃。」格洛斯特勸他。

「別的魚我可以不吃，七鰓鰻我可不想錯過。」亨利一世抬頭對大家說，「吸血鬼你們見過嗎？」

眾人搖搖頭。

「你們面前的七鰓鰻就是。你們看看牠的嘴，是不是像一個圓環。你們掰開圓環看看，裡面是不是有很多小刺？」

眾人用手掰開觀看，果然不假。

亨利一世接著說道，「這種魚用牠的圓嘴緊緊吸附在大魚身上，用小刺刺破魚體，吸食大魚的血肉，直到把一條大魚變成一副骨架。」

到了晚上就寢的時間，亨利一世頭上熱得冒汗，身上卻冷得哆嗦，臉上的肌肉不停地抽搐。

醫生檢查後，搖了搖頭，國王不行了。

亨利一世告訴格洛斯特，從法萊斯的國庫裡取出一筆錢向最近僱傭的士兵發軍餉。

我不會讓每一個為我服務的人吃虧。

亨利一世命人通知盧昂大主教修直（原首任雷丁修道院院長）速來。這裡離盧昂只有三十五公里，修直大主教很快就到了。

亨利一世用手敲打著自己的胸部，向修直大主教懺悔了自己一生的罪過。

三天時間裡，亨利一世懺悔了三回，領受聖餐（葡萄酒和餅）三回，修直主教寬恕了國王三回。

12 月 1 日晚上，當著眾人的面，亨利一世說出了人生的最後一句話：

我把海峽兩岸的全部土地交給我的女兒莫德。

說完，英國國王兼諾曼第公爵亨利一世閉上了眼睛，享年六十七歲。

至於金花伯爵，亨利一世一句也沒提。

與父親、三哥的慘死不同，亨利一世走得很安詳。在寫給依諾增爵教宗（Innocentius PP. II）的信裡，修直大主教說，國王走得很和平，就像他生前喜歡的和平一樣。

征服者威廉死後，諸侯打馬跑回各自的領地，把威廉的屍體留給惡僕糟蹋。

紅臉王死後，諸侯跟著亨利一世跑到溫徹斯特，把紅臉王的屍體丟在森林裡。

修直大主教為了避免悲劇再次發生，強迫貴族們站在亨利一世的屍體面前發誓：

從今天起絕不離開國王，直到把他的屍體送到英國雷丁修道院下葬為止。

眾人先把亨利一世的屍體送到盧昂進行防腐處理。

一名屠夫受命處理亨利一世的屍體。他在頭上包上一層薄薄的亞麻布（防屍毒），拿起一把小刀，低下頭來，剜出亨利一世的眼睛，扔進木桶。

隨後，屠夫拿起斧頭，砍下亨利一世的腦袋。他放下斧頭，拿起鐵勺，掏出國王的腦子，倒進木桶。

早在一千年前，埃及人就已經掌握了透過鼻孔取出腦子的方法。

屠夫把亨利的腦袋放在一邊。他拿起匕首，剖開亨利一世的肚子，掏出心、肺、胃、肝、腸等內臟，再次扔進木桶。

屠夫再次拿起匕首，在亨利的四肢上劃開幾十道口子，把血放乾。

屠夫在另外一張桌子上鋪上一張黑色的水牛皮，和助手一起擺上亨利的軀幹，再放上頭顱。

最後，從另外一個木桶裡抓上十幾把鹽，塞進亨利一世的肚子。屍體四肢的傷口上也灑上鹽，用於防腐。

屠夫完成工作。裁縫進來，把水牛皮縫上。

兩天後，屠夫和裁縫暴死，原因不明。人們說，亨利一世把他們帶走了。

修直大主教命人把木桶裡的眼睛、腦子和內臟埋在盧昂大教堂。

眾人把亨利一世的屍體送到康城，準備從這裡乘船前往英國。

亨利一世的棺材就放在征服者威廉的墓地旁邊。

正值冬季，貴族們焦急地等著南風，好把亨利一世的屍體送去英國。

美劇《權力遊戲》中，泰溫問即將加冕的托曼，「成為明君最重要的特質是什麼？」

托曼說聖潔。泰溫否定了這個答案。

托曼想了一下，說公正 (JUSTICE)。

泰溫說，A GOOD KING MUST BE JUST（好國王必須公正)。

亨利就是一個公正的國王，一個好國王，一個讓英國人民過上和平、富裕生活的國王。《不列顛諸王史》(*The History of the Kings of Britain*) 寫道，「在 (亨利一世) 統治的年代，百合花和蕁麻中將榨出黃金，哞哞叫的牛蹄下能淌出白銀。野獸將享受和平。鳶將失去貪婪的慾望，狼牙將被挫鈍。」

亨利一世留下一個遺產。衡量長度的碼 (yard)。其制定依據是亨利一世鼻尖到中指的最遠距離 (雙臂下垂)。現在一碼等於 91.44 公分，打高爾夫的人用得最多。

我在自己的身體上量了三遍，92 公分左右。可我覺得我比亨利一世要高得「多」啊。

在英國民眾眼裡，亨利一世的遺產是孩子。他是歷史上孩子最多的英國人。

當時的國王普遍野蠻、尚武，解決問題的手段主要靠武力。亨利一世卻以理性、務實著稱。歷史學家說他喜歡透過舌頭而不是透過劍解決問題 (He preferred to contend by council rather than by the sword.)。

一位編年史作家寫道：

除了上帝，亨利一世的朋友願意與任何人作戰。

除了上帝，亨利一世能打敗任何敵人。

這是對一個人最高的評價了。

亨利一世表面上和氣，但對付敵人絕不心軟。

亨利一世表面上慷慨，但斂起財來絕不手軟。

亨利一世表面上儒雅，但上起床來絕不體軟。

紅臉王做過的壞事亨利一世都做過。

人人都罵紅臉王，人人都誇亨利一世。

本書中，我最佩服的君主就是亨利一世。

西方有個典故叫「命運之輪」。就是說人的好運和厄運在一個圓盤上不停地轉，偶爾會停下幾回。大部分人好運來了沒有抓住，厄運來了被砸倒在地。

亨利一世幾次被厄運砸中，但是他倒下之後再起來，倒下之後再起來，終於牢牢地把好運抓在手中。

總之，命運和你是搏鬥關係。打敗它，或者被它打倒。

我們可能都聽說過這樣的故事。

國王老了，想把王位傳給三個兒子中的一個。每個王子都有優點和缺點，老國王猶豫不決。

有一天，老國王把三個兒子叫到一起，向他們安排了一個任務。誰完成得好，就把王位傳給誰。一般情況下，大王子按照常人都能想到的辦法完成了。二王子按照變通的方法完成了。三王子按照常人沒有想到的辦法完成了。

羅貝爾是大王子，他活著的目的是讓自己爽。

紅臉王是二王子。他活著的目的是讓別人不爽。

亨利一世是三王子。他的人生宗旨是，大家爽，才是真的爽。

他們三兄弟的別稱是：昏君、暴君和明君。

網路時代的別稱是：普通王子、2B 王子和文藝王子。

亨利是文藝王子嗎？

亨利一世的綽號就叫「儒雅者」。連他下葬的地方都叫 Reading。

同年 6 月 5 日，中國，乃至世界上最文藝的皇帝宋徽宗，歷經九年非人的牢獄折磨後，含恨死於異國他鄉。

從此，中國失去了保持數百年之久的世界第一足球強國的地位。

聽到父親去世的消息，金花伯爵和莫德率軍北上，順利接管了諾曼第南部的阿讓唐、棟夫龍和埃克塞姆等城堡 (莫德的嫁妝)。

此時已近年底，莫德準備在阿讓唐過聖誕節，然後再去康城護送父親的遺體一起北上英國。

莫德拿出從德國帶回來的皇冠，戴在頭上，在鏡子面前左右端詳。

戴上王冠我是女王，戴上皇冠我就是女皇！

三歲的小亨利仰著頭，一隻小手抓著莫德的裙子，一隻小手向上伸，嘴裡不停地叫著：「給我，給我！」

「早晚是你的，你這個討人嫌的傢伙！」

進入房間的昂熱主教看到莫德，大吃一驚。

「殿下！只有大主教才能替你戴上王冠！」

「我這不是英國王冠，是德國皇冠，有何不可？」

昂熱主教皺了皺眉頭，心想，女人就是這麼虛榮。

這時候，突然有個人像三分鐘熱風一樣衝進房間，又突然來個急煞車，差點跌倒。

「何人如何無禮！」，莫德十分不快地斥責道。

來人平息了一下急促地呼吸，說道，「殿下，有人已經在倫敦加冕了！」

「什麼？」莫德大吃一驚，臉色瞬間變得煞白。

諾曼征服中的龍頭及繼承人（除蒙哥馬利外，龍頭都參加過哈斯丁戰役）

父	莫爾坦 （1031～1090） 征服者威廉之弟 康瓦爾伯爵	蒙哥馬利 （？～1094） 什魯斯伯里伯爵 莫爾坦的岳父	菲茨奧斯本 （1020～1071） 赫里福德伯爵	尤斯塔斯 （約1017～1087） 布洛涅伯爵
子	威廉 終生囚禁	貝萊姆伯爵 終生囚禁	威利斯 出家為僧	尤三世 亨利一世盟友
父	墨朗 （約1045～1118）	華特·吉法德 （生卒時間不詳） 朗格維爾領主 參加莫蒂默之戰	威廉·瓦倫納 （？～1088） 第一代薩里伯爵 參加莫蒂默之戰	休治 切斯特伯爵 （1047～1101） 亨利幫成員
子	小墨朗	威廉·吉法德 大法官 溫徹斯特主教	第二代薩里伯爵 本書中稱薩里。 亨利一世嫡系	理查 第二代切斯特伯爵 死於白船海難
父	威廉 （？～1118） 埃夫勒伯爵	若弗魯瓦 （？～1100） 佩爾什伯爵		
子	無子 傳給阿三伯爵	羅貝爾 佩爾什伯爵 亨利一世女婿		

第三卷　從女人到國王

老國王死前，指定女兒繼承王位。

老國王死後，他的侄子搶先一步篡位為王。

他的女兒，能否奪回父親留給自己的王位，成為英國歷史上第一個女王？

第二十七集　男人的遊戲

布洛涅是法國北方港口城市，距離海峽對岸的英國約六十公里。天氣晴朗的時候，站在這裡的高塔上用肉眼可以看到多弗的懸崖。

老布洛涅伯爵尤斯塔斯是「十三太保」之一，和征服者威廉同年去世。長子尤三世繼承了領地。

亨利一世先是安排尤三世娶自己的妻妹瑪麗（Mary of Scotland），後續又安排尤三世的獨生女布蘭達嫁外甥史蒂芬。透過兩場婚姻，亨利一世把本從屬於佛蘭德伯爵的布洛涅牢牢控制在自己手裡。

亨利一世還把諾曼第莫爾坦伯爵領以及英國近百個莊園賜給史蒂芬，使其富可敵國。史蒂芬是征服者威廉的外孫，是第一個向莫德效忠的貴族，地位顯赫。集權力與財富於一身的史蒂芬並不傲慢，反而謙虛隨和，深受同時代人的喜愛。一位傳記作家寫道，「有時候他會突然來到僕人的餐廳，坐下來和他們一起吃飯，一起說笑。」

聽到亨利一世病逝的噩耗，史蒂芬十分難過。他的權力和財富都是舅舅給的。

難過了一會兒，史蒂芬突然產生了一個大膽的想法。

我為什麼不去倫敦加冕呢？莫德在昂熱，我的哥哥第四伯爵在布盧瓦，我可以搶在他們之前到達倫敦。

史蒂芬的心臟「撲通撲通」跳得厲害，他連忙叫來自己的妻子布蘭達商量。

史載，布蘭達夫人是一個「有決心、有男子氣概」的女人。她百分百支持丈夫的想法。她問史蒂芬，誰有權把英國給你？

史蒂芬回答說，羅傑。他是英國首相兼財相，整個王國的財富都掌握在他的手裡。如果他肯支持我，我願意拿出其中的一半分給他。

12 月 4 日，史蒂芬和伊普帶著軍隊渡過海峽來到英國的東南大門多弗。「雜種」伊普在佛蘭德打了十幾年的仗，沒有人承認他是伯爵。無家可歸的他帶著一支僱傭軍投靠了史蒂芬。

多弗由格洛斯特的人把守，拒絕他們進城。

史蒂芬繞城繼續前進，於 12 月 8 日抵達倫敦。此時距亨利一世死期剛過七天。

倫敦市民一直宣稱他們有選舉國王的權利。他們喜歡平易近人的史蒂芬，為他打開城門。史蒂芬給倫敦市民兩項優惠政策：一是免除一年稅收，二是布洛涅從倫敦商人手中多採購百分之五十的羊毛。

接管倫敦之後，史蒂芬馬不停蹄地趕往溫徹斯特，去見恆力和羅傑。

史蒂芬不擔心恆力，這是自己的親弟弟。

混跡官場三十多年，羅傑早已察覺出來自己進不了莫德的核心圈子。但他又不甘心交出國庫鑰匙，不甘心退出權力中樞。

史蒂芬和羅傑，兩個心懷鬼胎的男人很快達成協議。羅傑把國庫鑰匙交給史蒂芬。史蒂芬任命羅傑的兒子為文祕署長（掌管玉璽），任命羅傑的姪子伊利主教尼可為國庫長。

兵有了，錢有了，還需要神，需要坎特伯雷大主教柯貝的雙手。史蒂芬不能自己把王冠戴在頭上。

柯貝是第一個向莫德宣誓效忠的人。他感到十分為難。身為神職人員，他相信自己的誓言已經進入了上帝的耳朵。中國也有句老話，出家人不打誑語。

柯貝說，我們向教宗申請，由教宗決定。

史蒂芬心想，向教宗申請？一來一回需要幾個月的時間。教宗的信還沒有回來，莫德和我哥哥第四伯爵的軍隊就殺過來了。

不行。不能等。

「大主教，我是貴族當中第一個向莫德宣誓的。不過我是被迫的，我想你也是被迫的。雖然我比任何人都愛我的表妹。可是你我都知道，女人不能掌管一個國家。如果英國在莫德的治下陷入內亂，上帝也會怪罪你這個大主教。」

柯貝不說話。

「大主教，《薩利安法典》[28]明確排除了女人的繼承權。你為莫德加冕是違背法律的。」

柯貝還是不說話。

正在僵持不下之際，畢高德從諾曼第匆匆趕來。作為王廷管家，他一直陪伴到亨利一世閉上眼睛。畢高德信誓旦旦地說，亨利國王臨死之

[28] 法蘭克王國墨洛溫王朝創始人克洛維（Clovisler）統治後期（約西元 507 ～ 511 年）頒布的一部法典，其中有一章規定，女兒不能繼承父親的領地。

前，撤銷了我們向莫德效忠的誓言，並指定史蒂芬繼承王位。

柯貝大主教終於點頭通過。

史蒂芬得到王位，羅傑得到保障，柯貝得到藉口，畢高德得到獎賞。恆力，則盼望著接替柯貝，成為下一任坎特伯雷大主教。

格洛斯特、小墨朗等人，停留在康城男子修道院，無奈地等著冬季裡的南風，好把亨利一世的屍體運回英國。

經過一番商議，眾貴族一致推舉第四伯爵繼任英國王位和諾曼第公爵。一來，他是征服者威廉的外孫當中年齡最長者。二來，布盧瓦是諾曼第的傳統盟友。

至於莫德和金花伯爵，眾貴族認為他們既不是諾曼第人，也不是英國人。他們是安茹人，是外人。

格洛斯特同意選舉第四伯爵為王。但他提了一個附加條件：第四伯爵去世之後，應將英國王位傳給莫德的兒子小亨利。

沒有人回應這個提議。

第四伯爵當上國王之後，將來把王位傳給誰是他的權利，由他決定。

12 月 18 日，第四伯爵來到康城與眾貴族見面。他決定護送亨利國王的遺體去雷丁修道院下葬，然後再去倫敦稱王。

12 月 22 日，史蒂芬在西敏寺舉行了簡單的加冕儀式。由於時間倉促，參加的人不多。有的貴族礙於自己的誓言，沒有出席。史蒂芬從柯貝大主教手中接過長劍和權杖，它們既象徵著王權，也象徵著男人的陽具。

王權就是男權。

十五年前那個寒冷的冬夜，在出發前的最後一刻，因為鬧肚子，史蒂芬鬼使神差地下了白船。

七年前那個炎熱的夏天，僅僅因為手腕上的一點小傷，克利托丟掉了年輕的生命。如果他活到現在，諾曼第和英國百分之百是他的。他是征服者威廉的長子長孫，誰有資格和他爭王冠？

一切由命。

加冕當天，史蒂芬宣布特赦。

關押了將近三十年的威廉蹣跚地走出牢房。二十二歲的風華少年變成了白髮蒼蒼的老者。他悲慘的命運不能全怪別人。亨利一世拉攏過他，當年還想把史蒂芬的岳母嫁給他。威廉不答應，非要和亨利一世硬碰硬。他在伯曼西修道院度過了人生的最後五年，無妻無子。

史蒂芬加冕的消息傳到康城，格洛斯特、小墨朗等眾貴族決定放棄第四伯爵，擁護史蒂芬。因為大家都不想跟隨第四伯爵到英國和史蒂芬爭奪王位。

第四伯爵無奈地退讓一步。他說，那我只要諾曼第。

眾貴族說，那也不行。

第四伯爵臉色當時就變了，這又是為什麼？

眾貴族說，如果英國和諾曼第分屬你們兩兄弟，你們一定會像當年的羅貝爾、紅臉王和亨利一樣打來打去。英國和諾曼第同屬一人才能保障海峽兩岸的和平。

第四伯爵空歡喜一場，忿忿離去。

西元 1136 年 1 月 4 日，亨利一世的遺體渡海運到雷丁修道院。

史蒂芬將石棺扛在肩上，走在送葬隊伍的最前面。

亨利一世生前，歷史學家沒有發現史蒂芬與他人勾結、合謀。

亨利一世的死純屬意外，與史蒂芬無關。

史蒂芬只是抓住了機會，他贏了。

亨利一世先是娶了蘇格蘭大頭王的女兒伊迪絲，後續又把自己的一個私生女嫁給蘇格蘭王亞歷山大 (Alaxandair mac Maíl Coluim)。透過兩場聯姻，英國與蘇格蘭保持了三十多年的和平。

要想打贏戰爭靠兒子，要想獲得和平靠女兒。

亨利一世剛死，蘇格蘭大衛王 (Dabíd mac Maíl Choluim) 就打著擁護莫德、反對篡位者史蒂芬的旗號，率領軍隊進攻英國北方，陸續占領卡萊爾、紐卡斯爾等多座城市。

史蒂芬急忙率領軍隊北上，大敗蘇格蘭侵略軍。

他剛戴上王冠，首次亮相，就打了一場漂亮的大勝仗。

考慮到大衛王是史蒂芬妻子的舅舅，考慮到英國北方邊境的持續和平，考慮到王權的穩固，史蒂芬做出讓步，慷慨地將卡萊爾等幾座城市送給大衛王。

史蒂芬光榮返回倫敦，舉辦慶功宴會，歡度復活節。

布蘭達夫人從佛蘭德趕來，加冕為后。

除了柯貝、色斯坦兩位大主教及羅傑等英國主教外，諾曼第的盧昂大主教修直帶著阿夫朗什、康斯坦斯、埃夫勒、塞爾四大主教渡海趕來。

貴族方面有：小墨朗及孿生弟弟萊斯特伯爵、小墨朗的堂兄瓦立克伯爵、薩里、第四代切斯特伯爵藍爾夫。

第一代切斯特伯爵是「十三太保」，是「亨利幫」成員中地位最高者。他的兒子，第二代切斯特伯爵死於白船海難。藍爾夫的父親以近親的身分獲封第三代切斯特伯爵。

墨朗、薩里、切斯特，這三大家族一直是亨利一世的嫡系力量。

除此之外，參會的還有倫敦塔總監曼德維勒的若弗魯瓦（以下簡稱鑾力）等。

在精神層面，史蒂芬向與會人士承諾，我將遵守亨利一世頒布的《自由憲章》，保障教會和貴族的自由和權利。

在物質層面，史蒂芬讓羅傑打開國庫，向每名與會人士都餽贈了豐厚的獎賞，如寶石、絲綢、盔甲、長劍等等。

小墨朗獲封伍斯特伯爵，孿生弟弟獲封赫里福德伯爵，另一個弟弟獲封貝德福德伯爵。布列塔尼的阿倫獲封里奇蒙伯爵。

紅臉王一毛不拔，亨利一世賞罰分明，史蒂芬慷慨大方。所有人都收穫頗豐，所有人都興高采烈。所有人都喜歡史蒂芬、衷心擁護史蒂芬。

莫德皇后

聽到史蒂芬加冕的消息，莫德氣得臉色煞白，身子發抖。龐大的英格蘭 - 諾曼第遺產，沒了。女王，沒了。女公爵，沒了。地位，沒了。榮譽，沒了。一切，沒了。莫德感覺自己墮入深淵、地獄、泥坑和陷阱。

「騙子、竊賊！」莫德的聲音都變了調。她摘下皇冠，使勁摔在地上，一轉身向自己的房間跑去。

金花伯爵擔心莫德，跟著去房間裡勸解。

「出去！給我出去！」莫德把他推出房間，「砰」一聲關上大門。

莫德越想越火，越想越生氣，真真是無處發洩。

她走到桌子前，抓起杯子使勁扔在地上，抓起燭臺扔在地上。莫德又走到立櫃前，把上面的花瓶、擺盤一股腦掃在地上。

最後，莫德撲到床上，嚎啕大哭起來。

「史 —— 蒂 —— 芬，」莫德咬著牙說，「你的一切都是我父親給的，你怎麼能做出這種卑鄙的勾當？」

哭了一會兒，罵了一會兒，莫德想起一個問題，不哭了。

越想越恐懼。

如果只是史蒂芬背叛自己，沒有人支持他，他是不可能登上王位的。

柯貝，你怎麼能為史蒂芬加冕？

羅傑，你怎麼能把國庫鑰匙交給史蒂芬？

格洛斯特、小墨朗兄弟，所有向我效忠的人，你們怎麼能向史蒂芬這隻狗下跪？

在你們眼裡，我莫德到底算什麼？

我不只是被史蒂芬騙了，我是被諾曼第和英國的全體貴族騙了！我是被全世界所有人騙了！

你們不僅騙了我。還騙了我的父親。

為什麼？

我做錯了什麼？

難道因為我是女人？

傍晚，金花伯爵站在門外請莫德出來。

「夫人！」，「快開門！」

裡面沒有回應。

金花伯爵命人砸開鎖頭，迅速衝進去。

莫德直挺挺地躺在床上，一動不動，已經昏死過去。

醫生匆匆趕來，診斷後得出結論，莫德沒病，就是懷孕了[29]。

生孩子比什麼都重要，英國、諾曼第、王位、背叛、復仇，所有事情都得往後放一放了。

在事業這條跑道上，女人要抱著孩子和男人競爭。

由於身體原因，莫德無力發動戰爭。她派昂熱主教前往羅馬控告史蒂芬篡位，看看能不能用宗教和法律手段討回英國。

西元 1136 年 7 月 22 日，莫德生下第三個兒子，取名威廉。

在依諾增爵教宗面前，莫德的代表昂熱主教說史蒂芬是偽誓者。史蒂芬的代表利雪主教說莫德的母親是修女，不能結婚。所以，莫德本人是雜種。

這聽起來像是在說哈洛德和征服者威廉。

依諾增爵教宗最終判決史蒂芬勝出。

一來，史蒂芬已經占有英國。支持他就是支持和平，支持莫德就是挑起戰爭。

二來，柯貝大主教已經為史蒂芬加冕。教會不能推翻自己的結論。

還有最關鍵的一點。教會比世俗民眾更鄙視女人，更憎恨女人。因

[29]　孕婦血壓偏低導致大腦供血不足，容易昏厥。

為夏娃是世界上第一個罪犯，全人類都是因為她才被逐出伊甸園的。

很多宗教教義裡都含有歧視女人的內容。據我猜測，大多數男人都是 Loser（失敗者），讓他們從女人身上尋找優越感，無疑是一種最有效的發展會員的手段。

教宗的支持從來都不是免費的。依諾增爵開出條件，我要在英國派駐代表。

教宗的支持信一到英國，史蒂芬立即命人謄抄數十份，張貼到全國各地的教堂門前。尚在觀望中的貴族不敢耽擱，來到倫敦向史蒂芬效忠。

至於教宗要派遣代表常駐英國，史蒂芬不敢直接回絕。他想了一個變通的辦法，就是提名自己的弟弟恆力為教宗代表。如果教宗同意，那麼教宗使節還是自己人。

依諾增爵教宗心想，如果我指派他人，史蒂芬肯定要拒絕。不如順水推舟，就任命恆力好了。名義上的教宗代表也是一種勝利。只要教宗代表存在，我就能讓他發揮作用。

就這樣恆力一躍成為教宗代表，又稱紅衣主教，相當於羅馬教會最高權力委員會委員。恆力地位在柯貝之上，他更加驕橫自大了。

不久之後，柯貝去世。史蒂芬提名貝克修道院院長西奧博爾德（Theobald of Bec）為新的坎特伯雷大主教，用以制衡恆力。

矛盾無處不在啊。

至於莫德，她孤立無緣，被各方力量拋棄。

西元 1137 年，史蒂芬自信已經牢牢控制住英國，於是渡過海峽，順利接管諾曼第，無人反對。

史蒂芬每年付給第四伯爵兩千馬克。第四伯爵與諾曼第繼續結盟，對付共同的敵人金花伯爵。

當然，要想合法得到諾曼第，最終還需要胖路易點頭通過。

胖路易一生都想毀滅亨利一世家族。他欣然同意賜封史蒂芬的兒子尤斯塔斯(Eustace IV)（以下簡稱「尤四世」）為諾曼第公爵，並將女兒康斯坦絲(Constance)嫁給她。

史蒂芬向金花伯爵和莫德提議：你們已經占據的幾個諾曼第城堡，我不要了，就當是送給你們的補償。另外，我再給你們五千馬克，作為兩年和平的代價，如何？

金花伯爵的實力不足以對抗史蒂芬－第四伯爵聯盟，他又得不到胖路易的支持，只能無奈地在停戰協議上簽下自己的名字。

史蒂芬順利接管了諾曼第，與布盧瓦、安茹達成和平協議，愉快地返回英國。

最近，一塊鑲金邊、嵌鑽石的大餡餅砸到胖路易的頭上。

阿基坦公爵威廉十世(William X, Duke of Aquitaine)同意將長女艾莉諾(Eleanor)嫁給路易太子。

阿基坦公國位於法國中南部，還控制了加斯科尼公國、普瓦捷伯國和圖盧茲伯國。可以毫不誇張地說，整個法國南部都是阿基坦家族的，其領土面積相當於諾曼第＋安茹＋佛蘭德＋布盧瓦。

由於阿基坦家族實力過於強大，以至於歷屆法國國王都不敢以他們的主人自居，在文件上稱他們為「國王的夥伴」。

威廉十世沒有兒子。他的全部領土將作為嫁妝，送給路易太子。法國王室在法國集團裡所占的股份將由7%一躍超過60%，實現絕對控股。從此，法國王室將有足夠的金錢和軍隊，可以輕易打敗任何一個法國諸侯。

胖路易準備吃著生蠔，喝著葡萄酒，坐看布盧瓦家族和安茹家族惡鬥。

敘熱院長卻強烈反對這樁婚姻。他說艾莉諾是「女巫梅盧辛」的後人，會對法國王室，對她的丈夫帶來可怕的災難。

女巫梅盧辛的故事是這樣的：

法國貴族雷蒙在林中偶遇一位美女，叫梅盧辛。梅盧辛非常富有，還願意嫁給他。但雷蒙必須答應她一個條件：每週六她洗澡的時候，不准偷看。

雷蒙答應了。兩人婚後生活過得很幸福。

有人挑唆雷蒙說，你妻子洗澡不讓你偷看，她是不是在和別的男人偷情？

雷蒙自己也忍不住了。

一個週六，雷蒙透過窗戶往房間裡一看。

梅盧辛的兩條腿沒了，變成了一條大蛇的身子（法國版的白娘子）。

雷蒙大怒，衝進房間，指責梅盧辛是妖孽。

梅盧辛飛出窗戶，撞倒一座白塔，跑了。

胖路易沒有採納敘熱院長的建議。

西元 1137 年 7 月 25 日，路易太子和艾莉諾在波爾多舉行了婚禮。

艾莉諾送給路易太子一個水晶花瓶，至今還陳列在羅浮宮裡。

六天後，胖路易大笑三聲而死。

胖路易奮鬥一生，一無所獲，沒想到透過一場偶得的婚姻，把法國王室的實力擴大十倍以上。

胖路易雖然一無所獲，但是做到了奮鬥終生，屢敗屢戰。他當然有過收穫，比如逼退了羅馬皇帝的大軍。只不過，他的對手亨利一世太強了。

敗給強人不丟人。從強人面前撤退才丟人。

胖路易收穫了一個好國王的名聲。

胖路易死後，路易太子成為路易七世 (Louis VI)。

同年，「女中豪傑」阿黛拉夫人去世，享年七十歲。她是征服者威廉九個兒女當中，最後一個去世的。她也沒有想到自己的一個兒子是英國國王，一個兒子是紅衣主教。

加冕兩年來，教宗送來了支持信，法王成了親家，蘇格蘭國王達成了和平協議，威爾斯酋長已經臣服，哥哥成了盟友，弟弟成了紅衣主教，坎特伯雷大主教是自己人。史蒂芬的內政外交獲得全面勝利。當然，還有一、兩個局部小問題需要處理一下。

說白了，就是清除亨利一世的遺留勢力。

第一個人就是格洛斯特。他是亨利一世的兒子，實力雄厚。兩人年齡相近，地位相當，過去就互不服氣，暗中較量。格洛斯特是莫德的親哥哥，兄妹關係融洽。

格洛斯特的領地多弗位於倫敦和布洛涅之間，威脅著史蒂芬的安全。西元 1135 年，多弗的守將就拒絕史蒂芬入城。史蒂芬將多弗城堡沒收，交給伊普。

第二個人是羅傑。

史蒂芬沒有經濟頭腦，到處撒錢，兩年的時間就把亨利一世留下的巨額遺產花得一乾二淨。他怪羅傑無能，又忌恨羅傑和他的姪子尼可暗箱操作，不把真實的帳務情況告訴自己。

打擊羅傑，可以發揮一石二鳥的作用。

一是羅傑家族太強大了。三個主教，一個財長，一個文祕署長，對王權已經構成實質威脅。二是羅傑家族太有錢了。查抄他們的家產可以獲得大量現金，緩解財政危機。

史蒂芬命令羅傑主教、林肯主教（羅傑的姪子）和伊利主教交出他們的城堡。因為教士不需要參加戰爭，不需要擁有自己的城堡。

三大主教一致反對。城堡是一大筆財富，還能保障自身安全。

史蒂芬把羅傑、羅傑的兒子、林肯主教抓進監獄。伊利主教尼可跑得快，逃過一劫。

史蒂芬派人接管了國庫，沒收了羅傑家族的財產。

前朝老臣和後世新君注定是天敵。

所有貴族都支持史蒂芬。他們早就嫉妒羅傑的地位，羅傑的財富。一個出身卑微的人，一個從不上戰場的人，憑什麼比我們富有，比我們顯貴。

然而，一個比所有貴族地位都高得多的人卻站了出來，支持羅傑，強烈譴責史蒂芬。

史蒂芬萬萬沒有想到，這個人不是別人，竟然是自己的親弟弟恆力。

作為教宗代表，恆力認為包括羅傑在內，所有主教都是他的「人」。所有主教是否違法，都由他來審判，國王無權過問。史蒂芬未經自己允許就拘押羅傑主教，是嚴重的犯罪行為。

恆力將一紙傳票貼到王宮門口，通知史蒂芬到西敏寺接受審判。

史蒂芬讀罷傳票大吃一驚。他突然意識到問題的嚴重性。這不僅僅是兄弟矛盾，而是王權和教權的嚴重衝突。為了平息恆力的怒氣，史蒂芬下令將羅傑等人釋放。反正城堡和錢已經到手。史蒂芬還派德維爾代表自己去法庭應訴，給恆力面子。

在位國王成為被告，這在英國歷史上尚屬首次。

最高興的是依諾增爵教宗。有了教宗代表，就能發揮作用。

秋風呼嘯，萬木凋零。羅傑躺在病床上，悔恨交加。

這時候，有人告訴他，莫德已經率領一支軍隊登陸英國。

「讓戰鬥來得更猛烈些吧！上帝啊，只有你才能做出真正的判決！」

權可傾王，富可敵國的羅傑，在悲憤中，在貧困中死去。

第二十八集　女人的反擊

西元 1139 年 9 月 28 日的早晨，天空灰濛濛的，空氣中滲透著一絲初秋的寒意。

莫德看著熟睡中的三個兒子：六歲的亨利、五歲的若弗魯瓦和三歲的威廉。三個小傢伙睡得橫七豎八，你壓我的大腿，我枕你的屁股。亨利的鼾聲響得像個大人。老大老二打得不可開交。老三從早到晚嘟嘟囔囔，不知道他在說什麼。

莫德用手帕擦了擦威廉嘴角的口水。

今天要出發了，昨天晚上特意把他們三個傢伙弄到一張床上。如果問一個女人，這個世界上最不願意做的事情是什麼，那就是離開自己的孩子。

當年，征服者威廉北伐英國，教宗支持、法王中立、英王反對。

今天，教宗反對、法王反對、英王反對。

為了我的父親，為了你們，我的三個孩子，更為了我自己，一個女人的榮譽，我必須出發！史蒂芬！大竊賊！你等著！我一定要讓你跪倒在我的腳下！

金花伯爵是安茹人，如果他跨過海峽一定會遭到全體英國人的反對。如果莫德留守安茹，她的身分又不能鎮住當地的軍閥。因此，莫德北伐英國，金花伯爵留在家裡看孩子是最合理的分工。

被史蒂芬剝奪了多弗城堡後，格洛斯特一怒之下投靠了莫德。

9 月 30 日，莫德、格洛斯特率領一百四十名騎士，出其不意在英國南部海岸登陸，進入阿藍得城堡。

西元 1066 年征服者威廉北伐的時候帶了七千人馬，西元 1101 年羅貝爾公爵北伐的時候帶了兩千五百人馬。莫德帶著一百四十人就想征服整個英國。我看連個電影院大放映廳都坐不滿。

前王后阿德莉薩在亨利一世去世後改嫁阿倫德爾伯爵 (William d'Aubigny, 1st Earl of Arundel)，現在是這裡的女主人。阿德莉薩後來生了七個孩子，證明了自己的清白 (是亨利一世不能生)。

第二天一早，格洛斯特帶著四個隨從出城，趕往自己的駐地布里斯托爾，為即將到來的戰爭做準備。

格洛斯特剛走，史蒂芬就帶著軍隊殺到，把阿藍得團團圍住，水洩不通。

莫德站在城頭，看著城外密密麻麻的軍營，一籌莫展。格洛斯特不在，想找個商量的人都沒有。

剛剛登陸英國，就被大軍圍困，這可怎麼辦？史蒂芬會怎麼做？囚禁我？驅逐我？我是不會投降的。可是，我能堅持多久呢？

莫德在城頭上緊皺眉頭，終日徘徊。

三天後，莫德收到史蒂芬的一封信。信中的大意是，我親愛的表妹，你可以安全地離開阿藍得，前往布里斯托爾與格洛斯特匯合。

莫德走後，阿倫德爾伯爵和阿黛麗莎開啟城門，向史蒂芬效忠。他們沒有理由為了莫德與史蒂芬死戰。

史蒂芬為什麼放開已經到手的莫德，出於什麼動機？

普遍的解釋：攻下阿藍得城堡勞師動眾，需要很長時間。在此期間，格洛斯特一定會率軍襲擊其他城市。與其這樣，不如讓莫德和格洛斯特匯合，下一步集中殲滅。第二個好處是放走莫德之後，王軍可以不費一兵一卒拿下阿藍得城堡。

另一種解釋：史蒂芬認為攻擊莫德，是欺負女人，欺負表妹，有失騎士風度。莫德的性別弱點，在這裡反而成為她的優勢。

莫德安全抵達布里斯托爾。

在此之前，格洛斯特已向各路諸侯派去使者，通知他們到布里斯托爾向莫德效忠。

莫德同父異母的弟弟，康瓦爾伯爵雷金納德（Reginald de Dunstanville, Earl of Cornwall）來了。

一兄一弟輔佐女兒，這就是亨利一世多「交」幾個女人留下來的遺產。

布萊恩來了。他是亨利一世自小養大的，視同兒子。布萊恩的領地在英國中部，與史蒂芬的領地接壤。特別是沃林福德（以下簡稱「臥鱗堡」）在泰晤士河上游，可以直接威脅到倫敦。

米勒原本是效忠史蒂芬的，但他尷尬地發現自己的領地夾在格洛斯特和雷金納德的中間，於是投靠了莫德。

約翰來了。他是亨利一世的馬隊隊長。

白德溫來了。他是「亨利幫」成員，雷德瓦的理查之子。

六大將領（簡稱「六獅」）組成了皇后派（以下簡稱「后派」）的武裝力量。

被史蒂芬迫害的伊利主教尼可來了。他現在無錢無地，只得投靠莫德。

聖大衛主教來了，他曾是莫德母親的祕書。

不久之後，莫德來到羅傑主教修建的畝畏堡，將這裡作為后派政府駐地。

后派基本上控制了英國西南部和中部部分地區，與王黨（指史蒂芬）形成東西對峙的態勢。雙方都宣稱自己是合法的英國政府。

作為教宗代表，恆力認為自己是英國政治爭端的最高裁決者。西元1140年5月，他安排了一次和談。王黨代表有布蘭達王后、西奧博爾德大主教，后派代表是格洛斯特和米勒。

7月，恆力專程趕往法國，徵求路易七世、第四伯爵以及眾多主教的意見。

10月分，恆力回到英國，端出和平方案：

史蒂芬已是聖油膏過的國王，王位不容置疑。在其去世之後，應將英國及諾曼第傳給莫德的長子亨利。史蒂芬的兒子則繼承史蒂芬加冕前持有的土地和財產。

布蘭達王后聞訊大怒：我丈夫當國王的目的是什麼，不就是為了傳給我兒子嗎？如果我兒子當不了國王，我丈夫當這個國王有什麼意義？

莫德聞訊大怒：史蒂芬欺騙了我，奪走了我的王國和財產，難道就這樣不受懲罰地坐在王位上幾十年？而我卻什麼都得不到。他國王還沒當夠，說不定我就死了。到時候，誰來保障他把王位傳給我的兒子？

兩個女人都不服從判決結果。

讓戰爭決定吧。

史蒂芬準備先拔掉臥鱗堡這根釘子。

城牆太高大、太堅固了。

史蒂芬繞過臥鱗堡向西，連續拿下南塞爾尼、馬姆斯伯里，大軍直抵敵畏堡。

米勒繞道臥鱗堡向東，襲擊史蒂芬的後方，拿下查格夫、雷克。

史蒂芬只得撤軍。

雙方常有小戰，王黨和后派整體上進入僵持狀態。

林肯位於英國中部，在羅馬時代就是一座繁華的城市。它的位置極為重要。如果說南倫敦和北約克是蛇頭和蛇尾，林肯就相當於七寸。林肯主教是羅傑的姪子，他申請到巨額資金擴建林肯城堡，使之成為當時最耀眼的軍事堡壘之一。

西元 1140 年冬季，史蒂芬特意視察了林肯城堡。在反覆叮囑守城官之後，史蒂芬回溫莎過聖誕節去了。

史蒂芬的背影還沒有消失，切斯特伯爵藍爾夫 (Ranulf de Gernon, 4th Earl of Chester) 的軍隊就出現在林肯郊外。

史蒂芬割讓領土給大衛王，達成和平協議。這些領土當中，卡萊爾、唐卡斯特原屬於藍爾夫。雖然史蒂芬表示要給藍爾夫補償，但這不足以平息他的怒火。他準備攻占林肯，投靠莫德。

藍爾夫知道，以自己的力量，半年的時間也不可能拿下林肯城堡。

我去林肯旅遊的時候，從火車站下車，進了城門，一路在爬坡。爬上最高坡的時候，就是林肯城堡的大門。大門正對的是林肯大教堂。

從地勢上講，林肯城堡易守難攻。

藍爾夫他想出了一條「妙計」。第一步，他讓妻子以探親的名義，帶著四名騎士進入林肯城堡。第二步，他帶著四名騎士，以接妻子回家的名義進入林肯城堡。第三步，他集中八名騎士突襲守衛，打開城門。第四步，藍爾夫的弟弟早就守在城外。他一見城門大開，就率軍殺入。

史蒂芬聽說林肯失守，聖誕節也不過了，帶著伊普殺回林肯。

藍爾夫自知不敵。他逃出林肯，西行找自己的岳父格洛斯特求助去了。

史蒂芬知道藍爾夫肯定會殺回來，於是號令全國貴族到林肯報到，做好與后派決戰的準備。

王廷管家畢高德、里奇蒙伯爵阿倫、薩里（已去世）之子沃倫、征服者威廉妹妹之孫歐邁勒伯爵、厄鎮伯爵吉爾伯特（其曾祖父曾保護幼年威廉被殺）等諾曼名門貴族悉數趕到。

西元 1141 年 2 月，格洛斯特、米勒、白德溫帶著軍隊來到林肯城外。藍爾夫還從威爾斯搬來三名酋長以及他們的土著兵。

2 月 2 日，聖燭節（又稱「土撥鼠日」）。在林肯城的西郊，護城河的北岸，后派王黨兩軍擺開陣勢。

后派方面列出三個方陣。格洛斯特居中，藍爾夫和威爾斯酋長在左，白德溫率領的安茹軍隊在右。

王黨方面，史蒂芬居中，伊普在左，里奇蒙伯爵阿倫在右。

史蒂芬衝著吉爾伯特點點頭。

吉爾伯特一催戰馬，來到兩軍陣前，衝著后派軍隊大聲喊道：

「對面的叛軍亂匪，你們豎起耳朵仔細聽好！一場戰爭的勝利取決於三個要素：正義、兵力、士氣。此所謂以正勝邪，以多勝少，以勇勝怯。在正義上，我們是王軍，你們是叛賊，不言自明。在兵力上，我們騎兵不比你們少，步兵比你們多，特別是我們的貴族要比你們多得多。至於勇氣。讓我先說說格洛斯特吧。表面上看，他長著一張獅子的臉。實際上，他胸膛裡跳動的是一顆兔子的心。藍爾夫，你和格洛斯特正好相反。你有一顆獅子的心，可惜啊可惜，你卻長著小白兔的身。你的獅心很大，力量很小。」

王軍一陣哄笑。

吉爾伯特扭頭對王軍說道，「你們看看那些威爾斯人，一個個穿得破衣襤衫。知道的，他們是來參戰的。不知道的，還以為他們是來要飯的。」

王軍發出第二陣哄笑。

吉爾伯特接著對王軍喊道，「你們睜大眼睛看看，我們這邊個個都是出自名門顯貴，都是無敵勇士。忠誠一定戰勝背叛，我們一定戰勝你們！」

說完，吉爾伯特得意洋洋返回本陣。

王軍用長劍鐵錘敲打著盾牌，嘴裡發出「吼！吼！吼！吼！」的聲音。

林肯之戰對陣圖

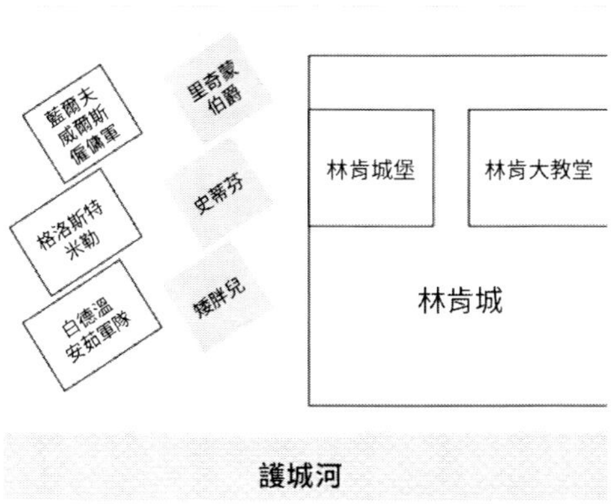

還沒等格洛斯特發話，米勒一催戰馬出了陣列，來到戰場中間，大聲說道：

「剛才說話的是吉爾伯特吧！你的口才真是一流，是跟哪個娘們學的？啊？我們這邊，不錯，既有獅子的威猛，又有兔子的純潔。至於你們的骯髒面目，我有必要向威爾斯的朋友們介紹介紹：

沃倫，貪吃的草蛇。

西門，懶惰的家豬。

阿倫，嫉妒的黑貓。

吉爾伯特，驕傲的公雞。

畢高德，貪婪的惡狼。

歐邁勒，淫蕩的山羊。

伊普，憤怒的麻雀。

你們加在一起，正好湊齊七宗罪。」

后派軍隊響起一陣哄笑聲。

「關於出自名門這件事，我不得不說說史蒂芬伯爵（即國王）的父親。他老人家總是最後一個到達戰場，第一個逃離戰場。到達的時候誰都比他快，逃離的時候他比誰都快。」[30]

米勒接著說道，「忠誠一定戰勝背叛，說得好。我們、你們都向莫德皇后效忠過。我們忠於莫德，你們背叛莫德。所以，我們戰勝你們。」

米勒罵完，得意地回歸本隊。

后派發出「噢嘞、噢嘞」的歡呼聲。

叫罵完畢，雙方官兵並不氣惱，緊張的氣氛一掃而光。

史蒂芬強壓怒火，下令進攻！

里奇蒙伯爵直撲威爾斯僱傭軍。威爾斯人單兵作戰能力很強，但不懂戰法，很快就被衝散。白德溫帶著自己的騎兵部隊迎戰里奇蒙伯爵，把他包圍。

雙方的軍隊都出動了。「叮叮鏘鏘」，刀劍相擊的聲音敲擊著戰士的耳膜，震顫著高大的城牆，餘音在群山裡迴響。

格洛斯特和白德溫的騎兵逐漸發揮了優勢。

[30]　史蒂芬的父親參加了第一次十字軍東征，在圍攻安條克時逃跑，成為人們的笑柄。

王軍士兵心中恐懼，紛紛逃竄。伊普勸史蒂芬撤離戰場。

米勒的話刺痛了史蒂芬，他決定堅持到底。一位傳記作家寫道：

「國王就像霹靂俠士一樣，擁有無與倫比的力量。他手持巨大的戰斧，擊敗了敵人多次進攻。戰斧被敵人斬斷後，他又拔出長劍，依然頑強戰鬥。」

藍爾夫嫉妒國王的榮耀，集中所有兵力把史蒂芬圍住。最終，一名叫肯尼士的騎士俘虜了史蒂芬。

大嘴吉爾伯特、里奇蒙伯爵渾身是傷，堅持到底，雖俘尤榮。

格洛斯特把史蒂芬帶回到布里斯托爾。

史蒂芬斥責格洛斯特，你竟敢對你的國王帶上鐐銬！

格洛斯特說，在我眼裡你永遠是布洛涅伯爵。

史蒂芬說，我是教宗認可的合法國王，你也曾向我效忠過！告訴你，我是絕對不會退位的。就算殺了我，王位也是我兒子尤斯塔斯（Eustace IV, Count of Boulogne）的。

格洛斯特說，羅貝爾公爵在我這裡關了八年，你肯定要比他住得久一些。

3 月 2 日，林肯大捷一個月後，莫德率領格洛斯特、米勒、聖大衛主教等人走進了溫徹斯特的主教府。

莫德向恆力承諾，如果你支持我為女王，我就把英國教會完完全全交給你，絕不干涉教會事務。

恆力不知道該不該支持莫德。他只能拖延時間。一方面向教宗請示，一方面召集國內主教前來商議。

基於兩個原因，越來越多的主教傾向於支持莫德。第一，看起來史蒂芬將面臨終生囚禁，不可能重返王位。第二，史蒂芬一次囚禁包括羅傑在內的三大主教，其罪行令人髮指，在諾曼王朝的歷史上從未有過。

西奧博爾德大主教曾經是貝克修道院院長，也是莫德的好友。莫德曾多次拜訪貝克修道院，並捐獻了大量的銀幣。西奧博爾德沒有表態，而是親自趕到布里斯托爾，面見國王。

史蒂芬對他說，我解除你向我效忠的誓言，你可以自由地做出選擇。

4 月 24 日，恆力身披象徵身分的紅色教袍，站在溫徹斯特教堂門前的廣場中央。林肯主教、赫里福德主教、巴斯主教、伊利主教、奇徹斯特主教、聖大衛主教和雷丁、阿賓登、格洛斯特等修道院院長，在兩旁站立。

莫德身邊，除了六獅、藍爾夫兄弟外，前來投誠的王黨貴族也不少，包括畢高德。教俗兩屆權貴如雲，后派聲勢大振。

「英格蘭的子民們！」恆力大聲說道：「六年前，我輕信了史蒂芬的承諾，助他加冕。然而，他並沒有為英國帶來和平和公義。在他的治下，英國從公正之國，和平之地、仁愛之鄉，信仰之土變成了滑稽之邦，衝突之所，混亂之邑，叛亂之域。他冒犯教會，犯下重罪，林肯之敗，就是證明。在此我鄭重宣布廢黜史蒂芬的王位，立莫德皇后為英格蘭的主人。」

恆力同時宣布對里奇蒙伯爵和伊普實施破門律，王黨勢力再受重創。

男人稱王，不需要一個女人點頭。女人加冕，卻需要很多男人同意。

莫德加冕已成定局。史蒂芬如何處理？

有人勸說第四伯爵率領一支軍隊來英國和莫德爭奪王位。的確，第四伯爵有這個資格，也有這個實力。他卻拒絕了。

第四伯爵向莫德提議，恢復史蒂芬的人身自由，恢復他在亨利一世去世時的財產，讓他以附庸的身分向莫德效忠。

換句話說，讓歷史回到西元 1135 年，莫德稱王，史蒂芬向莫德稱臣。

恆力同意，布蘭達王后同意，布盧瓦家族保持一致。

后派強烈反對。

格洛斯特的意見是史蒂芬出家為僧，或去聖地永不回來。他的所有財產由長子尤四世繼承。

莫德也不同意格洛斯特的意見。出逃後的克利托為亨利一世帶來了扎心刺腹的傷害，這種慘痛的歷史教訓絕不能重演。史蒂芬發誓在前，篡位在後，已經證明他是一個不可信賴的人，絕對不能放出來。

莫德的意見，先把史蒂芬關上五年十年，以後再做決定。

當史蒂芬被俘的消息傳來，金花伯爵的軍隊立即越過了諾曼第的邊界線。

諾曼第的龍頭，近幾年來主要留在英國與莫德作戰。他們之中，有的在林肯之戰中被俘，有的待在英國伺機反撲。留在諾曼第的都是實力弱小的低等級貴族。

金花伯爵一路上過關斬將，沒有遇上強大的對手。有頑抗不降的，金花伯爵就威脅他們說：英國已經歸我們所有，再不投降就沒收你在英國的土地。

很快，整個諾曼第西部都落入金花伯爵手中。

按照協議，第四伯爵應該幫助史蒂芬守住諾曼第。不巧的是，他此時正和路易七世打得不可開交。

路易七世要求韋爾芒杜瓦伯爵休掉自己的妻子，娶艾王后的妹妹佩特羅妮拉 (Petronilla of Aquitaine)。這是艾王后的主意。路易七世很寵這個絕世美人，對她的話言聽計從。

敘熱院長始終反感艾莉諾王后。他多次勸說路易七世，丈夫是一家之主，要對妻子凶狠一點。

聖伯爾納鐸崇尚節儉，對艾王后喜歡化妝打扮、酷愛珠寶首飾的生活態度多次表達不滿。

這兩個老頭對路易七世說上一千句，也頂不上艾王后說一句。

第四伯爵反對這樁婚事，因為韋爾芒杜瓦伯爵的原配是他的親妹妹。

路易七世入侵香檳 (第四伯爵的領地)。

第四伯爵只得反擊，無暇顧及諾曼第。

金花伯爵攻城掠地，在英國觀望的諾曼貴族開始擔心他們在諾曼第的財產安全。特別是恆力發表公開演講之後，莫德統一英國和諾曼第似乎已成定局。這些諾曼貴族紛紛返回諾曼第，向金花伯爵效忠，其中就包括最具分量的小墨朗。

金花伯爵占領諾曼第大部，盧昂還在負隅頑抗。

5 月 6 日，莫德來到雷丁修道院。在亨利一世的墓前，莫德向父親彙報了這幾年來發生的事情。最後，莫德跪下來祈禱。祈禱上帝保佑自己、保佑丈夫、保佑三個兒子，保佑整個英國的和平。

莫德這是在向全英國人民釋放一個信號，我才是亨利一世的合法繼承人。

6 月 5 日，莫德的舅舅大衛王帶著一支軍隊從蘇格蘭趕來，與她匯合。他此行的目的之一是重新修訂兩國和平協議（與史蒂芬的協議作廢），目的之二是參加莫德的加冕儀式。

大衛王提出，讓自己的親信庫寧出任達勒姆主教。莫德答應了。

6 月 14 日，莫德、大衛王、恆力、格洛斯特、藍爾夫等人進駐倫敦。

英國歷史上第一個女王即將誕生。

第二十九集　兩女王之戰

莫德進入倫敦之後，任命父親的老臣西吉羅為倫敦主教，任命倫敦塔總監鑾力（相當於倫敦警察局長兼監獄長）為埃克塞斯伯爵。透過一文一武，莫德在倫敦城內站穩了腳跟。

米勒獲封赫里福德伯爵，白德溫獲封德汶伯爵。

莫德自己的稱呼卻成了問題。

King 是男性專用。在當時 Queen 僅指王后（現在也可以指女王）。

一個國家的女王和另一個國家的王后見面了，顯然不能都用 Queen。按照現在的說法：

女王是 Queen regnant（統治的）。

王后是 Queen consort（伴侶的）。

太后是 Queen dowager（孀居的）。

莫德決定啟用一個新詞，Lady of the England，「英格蘭夫人」。

Lady 與 Load（主人、大人）同源，即女主人的意思。

女人愛慕虛榮，莫德更不例外。她要求自己的加冕儀式務必隆重、華麗。

唯一的困難是錢。國庫是空的，莫德本人也沒有什麼積蓄。格洛斯特等貴族不善經營，財力有限。最後，這筆費用攤到倫敦市民的頭上。倫敦市民不是貴族，卻人數眾多、財力雄厚（商人多）。

一名倫敦市民代表向莫德抱怨，「夫人，史蒂芬加冕的時候，可是免除了我們一年的稅收啊。」

「別在我面前提那個騙子的名字！」莫德心中有些不快。「你們支持他，背叛了我。我沒有追究你們的罪責，就是你們最大的受益。六年了，我沒有收過你們一分錢的稅金。第一次要你們交稅，你們就要抗旨不遵嗎？」

倫敦市民代表滿腹牢騷，退出王宮。

回到房間，莫德覺得有些異樣。

「是誰？」她警惕地問了一句。

一個女人從櫃子後面走了出來。

「你！」看到她，莫德的怒火就像點燃的汽油桶。

布蘭達王后緊走兩步，跪倒在莫德面前，哭著說道，「皇后！求求你，放了我的丈夫吧！我們不當國王了，什麼都不當了。我們只想回到布洛涅。」

「我父親當初是怎麼對你們的？你們又是怎麼對我的？你們為什麼要這麼做？說啊，為什麼？」莫德氣得胸脯一起一伏。

「我們錯了，我們錯了。」

「錯了！說得輕巧，你們犯的是叛國罪！」

「我求求您，原諒我們吧，」布蘭達跪走兩步，抱住莫德的大腿。

莫德厭惡地想擺脫她，「快走，我不想見到你！」

「我不走！你把我抓起來，把我和我的丈夫關在一起。」

「來人！把她趕出宮去！」

兩名士兵進來，把布蘭達架出王宮。

布蘭達哀求莫德釋放史蒂芬

明天，西元 1141 年 6 月 23 日，英國歷史上第一位女王就要誕生了。

當天晚上，莫德躺在床上，翻來覆去難以入眠。

為了這一刻，竟然多等了將近六年。

想想史蒂芬，想想布蘭達，加冕的好心情都沒有了。

也許應該感謝史蒂芬呢，莫德轉念一想，是他給了我一個機會，讓我知道，我也能透過自己的努力贏得王位。今後，無論誰再煽動叛亂，我都不怕了。男人能做的，女人都能做。

莫德思前想後，輾轉反側，到了午夜，才迷迷糊糊睡著了。

一塊石頭砸在英國王宮的玻璃上，「哐啷」一聲打破了寧靜的夜晚。

「衝啊！殺啊！」

「抓住那個討厭的女人！」

莫德躺在床上，朦朦朧朧聽見有人在叫喊。難道是我在做夢？

「咚咚咚！」門外響起急促的敲門聲。

莫德翻身下床，侍女過來替莫德披上衣服，打開大門。

皇家馬隊隊長約翰站在門外，表情緊張。

「夫人！報告您一個不幸的消息，倫敦發生暴亂了。」

「叫格洛斯特鎮壓他們。」

「人太多了，局勢控制不住。夫人，我們必須馬上撤離。」

「去哪裡？」

「溫徹斯特，或者牛津？」

這時候，大衛王、格洛斯特、米勒、藍爾夫等人匆匆趕來，每個人都全副盔甲，表情嚴肅。

「我們真的要離開倫敦？」莫德不甘心地問格洛斯特。

格洛斯特點點頭。

「明天我就要加冕了。」

「如果不走的話，我們都得成俘虜。」

王宮外不遠處的一個路口。布蘭達王后、恆力、伊普並肩而立。

半個月前，恆力收到了教宗的回信，要他繼續支持史蒂芬為王，並想辦法把國王救出來。莫德沒有徵詢恆力的意見，就答應把達勒姆主教給大衛王的朋友庫寧。恆力認為莫德還沒有加冕就插手英國教會的事務，違背承諾，不能合作。

恆力和布蘭達王后祕密聯手，策劃了今天晚上的行動。

伊普帶著自己的人馬從林肯戰場逃跑，保存了一支軍事力量。

倫敦市民代表喜歡親切的史蒂芬，討厭冷傲的莫德。莫德要求他們繳稅，他們就找布蘭達王后求助。

被逼到死角，沒有退路的布蘭達王后煽動他們拿起武器，攻擊國王的敵人。布蘭達王后說，「你們劫掠，或者是縱火，做你們想做的。我都赦免你們！」

倫敦所有男人都拿著武器上街了。這可是一個難得的打砸搶、亂中發財的機會。

倫敦暴民包圍了王宮，吵吵嚷嚷，卻沒有人敢衝進去。

伊普命令士兵把數十支火把扔進王宮。

很快，王宮裡的掛毯、帷帳、椅子開始著火。大廳裡充斥著刺耳的尖叫聲和哭喊聲。

眾人只得來到院內。

格洛斯特對莫德說，「夫人，時間緊急，我們現在要衝出去。」

「天這麼黑，可以嗎？」遇上這種事情，莫德也沒了主意。

「天亮了，我們想躲都沒有地方了。」格洛斯特命人去牽馬。

約翰正在盤點馬匹，想著一會兒撤退的時候如何分配。正在這時候，王宮頂部的鉛十字架融化了。有一滴鉛水不偏不倚正好濺到他的眼皮上，令人恐懼的事情發生了：

一顆眼珠竟然掉在地上。「啊！」約翰痛得大叫一聲。他用手摸了一下自己的眼皮，「啊！」又大叫一聲。

約翰忍住巨痛，命人把馬匹送出去。

莫德看著馬鞍說，「不行，我要側騎。」

當時的男人是叉開腿騎馬，女人是側著騎馬，馬鞍是不一樣的。

「平時行進您可以側騎馬。今天是戰時，您得正騎。」

「可我不會正騎！」

「這很容易，您騎一會兒就適應了。」

十幾個火把同時扔進院內，引起一陣尖叫。

格洛斯特有些著急，他再次上前。

「不！我不能騎！」莫德有些急了。

她看著一臉驚愕的格洛斯特，加了一句：「我不能像男人那樣騎！」

此話一出，莫德愣住了。

這本來就是男人的世界，所有的規則都是按照方便男人來設計的。

比如說騎馬。

當時的女人只能穿長裙，穿褲子是犯罪。其中，褲子包括內褲。

莫德的問題就在這裡。

在炎熱的夏季，一個沒穿內褲的皇后在公眾場合抬起大腿。她還沒跨過馬鞍，就得露出屁股。就算是坐在馬上，也不舒服。

喊殺聲更大了，王宮的大門隨時可能被撞開。

格洛斯特這才明白，莫德需要一條褲子。可是，皇后絕不會穿任何一個男人穿過的褲子。哪怕是新的，莫德也不會穿。

格洛斯特情急之下，脫下自己的斗篷，鋪在馬鞍上。然後大喊，所有人轉身低頭，不許看！

莫德這才踩著馬凳，翻身上馬。

格洛斯特又和藍爾夫、大衛王等人低聲嘀咕了幾句。隨後，主要將領都上了馬。

格洛斯特命令十幾個士兵同時將火把用力向大門外扔去，與此同時迅速打開大門，衝到街道上。

門外全都是人。有的拿著火把，有的舉著武器，吵吵嚷嚷。

格洛斯特手舞長劍，在最前面左拚右殺。

叛亂的市民抵擋不住，替他們留出一條通道。

大衛王和莫德等人跟在後面。

市民們仗著人多，又慢慢上前將他們圍住。

格洛斯特大聲呼喊，「我是格洛斯特伯爵！我是格洛斯特伯爵！來抓我啊！」

暴民向他逼近，揮舞著火把和武器。

格洛斯特的戰馬被晃動的火把驚到了。牠抬起前蹄，咴咴直叫。

一些人開始圍攻莫德和大衛王。

大衛王沒有格洛斯特的戰鬥力。但他有一樣世界通用的超級武器，金錢。

大衛王從口袋裡掏出一把金幣，故意向較遠的地方拋灑，邊拋灑邊喊，「快搶金子啊！數量有限，搶完為止！」

倫敦市民彎腰蹲身，擠成一團。

大衛王趁機一催戰馬，帶著莫德等人衝到下一個路口。

大衛王灑了三回金子。莫德、還有米勒等人僥倖逃出倫敦。

莫德等人在拉德賽爾休息了兩個小時，不敢多留，繼續逃跑，用了一整天才回到敵畏堡。大衛王損兵折將，回蘇格蘭去了。

莫德從來沒有用這種方式耗費這麼長的時間騎馬。她身體都快顛得散開了，兩腿內側擦出很多傷口。

「倫敦事變」把莫德嚇出了後遺症。在敵畏堡的第一天晚上，她三次夢見敵人追殺過來，自己的馬卻怎麼打也不跑。

第二天，莫德下令繼續撤離。傷情讓她再也不能騎馬了。

米勒命人做了一副擔架，架在兩匹馬上。擔架上鋪上羊毛毯子。莫德趴在毯子上，一路顛簸跑到格洛斯特（地名）。

莫德到了格洛斯特之後，在床上躺了三天，生不如死。

「倫敦事變」後，莫德丟掉的不只是倫敦一座城市，而是整個英國。現在，擺在莫德面前的是三座雄關。

教會關，如何第二次說服恆力為自己加冕？

貴族關。大衛王回蘇格蘭了，藍爾夫回林肯了，格洛斯特、鑾力、畢高德失蹤了，如何發動新的一輪攻勢？

人民關，以後還能不能安全進入倫敦？

倫敦市民一向富有、自大、暴躁、彪悍。別說莫德，就是當年的征服者威廉也盡量不去招惹他們。《末日審判書》調查了全英國人的財產，唯獨不包括倫敦市民。自莫德之後的數百年裡，倫敦市民除了驅趕過國王，還做過如下「荒唐」的事情：

- 關上城門不讓國王回家
- 打開城門放進國王的敵人
- 拿起武器在戰場上和國王作戰

在中國歷史上，都城人民趕走國君的事件也不罕見。其中影響最大的就是西元前 841 年，周朝首都鎬京市民討厭周厲王，手持棍棒、農具，攻打王宮。

周厲王命令士兵前去鎮壓。

大臣說，我們的士兵就來自市民，怎麼能殺戮市民呢。

周厲王只好跑到彘，再也沒有回來。

周公和召公共同執政，始稱共和。

中國歷史上不是只有農民起義，也有非常多的市民起義。中國古人也不完全由地主和農民組成。

亨利一世 8 月 1 日到達溫徹斯特，8 月 5 日在倫敦加冕。

史蒂芬 12 月 15 日到達溫徹斯特，12 月 22 日在倫敦加冕。

莫德 3 月 2 日到達溫徹斯特，6 月中旬才到倫敦加冕。

所以，有些職業的確不適合女人。比如消防員。

接到報警電話要聊天，出門之前要化妝，到達火災現場要自拍。火都等不及她們，乾脆自己滅了。

古代社會的政治家和官員是男人。他們設計的政治規則為男人量身訂製。女人參與進來，被淘汰了都找不到原因。

比如競選總統。如果男性候選人哭了，選民說他是鐵漢柔情。如果女性候選人哭了，選民說她是弱女子，沒有力量保護國民。

比如男性領導者廣泛徵求大家意見，大家說他善於納諫。如果女性領導者廣泛徵求大家意見，大家說她沒有主見。

一位歷史學家寫道，「當莫德聽說倫敦市民代表不願繳稅的時候，她眉頭緊縮，連女人最後一絲溫柔都沒有了。」

問題就出在這裡。

紅臉王哪怕上前打倫敦市民的耳光，也沒有人批評他不像男人。

而莫德只要端端架子，就有人批評她不像女人了。

女人應該什麼樣？自己沒有意見，服從別人的命令，不和別人發生衝突。

這怎麼當領導者？

布蘭達王后派人告訴莫德，格洛斯特在我手裡。我提議你用史蒂芬換他。

莫德為難了。放了史蒂芬，他回到倫敦肯定繼續稱王。再抓住他就難了，甚至永遠也抓不住他了。

可是，沒有格洛斯特也不行。以後靠誰來說服恆力，靠誰來和伊普作戰，靠誰來安撫倫敦市民。何況格洛斯特還是我的親人，我的兄長。

格洛斯特對莫德還有一重特殊作用，精神與感情的溝通者。

國王可以和下屬一起喝酒講笑話，甚至一起嫖妓。

女王呢？莫德呢？她總不能和男性臣子聊到半夜吧？和侍女又沒有什麼可聊的。格洛斯特是莫德的哥哥，聊什麼內容聊到什麼時候都可以。

莫德猶豫再三，最終還是答應了布蘭達王后的建議。

兩個相互猜疑的女人，制定了一個相當複雜的人質交換程序。

10 月 1 日，布蘭達王后來到布里斯托爾，代替史蒂芬住進監獄。皇后派的十名騎兵護送史蒂芬來到溫徹斯特。

同一天，格洛斯特的兒子來到羅徹斯特，代替父親住進監獄。國王黨十名騎兵護送格洛斯特也來到溫徹斯特。

雙方在這裡交換史蒂芬和格洛斯特。

一天後，雙方同時釋放布蘭達王后和格洛斯特的兒子。

見到格洛斯特後，莫德抱著他痛哭起來。

再傲慢的皇后也是女人，何況一個遠離兒子，常年孤身在外的女人。

格洛斯特安慰莫德說，沒關係，我們以後還能抓住史蒂芬。

「倫敦事變」中，后派軍隊損失慘重。格洛斯特提議去諾曼第徵召士兵。

格洛斯特走後，莫德從敵畏堡來到牛津。泰晤士河和查韋爾河在這裡匯合，牛群常常踏水而過，故而得名牛津。

史蒂芬回到倫敦，受到熱烈歡迎。他看著熱情洋溢的市民，心中十分感激。幾天之後，他高興不起來了。

暴亂當晚，市民們衝進王宮。金的銀的、穿的用的，桌上擺的，櫃裡藏的，都被劫掠一空。這些東西是沒辦法要回來了。再買的話，溫徹斯特的國庫早就被莫德搬空了。史蒂芬只好向倫敦商人借錢度日。

聖誕節到了。恆力以紅衣主教的身分，當眾將王冠戴在史蒂芬的頭上。

這是向全國人民發出信號，史蒂芬還是英國唯一的合法國王。

恆力在演講中嚴厲譴責莫德侵犯教會權利，「倫敦事變」就是上帝對她的懲罰。

看著恆力的臉，聽著恆力的話，坐在王位上的史蒂芬心中很不是滋味。

我的弟弟在我最困難的時候支持我的敵人，在大庭廣眾之下控訴我的罪行。君臣義哪裡去了？兄弟情哪裡去了？恆力譴責莫德侵犯教會權利，每一句話聽起來都像在譴責我。我是侵犯教會的罪人，莫德是侵犯教會的罪人，就你一個人是好人。

當坎特伯雷大主教和約克兩大主教爭執的時候，都有求於國王。當史蒂芬和莫德爭執的時候，都有求於恆力。

兩大宗教爭執，都要求助於政治。兩個政黨爭執，都要拉攏宗教。

恆力在溫徹斯特建立了英國第一所贍養院（醫院），叫聖十字醫院，至今還有二十多名老人居住在裡面。我去那裡參觀的時候，在廚房裡發現了一張看起來極為普通的桌子。桌子旁邊貼著一張長紙條，介紹了桌子的歷史。紙條上是這樣寫的：

恆力自覺有愧於史蒂芬，於是命人製作了這張桌子，送給史蒂芬作為補償。

史蒂芬又看見了隊列中的鑾力、畢高德。

你們都曾向我效忠，為什麼拋棄我？

史蒂芬雖然對他們不滿，但拉攏他們為自己效力總比把他們推給莫德更明智。

史蒂芬也不想想，你自己就是個叛徒。

聖誕節後的第二天，心事重重的史蒂芬病倒了。病因可能是：

1. 林肯之敗的創傷。
2. 八個月的監獄生活。
3. 年過五十，體格不比壯年。
4. 看到曾經背叛自己的恆力、畢高德等人，心中憂憤難平。

史蒂芬一病不起，有人偷偷向莫德示好。

一個月後，史蒂芬恢復了健康。

莫德和藍爾夫對史蒂芬構成了兩面夾擊。他決定先解決藍爾夫，奪回林肯城堡，再征討莫德。

沒想到藍爾夫卻主動打開了林肯城門，跪倒在史蒂芬的腳下。

藍爾夫認為，自己的頭號敵人是侵占他領土的大衛王，而莫德是大衛王的親戚兼盟友。所以，他選擇投靠史蒂芬。

史蒂芬解決了藍爾夫，打聽到格洛斯特還在諾曼第，立即帶著伊普包圍了牛津城堡。

從史蒂芬的故事開始，我們發現英國的城堡大大增加了，如阿藍得城堡、敵畏堡、臥麟堡、林肯城堡、牛津城堡。

威廉征服英國之前，英國只有 4 ～ 5 座初級、簡陋的城堡。威廉征服英國之後，為了防範英國土著報復諾曼人，修建了數十座城堡。亨利一世繼位之後，英國人民不再是主要敵人，以貝萊姆伯爵為首的地方權貴據守城堡，屯兵威脅王權。因此，亨利一世下令拆除了大量城堡。史蒂芬繼位以後，無力管束貴族。莫德一來，內戰興起，有實力的人紛紛興建城堡，割據一方。

在冷兵器時代，攻占城堡主要有四種手段：用投石機砸城牆、用圓木撞城門、用梯子爬城頭、用鐵鏟挖地基。即使四種手段同時並用，即使你的兵力是守軍的三倍，也很難在兩個月內攻破一座堅固的城堡。

聰明的將領一般採取第五種手段：圍而不攻。守軍斷水斷糧後就會投降。

牛津城堡內的莫德被王軍團團圍住，焦慮萬分。她可不敢奢望史蒂芬第二次發揚騎士精神，把自己放走。莫德面臨四個選擇。

A：戰

B：逃

C：等

D：降

戰。城裡這些人馬殺出去，相當於投一把鹽到一口盛滿水的鍋裡。

逃。王軍二十四小時像鷹一樣盯著城門。護城河又寬又深，根本游不出去。

等。格洛斯特遠在海外（諾曼第），天知道什麼時候才能回來。

降。莫德最不接受的選擇就是投降。

現在只能等了。等格洛斯特的救兵。等一天是一天。

這是沒有辦法的辦法。

有一天早上，當莫德驚訝地吃到馬肉的時候，她知道不能等了。

莫德重新做了一遍選擇題。

首先排除的是降，其次是戰，最後的選擇是逃。

莫德與「獨眼約翰」商量，制定了出逃方案。

目標：逃到臥麟堡

時間：當天午夜

人員：莫德、約翰以及三名士兵，人數再多容易被發現。

地點：不走城堡正門，從側面城牆順繩子滑下，同時滑下一艘船。

辦法：第一步五人乘船過護城河。第二步在夜色的掩護下從史蒂芬軍營輕聲走過。第三步尋找馬匹逃跑。

出逃五人組當天早早用罷晚餐，開始準備。

莫德獨自一人進入小教堂祈禱。

萬能的我主上帝啊，我現在四面被敵人包圍，前後左右都沒有路。我要通過護城河，我要通過史蒂芬的軍營。請你賜給我一條安全之路、一條生命之路吧。

傍晚的時候，天空飄起了大片大片的雪花。紛紛揚揚，持續不停。

天近子時，莫德帶著約翰及三名士兵來到城樓。

雖然月亮被濃雲遮掩，但白雪映得大地亮如白晝。

如果沒有雪，還可以藉著夜色掩蓋，悄悄穿過敵人的包圍圈。在雪地裡，晚上也成了白天，在敵人眼皮底下怎麼逃？

在堅硬的路面上還可以跑。在沒膝的大雪裡，人怎麼走？

該死的雪，你這是要我們的命啊！

第三十集　雪夜遁逃

一場未曾預料的漫天大雪，厚厚地覆蓋了眼前的逃亡之路。

莫德無奈地回到屋內，坐到床上。雖然壁爐裡的木材熊熊地燒著，但冰冷的空氣還是讓莫德縮了一下身子。

史蒂芬如果抓住我，肯定要關我一輩子，也許我再也見不到我的三個兒子啦。

胡思亂想了一陣，莫德低下頭，眼睛有些模糊。

無意間，她瞥到了白色的床單。

白色的床單，白色的床單，有了！

莫德命令侍女把剪刀拿來。她接過剪刀，在床單中間剪出一個洞。隨後，她舉起床單，套過自己的頭，披在身上。

接著，莫德用剪刀裁出一條白色圍巾，包住自己的頭。

莫德變成了一個「白人」。

她命令侍女做出四套同樣的袍子。

很快，約翰和三個士兵也變成了「白人」。

眾人來到城牆上。莫德吩咐一名留守的男爵，今天晚上的事情要對所有人保密。明天中午以後，我允許你們開城向史蒂芬投降。

一名士兵把長繩的一頭綁在約翰的腰上。約翰小心翻過城牆。幾名士兵慢慢地放長繩。約翰順著城牆滑到城下。他解開腰間的繩子。

用同樣的方法，莫德和其他三名士兵平安落地。

此時的護城河早已結上厚厚的冰層。五個人竟然安全地通過了原來一人多深的護城河，連船隻都不需要了。

說起來，真得感謝這場大雪。

五個人一腳深，一腳淺，慢慢地接近了史蒂芬的兵營。正是這場大雪，讓史蒂芬的軍隊放鬆了警惕，沒有士兵願意在這樣的鬼天氣裡巡邏放哨。

五人安全通過史蒂芬的軍營。走了差不多有七英里，天慢慢地亮了。他們來到阿賓登，在這裡找到馬匹，一口氣逃到臥鱗堡。

莫德的祈禱應驗了。這場大雪就是上帝為莫德鋪就的生命之路，光明之路。

就連一貫吹捧史蒂芬的巴斯主教也不得不客觀地寫道：一個女人如此絕地逃生，史書上聞所未聞。

莫德在臥鱗堡住了數日，回到敵畏堡。

莫德雪夜奔逃

今天的牛津城堡已經毀壞得很嚴重了。幸運的是，莫德當年住過的房間還在。工作人員會扮成莫德的樣子，為你導遊。

格洛斯特回到諾曼第，本想徵召人馬盡快返回英國前線。金花伯爵說，你別急著回去，先幫我征服諾曼第全境。兩人合兵一處，終於拿下盧昂。

金花伯爵命人製作印章，自稱諾曼第公爵。但是，他這個公爵沒有得到路易七世的批准。

格洛斯特發現金花伯爵不缺女人，還有幾個私生子。像莫德這樣奮鬥在外的女強人，難免是家庭生活的失敗者。

聽說莫德被困牛津，格洛斯特急著返回英國。

金花伯爵說，我剛占領諾曼第，局勢不穩，不能把軍隊借給你。

格洛斯特沒有辦法。他在自己的領地內徵召了四百人馬，急匆匆乘船渡過海峽。格洛斯特在去牛津的路上得知莫德已經回到敵畏堡，於是快馬加鞭趕來。

在莫德的房間門口，格洛斯特笑著說道，「夫人，您看誰來了？」

一個滿頭紅髮，滿臉雀斑的小男孩站在格洛斯特旁邊。

莫德先是楞了一下。

「亨利！」莫德一聲尖叫，眼淚一下就流下來了。她像母狼一樣衝過去，蹲下來，緊緊抱住亨利。然後又鬆開手臂，貪婪地盯著亨利的臉。

三年了，亨利長高了，不再是想像中的樣子。

亨利嚇得想往後退。眼前這個半頭白髮，滿臉滄桑的老太婆難道是自己的媽媽？

格洛斯特知趣地退出房間，關上大門。

莫德跪在地上，把亨利抱在懷裡，像母狼一樣嚎啕大哭。

哭了一會兒停下，又想起來若弗魯瓦和威廉，接著哭。

在英國每一個晚上入睡前，莫德從沒有停止思念她的三個孩子。

哭了一會兒停下，莫德想起失去倫敦，繼續哭。

亨利，我對不起你啊。我原本可以把你接到倫敦的。都是我的錯，我的錯。

以前只能偷偷落淚，今天索性哭個痛快。

管他什麼女王不女王，威嚴不威嚴。

把小貓從母貓身邊拿走，母貓都要哀嚎很長一段時間。何況是人？

幾天後，莫德召集所有貴族，要求他們向亨利下跪效忠。

亨利是我的繼承人。亨利是未來的英國國王和諾曼第公爵。

莫德把亨利送到布里斯托爾的聖奧古斯丁修道院。那裡有幾個好老師，也比敵畏堡安全得多。小亨利在英國待了一年半左右，回諾曼第去了。因為奪取英國遙遙無期，不如在諾曼第跟隨金花伯爵學習治國理政。

史蒂芬召蠻力到倫敦，當場將他擒住，投入監獄。在蠻力答應交出自己的城堡後，放他出獄。憤怒的蠻力舉兵叛亂，在進攻伯韋爾城堡時受傷死亡。

史蒂芬召藍爾夫到南安普敦，突然將他擒住，投入監獄。在藍爾夫答應交出考文垂和林肯城堡之後，放他出獄。

史蒂芬這兩件事做得很不誠信，很不得人心。他沒有堅持做好人，做壞人又不徹底。很多王黨貴族不知道他是好是壞，乾脆遠遠離開他。

莫德的處境每況愈下。大將米勒死於聖誕節前的一場狩獵（佐證紅臉王死於意外）。另一位堅定的支持者，布萊恩脫下鎧甲，出家為僧。加上死去的蠻力，后派實力大減。

王黨和后派損兵折將，大傷元氣。雙方都變得謹慎起來。

大規模戰爭沒有了，地區武裝衝突不斷。英國陷入僵局。

直到西元 1146 年，歐洲發生了一件大事。

西元 1146 年 3 月，法國韋茲萊小城。明谷修道院院長聖伯爾納鐸舉起了十字架，號召歐洲各國君主發動第二次十字軍東征。雖然聖伯爾納鐸的演講沒有烏爾巴諾教宗的演講影響力大，知名度高，但他的演講更激昂，更精彩，能讓天空變色，大地顫抖，野獸雌伏，魔鬼流淚，公雞下蛋，母豬上樹。

不信，請聽聽他的演講辭（部分）：

相信你們已經了解到，我們生活在一個怎樣的時代：災難重重、行將毀滅。世界上所有地區都散發著腐朽刺鼻的氣息，以及未受懲戒的邪惡。法律和宗教早已無力阻止道德的淪落，邪惡肆意橫行。魔鬼盤踞了真理的寶座，上帝已將詛咒降臨到他的聖殿。

聽我說話的人們啊，快快使上天息怒吧！

然而，空洞的訴怨無法得到他的慈悲，披上喪服亦無濟於事。

只有戰勝異教徒，才能洗清你們的罪孽。

只有奪回聖地，才能得到懺悔的獎賞。

敵人已經侵占了你們的土地，凌辱了你們的妻女，褻瀆了你們的神廟。

你們還在猶豫什麼？你們還在考慮什麼？

他們得勝，我們的子孫遺恨無窮。

你們若容許他們得勝，就會成為千古罪人。

是的，耶穌基督命我向你們宣布他要懲罰那些不抗敵的人。

願基督徒的世界迴響起先知的預言：「刀劍不染血的人要受詛咒。」

如果我主召喚你們起來保衛他的財產，你們切勿以為他已失去了手中的力量。他豈不能派遣無數天使或一聲令下就使敵人頃刻之間化為齏粉？

可是上帝顧惜他的子民，給他們仁慈的出路。他召你們為恢復他的榮耀和聖名而戰，使你們有一天得到平安。

基督的勇士們啊，為你們獻出生命的基督今天要求你們將生命回報給他。

你們值得進行這場戰鬥，勝則無上光榮，死亦受福永續。

十字架的捍衛者啊，謹記你們先輩征服耶路撒冷的榜樣，他們的名字已經銘刻在天堂之上。

放棄吧，塵世的一切終將煙消雲散。

你們奪取的是常青之樹，征服的是永恆之國。

聖伯爾納鐸演講完畢，法國國王路易七世第一個報名參加。他這麼做有四重目的：

第一，他的祖父腓力一世被烏爾巴諾教宗禁止參加第一次十字軍東征。法國國王不能再缺席第二次。

第二，在和第四伯爵的一場征戰中，路易七世燒死了上千人。事後他晝夜懺悔，良心不安。

第三，到聖地為被豬撞死的哥哥祈福。

第四，國王和王后的夫妻關係出現了嚴重的裂痕。

路易七世在信仰上相當虔誠，在生活標準上向僧侶看齊。平日簡衣素食，清心寡慾。艾王后在其他方面都退讓了，只有一項實在讓人忍無可忍。

國王在性生活上也要執行僧侶的標準。

艾王后在床上又是軟磨，又是硬上。路易七世身心俱疲，小弟弟倒地不起。

御醫對國王說，我認識一些有經驗的女人，她們一定能讓你治好你的病，把你從痛苦變成至高的快樂。

路易七世說，我寧可終生陽痿，也不淫蕩一次。

幸運的是，國王的小弟弟又艱難地站起來了。但國王夫婦的性生活依然少得可憐。

聖伯爾納鐸發表號召十字軍東征（座位上是路易七世和艾莉諾王后）

羅馬皇帝康拉德（Conrad III）對十字軍東征毫無興趣。一來，皇帝擔心自己離國期間，韋爾夫家族在後方發動叛亂。二來，皇帝和教宗是天敵，皇帝不願意替教宗賣力。

關於康拉德皇帝，有一個著名的故事。

西元1140年12月20日，康拉德的軍隊打敗了與他競爭皇位的韋爾夫家族，後者龜縮在一個城堡裡向皇帝投降。

康拉德說，城裡的女人可以離開，還可以帶上一件自己認為最貴重的財物。至於男人，不管老幼，我要全部殺死。

第二天，城門打開了。拿著武器的士兵卻傻眼了。

婆婆扶著公公，妻子拉著丈夫，女兒牽著爸爸，寡婦拉著兒子。城裡的女人什麼金銀財寶都不要，只要她們的父親、丈夫、兄弟和兒子。

康拉德感動得熱淚縱橫。撤兵，不殺了。

西元 1146 年聖誕節。聖伯爾納鐸趕到施佩爾，親自勸說皇帝參加十字軍東征。

康拉德說，我聽說你很會演講。麻煩你明天講一場。要是能說服我，我就參加。

第二天演講的前半部分，觀眾聽得熱血沸騰。

康拉德撇撇嘴，這和我絮絮叨叨的外祖母處於同一水準。

講著講著，聖伯爾納鐸突然直視康拉德，以幽怨的語氣問道：

「人啊，我還有什麼事吩咐你去做而你又沒有做呢？」

一句話，就像把一桶冰水澆到康拉德的頭上。

因為這句話不像是聖伯爾納鐸說的，而是耶穌本人在責問：

「康拉德！我吩咐給你的事情你做完了嗎？」

康拉德扭頭一看，所有人都在注視他，等著他的回答。

康拉德就覺得背後有人猛地推了他一下。

皇帝「撲通」一聲跪倒，大聲呼喊，「主啊！我有罪！我去做！我現在就做！」

歐洲人的演講比中國人好。這並不是人種之間的差異，而是傳統所致。當時的歐洲有數萬座教堂，每座教堂每年至少有五十次演講。一年下來，整個歐洲至少舉辦上百萬次演講。這種傳統延續至今，使得今天的歐美人比中國人更擅長在公眾場合表達自己，吸引聽眾。

參加第二次十字軍東征的德國皇帝和法國國王都認為自己是歐洲領袖，互不服氣。然而，一個女人的出現，把他們兩人的風頭都蓋過了。

她就是法國王后艾莉諾。十字軍戰士心目中的瑪麗蓮 · 夢露 (Marilyn Monroe)。阿拉伯人口中傳說的金靴王后 (用金絲鑲邊的鞋子)。

聖伯爾納鐸不讓骯髒的女人參加十字軍東征。

艾王后偏要去，而且她還穿著褲子，正面騎馬前進。

聖伯爾納鐸可以指揮教宗、皇帝、國王，就是拿艾王后沒辦法。

德國皇帝和法國國王乖乖地去中東了。聖伯爾納鐸開始「修理」逃兵史蒂芬。

說起來這是一樁老案子了。

西元 1140 年，色斯坦去世。約克大主教空缺。如此重要的職位，史蒂芬和恆力自然留給了自己人，來自布盧瓦家族的赫伯特，一位克呂尼僧侶。

聖伯爾納鐸卻強烈推薦里沃修道院的默多克，一位熙篤會僧侶。

史蒂芬反感聖伯爾納鐸干涉英國內政。恆力是克呂尼僧侶，自然排斥熙篤會僧侶。恆力是紅衣主教，不把聖伯爾納鐸放在眼裡。他親自為赫伯特祝聖，讓他走馬上任。

聖伯爾納鐸大怒，卻又無可奈何。

西元 1145 年，教宗換成了尤金三世（Eugenius PP. III），聖伯爾納鐸的學生。

聖伯爾納鐸讓尤金教宗廢黜赫伯特，任命自己指定的默多克。

史蒂芬面臨亨利一世當年同樣的困境，教宗要干涉約克大主教的任免。

史蒂芬一方面拒絕默多克入境，一方面派西奧博爾德大主教前往羅馬，勸教宗改變主意。

西奧博爾德大主教見到教宗之後，反而勸史蒂芬改變主意。

史蒂芬大怒。他禁止西奧博爾德大主教回國（相當流放），並沒收了他的教區財產。

這回，輪到教宗大怒了。

恆力！你身為教宗代表，膽敢站在國王一邊反對我，哪裡有西奧博爾德大主教忠誠？

教宗剝奪了恆力紅衣主教的身分，轉授給西奧博爾德。

這一制裁對恆力打擊太大了。紅衣主教是終生榮譽，被要回紅袍意味著對神聖教會犯下了嚴重的罪行。

這一決定對史蒂芬打擊太大了。他不得不讓紅衣主教西奧博爾德回國。而且這個紅衣主教明顯站在教宗一邊，不和自己同心。

西元 1148 年 1 月 6 日，法軍開始翻越海拔 1,250 公尺的卡德摩斯山(今土耳其境內)。王后領先，輜重居中，國王殿後。

艾王后到了山頂，四下一看，「這裡是山口，風太大了。那邊有一片樹林，可能還有不少野花呢，我們去那裡看看吧！」於是，最具戰鬥力的先鋒部隊走了。

行動不便的輜重隊伍到了山頂，追趕不上先鋒部隊，只能就地駐紮，等待後軍。按原計畫，路易國王守在山腳過夜，第二天上山。

一路跟蹤的突厥人嗅到了肥羊的羶味。他們舉刀衝進輜重隊，屠殺毫無還手之力的羔羊。

路易七世聞訊，率領軍隊緊急馳援。但是，最具衝鋒力的法國騎兵從山腳到山頂，根本跑不起來。馬匹上山本來就很困難，再馱上百公斤重的騎兵，非常吃力。不少騎士從馬上跌落下來。但他們精神可嘉，繼續前進，沒有人退縮。

路易七世下馬步行上山。剛到山頂，就被突厥人包圍了。皇家護衛奮力保護國王，被人數眾多的突厥人全部殺死。

路易七世緊急爬到一棵樹上。他一手抱著樹幹，一手拿著長劍，砍傷了好幾個人的手臂。突厥人開始放箭。在樹幹和盔甲的保護下國王雖然中箭，並無大礙。這幫突厥人打死也想不到站在樹上的人就是法國國王。否則他們哪怕是把樹砍倒，也要抓住路易七世。

此時，金靴王后和主力前鋒還在酣睡當中。

德伊的厄德趕到前鋒報信。前鋒部隊掉頭，趕來救駕。

突厥人見好就收，滿載而歸。

第二次十字軍東征沒有收回失去的埃德薩，攻打大馬士革又損兵折將，西元 1149 年草草收場。

唯一吸引人的話題是金靴王后和安條克親王雷蒙（Raymond）傳出緋聞（歷史未有定論）。憤怒的路易七世和王后爆發了嚴重衝突。

為了緩和夫妻矛盾，尤金教宗強迫路易七世和金靴王后睡在一張經過祝福（類似開光）的床上。一年後，路易七世失望地迎來他的第二個女兒。

西元 1147 年，格洛斯特病逝。他是一位傑出的政治家和軍事統帥。因為私生子的身分，歷史學家也不知道他的準確壽命（沒有出生日期紀錄）。

莫德這邊，已經找不到一位優秀的「靈魂領導者」和史蒂芬抗衡，打敗史蒂芬更是一種奢望。

雪上加霜的是，索爾茲伯里主教將莫德告上羅馬教廷。教宗發話，莫德必須將畝畏堡退還給索爾茲伯里主教，否則將對她實施破門律。

身心疲憊的莫德決定返回諾曼第。她還做了一個令所有人吃驚的決定：

放棄英格蘭夫人的稱號，恢復皇后（Empress）的頭銜。

這意味著莫德放棄了對英國王位的追求，放棄了九年的心血。

這是一個對現實的妥協，這是一個痛苦的決定。

海浪在衝擊著海岸，一次又一次。海岸巍然屹立，不為所動。

莫德站在英國的大海邊，感覺自己就像海浪一樣，蒼白無力。淚水在她眼圈裡打轉。

我除了是女人，哪裡和別人不一樣？英格蘭是我父親的，是我的，也是我兒子亨利的。這是永遠無法改變的事實。

夫人，走吧，你都站了兩個小時了。侍女提醒道

走了，還不知道哪年才能回來。莫德邊登船邊想。

起航了，莫德轉過臉去看著法國的方向，不再望英國一眼。

莫德走後，英國的景況變得更糟了。

《編年史》詳細記錄了貴族的惡行：

- 把人關進裡面有大量蛙蛇和蟾蜍的小黑屋。
- 把人裝進一個小木箱，然後不斷往箱子裡塞進石塊，擠壓人。
- 在人的頸部套上一圈鋒利的鋸齒，犯人仰頭低頭都會被刺中頸部。

《編年史》中寫道：

（在英國）走上一整天也找不到一塊耕種過的土地。即使種了作物也不會長出來，因為土地都被邪惡的行徑糟蹋了。

走一整天也找不到一個住在村子裡的人。如果兩、三個人騎馬來到村莊，整個村的人都會望風而逃，因為他們預料這些人是強盜。

窮人餓死了。富人靠乞求為生。最好的辦法是逃離這個國家。

一千年來，英國還不曾有過這樣的災難。

痛苦中的英國人民在黑暗中呼喚著太陽的升起，呼喚著甘霖的降臨，呼喚著吐芽的幼苗，呼喚七色的鮮花，呼喚蹣跚的幼雛，呼喚新生力量的誕生。

第三十一集　初生牛犢

莫德、金花伯爵和三個兒子，分別將近十年的一家人終於在盧昂團聚了。莫德北上英國的時候，三個兒子分別是六歲、五歲、三歲，現在是十五歲、十四歲、十二歲，都會騎馬擊劍。如果不是因為戰亂分開，莫德說不定還能再生三個。

每次見到母親，小亨利都提議去英國作戰。

莫德每次都拒絕。一來，她覺得亨利年齡小，對他不放心。二來，她認為亨利不是史蒂芬的對手，去了也是白去。第三個理由最直接，離開你那麼多年，我就想天天看著你！

小亨利長得粗壯結實、嗓門宏亮，渾身上下散發著男性荷爾蒙的氣息。他也有不少缺點，缺乏管束，做事任性，是個愛捅馬蜂窩的「麻煩鬼」。

莫德對小亨利說，等你賜封騎士（相當於成年禮）之後，再去英國。

看著莫德拉下臉，小亨利擠出笑容說道，「好！我不去！我不去！」

五天後，小亨利就瞞著莫德，帶著一百名僱傭兵登陸英國了。請示母親之前，他就把軍隊、船隻準備好了。

小亨利來到布賴伯頓城堡，向城上的守軍喊話，「我是亨利，皇后之子。打開城門，快來迎接你們的國王。」

小亨利目前沒有爵位，對外稱皇后之子（Fitzempress）。

守城官說，我們的國王是史蒂芬。

小亨利生氣地說，「等我攻下你的城堡，你不要後悔。」

「那你就來吧。」

小亨利以為打仗就是雙方人馬在戰場上面對面廝殺，分出輸贏。沒想到敵人不出城，沒想到還要準備雲梯、投石機，沒想到還要貯存足夠的糧草打持久戰。

很快，小亨利的錢囊就空了。僱傭軍收不到錢，要造反，要搶劫居民。

從哪裡能弄到錢呢？小亨利想了想。在這裡，在英國，我就認識史蒂芬，於是寫信向他借五百英鎊。

史蒂芬對自己這個莽撞的外甥哭笑不得。

抓住亨利，囚禁他，逼他徹底放棄英國？

答應亨利，給他錢，讓他儘早離開英國？

如果進攻亨利，他得到消息跑了，我一無所獲，花費的金錢要遠遠超過五百英鎊。亨利跑回法國之後，心懷怨恨，下次肯定帶來更多的軍隊。看起來進攻亨利得不償失，而且還會被認為是欺負未成年的外甥，缺乏騎士風度。

請神容易送神難。史蒂芬命人以最快的速度把五百英鎊送給小亨利。

小亨利遣散僱傭軍，返回諾曼第。

這個故事是網路上最流行的段子之一。

西元 1149 年夏天，小亨利度過十六歲生日，到了賜封騎士的年齡。

雖然金花伯爵自稱金花公爵，特別看重臉面的莫德還是覺得丈夫的身分不夠高貴。我的兒子是皇太子，將來是國王，只有國王才有資格賜封他。莫德最後選定的是蘇格蘭大衛王。

莫德為自己驕傲，更為兒子驕傲。

出發前，莫德再三叮囑亨利（成年了，不再是小亨利）：到了蘇格蘭，完成賜封儀式之後馬上回來，不准在英國停留。

亨利率領一小股軍隊再次登陸英國，來到蘇格蘭。完成賜封儀式之後，亨利和大衛王、藍爾夫達成三方協議。藍爾夫放棄卡萊爾給大衛王，亨利將蘭卡斯特補償給他。應該說，這是一項了不起的成就。它團結了北方勢力，對史蒂芬的王權構成實質性威脅。

事情辦完了，亨利勸他們和自己一起攻打約克。

大衛王年近七旬，藍爾夫也過了五十，兩個人不願意發動一場沒有把握的戰爭，只是象徵性地給了亨利一些士兵。

亨利高高興興出發了。很快，史蒂芬帶著一支更強大的軍隊來了。

「史蒂芬，我這次饒過你，我們下回再戰。」說完，亨利解散軍隊，返回諾曼第。

西元 1149 年，路易七世從中東無功而返。他聽說敘熱院長擴建了聖但尼教堂，因為外形奇特，引來很多批評，於是前去參觀。

與當時的主流教堂相比，聖但尼教堂有兩個特點：一是使用尖穹頂技術增加了教堂的高度。二是擴大了窗戶的面積，並鑲嵌了大幅彩色玻璃。

聖但尼教堂是世界上第一座哥德式教堂（在此之前稱羅馬式）。哥德的本意是「野蠻的」。當時人們認為這種教堂粗俗落後，現在人們去歐洲參觀的教堂幾乎都是哥德式的。

大部分創新不是在歡呼聲中，而是在嘲笑聲中誕生的。

在聖但尼，路易七世問敘熱院長，「史蒂芬請求我賜封他的長子尤四世為諾曼第公爵，金花伯爵請求我賜封他的長子亨利為諾曼第公爵，我該選擇哪一個呢？」

「亨利。」

「噢，為什麼？」

「第一，莫德是亨利一世的女兒，是諾曼第的繼承人。她有權將諾曼第傳給自己的兒子。第二，諾曼第已經在金花伯爵的實際控制之下。給了尤四世就會爆發戰爭。如果事態擴大，我們勢必要捲入進去。第三，諾曼第和英格蘭的合併一直是您祖父和父親所反對的。讓諾曼第回歸法國而不是英國更符合我們的利益。」

敘熱院長一直很欣賞亨利一世的為人，支持把諾曼第給亨利一世的後人。人死了，有人主動照顧後代，這就是影響力。而且，敘熱院長還拒絕了恆力送來的黃金。

路易七世沒有同意敘熱院長的意見。他覺得諾曼第和安茹的合併同樣對法國王室構成威脅。

史蒂芬見路易七世遲遲未做決定，就讓自己的兒媳寫信給路易七世，以兄妹之情打動國王。

金花伯爵見路易七世遲遲未做決定，親自寫信給路易七世，表示可以把維辛領地給他。近百年來，維辛一直是歷代法國國王的夢中肥肉。

路易七世還是猶豫不決。

最後，聖伯爾納鐸發話了，把諾曼第給亨利！

原因有二：於公，教會倡導和平（給尤四世就意味著戰爭）。於私，我討厭史蒂芬。

誰都惹得起，就是聖伯爾納鐸惹不起。路易七世點頭答應。

莫德登陸英國之後，史蒂芬再也沒有去過法國大陸。金花伯爵在諾曼第攻城掠地，史蒂芬也沒有採取有效的防禦措施。他當然想從金花伯爵手中奪回諾曼第，問題是既沒錢也沒有兵。況且大衛王和藍爾夫在北方虎視眈眈，只要他一離開英國就打砸搶他的後院。

西元 1151 年，亨利和父親金花伯爵來到巴黎，以諾曼第第十二代公爵的身分向路易七世效忠。有了諾曼第公爵的身分，亨利就可以名正言順地帶著自己的軍隊北伐。他早就盼著這一天了。金花伯爵和莫德也不再阻攔，通知亨利的叔叔雷金納德在英國接應。

一切準備就緒，就在亨利準備出發的前幾天，一個意外消息中斷了他的行程。

金花伯爵突發重病，不治而亡，終年三十八歲，葬在舉行婚禮的聖朱利安大教堂。他的墓碑上寫著一句話：

王子，用你的長劍，讓強盜離開；用你的警惕，讓教會和平。

聖朱利安大教堂宏偉壯觀，震撼人心。我參觀的時候沒有找到金花伯爵的墓穴。大教堂旁邊有一棟樓，人們說亨利就出生在那裡。

金花伯爵臨終前叮囑亨利，不要把諾曼第的風俗引入安茹，也不需要把安茹的法律帶到諾曼第。如果你有一天得到英格蘭，也要照此辦理。

金花伯爵和莫德都是極度自我、自私的人。兩人沒有什麼夫妻感情，在分別的九年內也沒有探望對方。只能說，在家族利益面前他們是一對好搭檔。

金花伯爵把諾曼第、安茹、圖蘭、緬因傳給亨利，把安茹南境的四座城堡分給次子若弗魯瓦。三子威廉太小，沒有考慮。

心理失衡的若弗魯瓦攔著金花伯爵的屍體不讓下葬。他要求亨利在父親的屍體前發誓把安茹全境給他。

亨利拒絕了。他忿忿回到諾曼第，準備北伐英國。

莫德伸手攔住了他。

亨利著急地問，為什麼？

莫德答，你父親在，可以做你的後盾，讓你放心地去英國作戰。你父親不在了，你要接管我們的領地，確保局勢的穩定。另外，我們現在的實力還不足以打敗史蒂芬。你最好早點結婚，為我們爭取一個盟友。

西元 1152 年 3 月 21 日，法國王室爆出一條特大新聞：

路易七世和金靴王后離婚。

公開的原因，兩人是近親，婚姻從一開始就不合法。

私下的原因，路易七世認為金靴王后生不出兒子（十五年來只生下兩個女兒）。如果法國王室沒有男性繼承人，就會爆發英國那樣的內戰。考慮法國諸侯割據，王位候選人多達兩位數，奪位之戰將空前慘烈。

有史以來，全世界女人一直蒙受著千古奇冤，比竇娥還冤。

那就是生不出兒子是她們的原因，是她們的過錯。數不清的女人因為生不出兒子被拋棄、被羞辱、被毆打。有的女人一輩子抬不起頭，有的女人上吊或投河自殺。

金靴王后呢，早就討厭這個像僧侶一樣的國王了。優秀的國王應該有兩性：

性格開朗、性慾旺盛。

金靴王后正處在如狼似虎的年紀（三十歲）。

如果說莫德是政治、宗教、法律的犧牲品，那金靴王后就是社會與婚姻的受害者。莫德在男人制訂的規則下處處小心，仍然得不到男人的認可。金靴王后則試圖打破男人的規則，不需要男人的認可。

誰說女人就該樸素，我偏要奢侈！

誰說女人就得禁慾，我就是想要頻繁的性生活！

誰說打仗是男人的遊戲，我就可以上戰場！

誰規定女人不能穿褲子，只能側騎馬，我都要反著做！

誰說女人害怕離婚，我寧可單身也不願意做一個有名無實的王后！

作為那個時代的叛逆者，金靴王后遭到了所有男人的譴責。

同時，她又是所有男人意淫的對象。

金靴王后不是女人，是女妖。

BBC 拍攝了一部敘述英國女王和王后生平的歷史紀錄片，叫 *She-Wolves*（《母老虎》），其中第一隻母老虎是莫德，第二隻母老虎就是艾莉諾。

離婚後的艾莉諾（現在不是王后了）從巴黎出發，準備回到普瓦捷（她自己的領地）。她剛到布盧瓦就被第四伯爵的兒子第五伯爵俘虜了。機智的艾莉諾假裝答應了第五伯爵的求婚，然後以「伯爵夫人」的名義逃出城堡，乘船西行。兩天後，她獲悉亨利的弟弟若弗魯瓦帶著一支軍隊在前方攔截她，於是棄舟上岸，晝夜兼程，安全回到普瓦捷。

綁架沒有丈夫的女人，強迫結婚就可以獲得她的財產。

在中世紀，女人不僅不能夠繼承財產，她們自己就是「財產」。男人強姦女人後，受損失的彷彿不是女人本人，而是女人的丈夫，因為他的「財產」遭受破壞。所以，強姦者要賠錢給女人的丈夫。

強姦流浪女人不會懲罰，因為她是無主財產。

路易七世離婚還不到兩個月，法國又爆出一條更大的新聞。

艾莉諾結婚了，嫁妝是阿基坦公國、加斯科尼公國、普瓦捷伯國、圖盧茲伯國。

新郎是亨利。

可以確定的是，西元 1151 年亨利去巴黎受封的時候第一次與艾莉諾見面。後來兩人如何聯絡的？誰先勾引誰？有沒有上床？迄今為止沒有人能說得清楚。

唯一能夠確認的是，這場婚姻不是一時衝動，而是早有預謀。

諾曼第在北，安茹在中，阿基坦在南，現在亨利的封地從北邊的英吉利海峽一直延伸到了南方的西班牙邊界。這一離一結，路易七世在法國集團的股份回落到百分之七，而亨利的股份將超過百分之七十。

亨利，這野心勃勃的毛頭小子，敢娶大自己十一歲、風流成性的世界女首富，真是太有眼光，太有魄力了！亨利，這性慾勃勃的毛頭小子，完全能夠滿足阿基坦母狼的慾望。精力旺盛的亨利在十九歲生日之前就有了一個私生子。

我能想到的歷史上的第二個例子，就是年輕的、野心勃勃的拿破崙和寡婦約瑟芬（Joséphine de Beauharnais）的結合。艾莉諾和約瑟芬至少有兩個共同點，比丈夫年齡大，和前夫有兩個孩子。

亨利和艾莉諾的婚禮非常簡單，實際上是半祕密式的，以免惹怒新娘的前夫（路易七世）以及其他諸侯。

聽到艾莉諾結婚的消息，路易七世驚得下巴差點掉下來。

這個蕩婦和我離婚還不到兩個月就和亨利結婚，這裡面肯定有陰謀。說不定他們早就勾搭成奸，說不定離婚時間都是事先策劃好的。

路易七世覺得自己受到奇恥大辱，他決定用武力拆散這樁婚姻。

路易七世首先找到布盧瓦家族的香檳伯爵和第五伯爵兄弟倆。

第四伯爵是兩個月前去世的。長子亨利繼承了香檳伯國，把布盧瓦伯國讓給了自己的弟弟第五伯爵。當時的香檳要比布盧瓦貧瘠得多。香檳伯爵高風亮節，是本書中唯一一個願意把大半財產送給弟弟的人。

這兩人都是路易七世的女婿。香檳伯爵娶的是長公主，第五伯爵娶的是二公主。如果艾莉諾今後生不出兒子，那麼香檳伯爵作為艾莉諾的大女婿，有權成為阿基坦公國第一繼承人。這就是香檳伯爵反對亨利的動機。

路易七世的叔叔德勒伯爵也想趁機侵占幾個諾曼第城堡。

若弗魯瓦嫉妒哥哥繼承了父親的絕大多數領地，嫉妒哥哥搶走了艾莉諾。他背叛亨利，加入了路易七世的戰隊。

路易七世還通知史蒂芬，讓他在英國開闢第二戰場。

英法兩國國王聯合各方勢力，組成反亨利聯盟，全力撲向諾曼第。當時的人們普遍認為，年輕的亨利根本抵擋不了英法聯軍，要不被殺死，要不被終生囚禁。

亨利剛剛度完蜜月，正準備在巴夫勒爾登船前往英國。聽到消息，他急回盧昂，一路上累死好幾匹戰馬。

面對強敵，亨利的策略是：不管你們有幾路人馬，我就集中兵力打一路，徹底把一路打廢，打殘，再打下一路。

亨利不想直接面對自己的主人路易七世，就攻擊路易七世的叔叔，在他的領地上搶劫、焚燒，把他圈養的動物做了燒烤。

隨後亨利來到圖蘭。若弗魯瓦投降了，請求哥哥的饒恕。亨利接管了他的城堡，每年給他一千馬克的年金。

也許是離婚對路易七世的打擊太大，自出兵之日起，他就身染重疾，最後是躺在擔架上回到巴黎的。

亨利初生牛犢，橫衝直撞，度過了人生的第一場危機。

失去諾曼第為史蒂芬一家帶來了沉重的打擊。

尤四世天天酗酒，鞭打僕人。史蒂芬把布洛涅伯爵給了他，他還是不滿意，經常當面抱怨父親的無能。

布蘭達王后心疼兒子，悲傷之下竟然患病離世。歷史學家認為，史蒂芬性格溫和，遇事猶豫。在重大決策上，布蘭達王后才是主心骨。布蘭達和莫德有很多相似點，同一個外祖父，同樣渴望權力的丈夫，同樣為兒子的王權而戰，同樣的勇敢和智慧。因為莫德的光彩，她的作用被歷史學家嚴重低估了。

妻死兒鬧，史蒂芬從一名威武的騎士變成了滿頭白髮、滿臉皺紋的老人（此時他已年近六旬）。

失去諾曼第只是第一步。如果不及時採取措施，下一個失去的就是英格蘭。

史蒂芬決定仿效法國王室的做法，提前替尤四世加冕。尤四世有了「少王」的合法身分，羅馬教廷和英國教會就得支持他。在這個加冕儀式上，英國貴族也要跪下來向尤四世效忠，將來為他作戰。這就大大抬高了亨利奪取英國王位的門檻。

西奧博爾德大主教當面拒絕了史蒂芬的命令。因為教宗禁止這種做法。

史蒂芬說，法國不是一直在這樣做嗎？

西奧博爾德說，那是法國的傳統，而且在教宗禁令發表之前。

史蒂芬說不過西奧博爾德。他氣憤地把大主教關進監獄。不替我兒子加冕就別想出來。

西奧博爾德的助手貝克特（Becket）每天都向獄卒送去上等的葡萄酒，讓他們喝得半醉。一天晚上，一個藏著繩子的食盒送進西奧博爾德的房間。西奧博爾德看著獄卒醉倒了，將繩子綁在柱子上，順著繩子逃出倫敦塔，騎上貝克特準備好的馬匹，連夜逃到法國。

在與教會的爭鬥中，亨利一世的策略是又打又拉。打的時候就想著往回拉，拉的時候再輕輕打一下。

史蒂芬呢？他剛加冕時和教宗、教宗代表（恆力）、西奧博爾德大主教之間關係是十分融洽的。但他打的時候用力過猛。他今天所有的被動局面都是從打擊羅傑開始的，直接把整個英國教會變成仇人。他拉的時候又不徹底，現在教宗、西奧博爾德和恆力和他都是離心離德了。

失去了西奧博爾德大主教，失去了英國教會的支持，史蒂芬如果還想保住自己的王位，那就只有一個辦法了，用軍事手段將后派勢力徹底趕出英國。特別是拔掉臥鱗堡這根釘子。

史蒂芬把守城官約翰的兒子小馬歇爾抓住，帶到臥鱗堡。他向城上的約翰大聲喊道，「打開城門，否則我就絞死你的兒子！」

約翰沒有說話。他脫下褲子向城下撒了一泡長尿。然後喊道：「你們看，我的錘子還在，還可以鍛造出更多更優秀的兒子。」

伊普走上前，伸手來抓小馬歇爾。

「你要做什麼？」史蒂芬問。

「我把這個崽子用拋石器扔到城裡，摔死在約翰面前。」

「不！利用一個無辜的孩子當人質，絕不是一個騎士的作為。」

「陛下，您為人和善，這是優點。但在關鍵的時候，該下狠心的時候絕不能手軟。你處處模仿亨利一世拉攏人心，卻沒有學會他殘酷的一面。」

史蒂芬同意伊普的觀點，但依舊照顧小馬歇爾。這個孩子長大以後，成為歐洲歷史上一個赫赫有名的人物，比他父親約翰強上百倍。

史蒂芬圍困臥鱗堡，沒有發動進攻。

冬天到了。約翰寫信給亨利，你再不來英國，我們就要投降了。

父親意外去世、和艾莉諾結婚、與法王作戰，一再推遲亨利北伐英國的成行日期。現在，他終於可以出發了。他早就等著這一天了。

出發前，莫德、亨利專程拜訪了流亡在法國的西奧博爾德大主教。皇后本來就是大主教的好朋友。西奧博爾德大主教剛剛任命了英國的赫里福德主教。他讓赫里福德主教向亨利下跪而不是向史蒂芬效忠。這是英國教會轉向亨利的一個代表性事件。

當年在教宗面前詆毀莫德，罵莫德是雜種的利雪主教，也投靠了莫德。

臨行之前，莫德把亨利一個人叫到房間，給他一個紫色的布袋。

亨利一摸就知道是錢。最近一段時間以來，亨利發現母親對自己的管教少了，批評少了，眼神和語氣都變得柔和了。

年輕的亨利哪裡知道，莫德現在的敵人已經不是史蒂芬了，而是他的新娘艾莉諾（婆媳之爭）。

女人之所以鬥不過男人，就是因為她們喜歡自己鬥。

結婚前和別人的女人鬥，結婚後和婆婆鬥，年紀大了和兒媳鬥。

亨利貸款三千英鎊，徵集了兩百名騎士、三千名步兵以及三十六艘船。

西元 1153 年 1 月的巴夫勒爾，寒風撲面，巨浪滔天。

有人說，這裡是不祥之地，發生過白船海難。

亨利說，我不信那一套。

有人說，冬天不宜作戰。

亨利說，我今天就想作戰。

大海咆哮，我更要咆哮。

大海有力量，我更有力量。

我要征服大海，征服英國，征服世界，征服那不可預測的未來。

布盧瓦家族圖譜（部分）

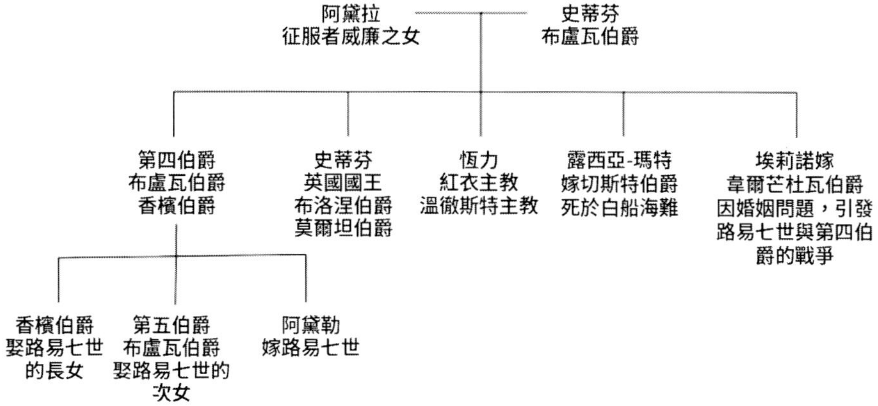

第三十二集　王者歸來

西元 1153 年 1 月 6 日是主顯節，英國韋勒姆修道院裡擠滿了前來參加彌撒的民眾。

早上九點鐘左右，小鎮外傳來了一陣「嘩啦嘩啦」的馬蹄聲，由遠及近。

「快跑啊！」

「劫匪又來了！」

人們驚慌失措，紛紛逃出教堂。有的人想跑回家保護僅有的財產和糧食。有的人已經一無所有，教堂反而是最佳避難所。

一位從頭髮到下巴都是白毛的紅臉神父走出教堂，膽小的人圍在他的身邊。

兩排騎兵舉著鮮紅色的旗幟來到教堂門前的廣場。他們分列兩旁停下。接著是十幾名全身鎧甲、身分高貴的騎士，也勒住戰馬。正中間是一名身穿紫色短斗篷的年輕貴族。他跳下戰馬，直接向白毛神父走來。

白毛神父定睛觀瞧。只見他身材魁梧，肩寬胸闊。往近再看，一頭紅髮、兩隻圓眼、滿臉雀斑。

「你是誰？」白毛神父驚恐地問。

「我是亨利一世的外孫，莫德皇后的兒子，諾曼第公爵亨利！」

白毛神父的眼睛亮了，「你想要什麼？」

「奪回屬於我的王位！」

「大人！十七年來，英國陷入血海，人民塗炭，丈夫戰死，妻子哀痛。兒子捐屍，爺孃腸斷。如果您再和史蒂芬國王打上十年八年，整個英國就沒有一個活人了。」

「我是一名戰士，有無數的戰爭在前面等著我。此地，此時，我以此座聖殿的名義祈禱。祈禱上帝保佑我不費一刀一槍，不要一死一傷，以和平的方式得到英格蘭。」

白毛神父繃緊的臉鬆弛了。他伸出右手，指著亨利向民眾大聲說道：「各位兄弟姊妹們！你們快來看吶，這位就是亨利一世的外孫，阿佛烈大王[31]的後裔。他是英國真正的君主，我們的命運將由他來主宰。」

「上帝保佑公爵大人！」

「亨利萬歲！」

人們激動地喊著。

亨利面向眾人大聲說道，「英格蘭的子民們，在教堂門前，請神父見證，我將為你們帶來和平而不是戰爭，為你們帶來自由而不是壓迫，為你們帶來公正而不是邪惡。」

亨利順利抵達布里斯托爾，與表哥小格洛斯特相見。隨後，亨利前

[31]　十世紀的英國國王，深受英國人民愛戴。

往敵畏堡和格洛斯特（地名），接管了后派的土地和軍事力量。彙集三軍之後，亨利沒有直接解救臥麟堡，而是猛攻位於布里斯托爾和牛津之間的馬姆斯伯里。

史蒂芬於是放棄臥麟堡，率軍前來迎戰亨利。

3月10日，兩軍對陣。亨利身邊有叔叔雷金納德、表哥小格洛斯特、米勒之子羅傑等人。史蒂芬身邊有阿倫德爾伯爵、西門等人。

天氣有些陰冷。好在萬里無雲，陽光高照。

不一會兒，大地上突然出現了大片陰影，烏雲來了。天空中「喀嚓」一聲炸雷，就像擊穿了人的耳膜。隨後一道閃電，直刺人的雙眼。雨水從點到線再到柱，雞蛋大小的雹子就像雨水一樣稠密。

史蒂芬的士兵，有的渾身溼透瑟瑟發抖，有的被冰雹砸得哭爹喊娘。有盾牌的舉過頭頂，沒有盾牌的躲的躲，跑的跑，管不著誰是誰了。

再看不足百公尺的對面，亨利這邊一個雨點也沒下。士兵矗立不動，毫髮無損。

這是他媽的什麼鬼天氣！

史蒂芬不用下令撤軍，士兵都跑光了。

第二天，晴空當頭。史蒂芬和亨利打馬來到陣前。

「我的外甥，你要來英國我會招待你的，何必帶那麼多人呢？」

「用牢房招待我？」

「五百英鎊什麼時候還我？」

「你的錢都是我的，我只不過用了小小的一部分而已。」

「年輕人，在嘴上功夫這一點上，你還真像你的外公。」

「要是那樣的話。我動動嘴，就能把你從馬上吹下來。」

「哼 ——」史蒂芬心想，毛頭小子真是不知天高地厚。

兩人帶馬回到本陣。

史蒂芬舉起令旗，就在他剛想發令還沒有說出口的時候，就感覺有人從身後猛地推了他一把。由於沒有任何防備，史蒂芬從馬背上重重掉在地上，摔了個大馬趴。親兵連忙上前把他扶起來。

史蒂芬心中納悶。他向後看看，沒有人吶。再說了，誰敢推我。

史蒂芬整整衣冠，再次上馬。親軍剛退回原位，就見史蒂芬身子一晃，第二次掉在地上。

這次親兵不敢大意了，他們把國王扶上馬後，確信沒有問題才離開。

史蒂芬被摔糊塗了。他正正盔甲，扭扭屁股，準備坐穩。沒想到馬肚帶扣開了，他一扭屁股，連人帶馬鞍一起掉在地上。

「都別動，」史蒂芬在地上坐了一會兒，又想了一會兒，還是不明白。

「唉，不打了！」

史蒂芬宣布從即日起停戰三個月，隨後回到倫敦。

亨利率軍北上。林肯、沃里克、貝德福德、北安普敦等地貴族紛紛跪倒在亨利的腳下。史蒂芬加冕以來最為倚重的貴族，小墨朗的雙胞胎弟弟萊斯特伯爵，也將雙手放進了亨利的手裡。

亨利以英國國王的名義，向他們公告法令，徵收賦稅，並見證他們的婚禮。

7 月分天氣轉好，史蒂芬率領大軍再次開往臥鱗堡。

亨利立即前去迎戰。

兩軍隔著泰晤士河紮下密密麻麻的營寨。

除了英國和諾曼第的軍事貴族，西奧博爾德大主教、恆力、索爾茲伯里主教、巴斯主教、奇徹斯特主教等宗教領袖也紛紛來到前線。

這是一場關乎國家未來、關乎國民命運的戰爭！所有人都不能置之度外！

西奧博爾德大主教對史蒂芬說，和平是第一選擇。僅僅為了滿足兩個王子的野心，替國家帶來難言之苦，是不對的。

恆力對亨利說，史蒂芬是加冕塗油的國王，不能奪取他的生命、自由或逼迫他退位。

有一天，亨利帶著軍隊沿河畔巡視。對岸突然出現大批人馬，打著王室的旗號。

亨利大聲喊道，「請問是陛下嗎？」

史蒂芬讓人大聲回道，「國王在此。」

「我是亨利！我們為什麼不談談！」

「你過來還是我過去？」

「河中央如何？」

很快，兩艘小船在河中停住了。

史蒂芬說，「我的外甥，我有一個和平方案。英格蘭歸我，諾曼第歸你，我們互不侵犯。另外，我把你列為英國王位繼承人，排在我兒子之後。」

「您的兒子一個二十三歲，一個十六歲。您覺得我有希望嗎？」

史蒂芬沒有說話。

「只要諾曼第和英格蘭處在分裂狀態，就沒有和平可言。不得到英格蘭，我絕不撤出英格蘭。」

「今天先談到這裡。」史蒂芬讓人把船划回去。

尤四世聽說父親沒有當面拒絕亨利的條件，勃然大怒。

「無能的老國王該退位了，看我的吧！」

當天晚上，尤四世帶著一小股軍隊離開軍營。他趕到劍橋，搶劫了當地的聖艾德蒙修道院，拿著錢召集了一支軍隊，準備返回臥鱗堡。

你們不打，我打！

8 月 17 日，尤四世突然暴病身亡，原因不明。很可能是因為搶劫修道院遭到了報應。當時的修道士說他「掠奪土地，徵收重稅，是一個壞人。無論他走到哪裡，他做的壞事都比好事多」。

聽到噩耗，史蒂芬當時就哭死過去。醒來之後，他讓人把次子威廉叫來，讓他坐上自己的王座。

威廉站在原地就是不動。

史蒂芬大聲吼叫著，強迫他坐上去。

威廉說，我寧可出家為僧，也不加冕為王。

尤四世意外暴亡，威廉拒絕繼位，史蒂芬提出的離奇方案竟然不可思議地發生了。亨利越過兩個年輕人，成為英國王位第一繼承人。

10 月分，史蒂芬和亨利在溫徹斯特簽署《溫徹斯特協議》。主要內容如下：

1. 史蒂芬終生為王。
2. 史蒂芬收亨利為養子，立亨利為第一繼承人。
3. 史蒂芬次子威廉放棄王位繼承權，接受史蒂芬的所有財產。
4. 即日起，亨利有權過問英國一切政務，但最終決定權在史蒂芬手裡。

《溫徹斯特協議》其實就是恆力在西元 1140 年提出的方案。當時沒有人願意接受，王黨和后派為此白白打了十三年。

簽字儀式莊重熱烈。史蒂芬將倫敦、溫徹斯特、多弗等多座城堡的鑰匙交給亨利。亨利下跪，史蒂芬擁抱，恆力也認亨利為義子。他們暢飲笑談，親如一家。

王權之路，溫徹斯特是起點，倫敦是終點。

倫敦市民非常討厭莫德，卻很喜歡亨利，熱烈地接待他。

史蒂芬很尊重亨利，事事都要徵詢他的意見。

英國的局勢的確很嚴峻。分裂成兩派勢力的土地糾紛、嚴重的通貨膨脹、北方地區的安定（大衛王和藍爾夫都是在西元 1153 年去世的）。

亨利很快就發現這其中有問題。第一，自己對英國不熟悉，有些情況不便發表意見。第二，完全和史蒂芬保持一致，還是表達自己真實的想法？第三，有些貴族不重視史蒂芬的意見，反而更關心自己的態度。

很快，謠言就傳出來了。

亨利對史蒂芬的執政非常不滿，想提前搶班奪權。

為了避嫌，亨利告別史蒂芬，於西元 1154 年 3 月返回諾曼第。

七個月後，史蒂芬因腸胃紊亂撒手而去，享年五十七歲。

史蒂芬是一個好人，是一個好戰士。他親和但缺乏必要的嚴厲，慷慨但沒有控制的尺度，勇敢但沒有明智的策略。

嚴厲型的領導者會得罪一批人，濫好人型的領導者最終會得罪所有人。

西元 1136 至 1154 年，這段時間在英國歷史上稱為亂世（the Anarchy）。英國人民度過了最寒冷的十九個冬天。

亨利剛剛回到諾曼第，就收到一份大禮。艾莉諾替他生了一個兒子。

路易七世氣得失眠了一個星期。

11 月初，亨利收到了史蒂芬病逝的消息，準備去英國加冕。

艾莉諾要帶的行李太多。除了布匹、絲綢和羊毛之外，還有十四雙鞋（其中六雙是有金絲鑲邊的）、五件不同顏色用貂毛裝飾的斗篷（公爵的象徵），八件披肩，十件保暖內衣，以及數不清的面紗。所有行李裝滿了四十個大箱子。

亨利只好耐心等待，一等就是一個月。

亨利再三邀請，莫德就是不去英國。她覺得自己站在亨利身邊，看到那頂王冠的時候，她會受不了那種失落、那種擦肩而過的絕望。

西元 1154 年 12 月 19 日，亨利拉著大肚子艾莉諾的手舉行了加冕儀式。亨利從公爵變成亨利二世。艾莉諾從曾經的法國王后變成英國王后。

亨利二世頭上戴的是莫德從德國帶回來的皇冠。艾莉諾的披肩是在耶路撒冷買的，脖子上的珠寶是在君士坦丁堡訂製的。

出國的女人哪能空著手回來？

征服者威廉篡奪了哈洛德的王位，紅臉王和亨利一世先後篡奪了羅貝爾的王位，史蒂芬篡奪了莫德的王位。前幾任國王加冕前膽顫心驚。加冕後在教會和貴族面前小心翼翼。

亨利二世是唯一王位繼承人，他既沒有和別人爭，別人也沒有和他爭。

他自信地說，我會遵守亨利一世頒布的《自由憲章》。

除此之外，我不會給你們任何承諾。

我不欠你們！我不求你們！

二十一歲，征服者威廉還在為生存掙扎。

二十一歲，亨利一世一無所有地四處流浪。

二十一歲，亨利二世已經是歐洲最強大的君主。

八十八歲的諾曼王朝在黑暗中睡去，年輕的金雀花王朝在黎明中醒來。

冬去春至，大地復甦，細雨綿綿，草木生芽。雛鷹破殼而出，幼獅發出第一聲稚嫩的吼叫。英格蘭又恢復了生機和活力。

晚年的莫德定居盧昂，充當亨利二世的顧問，很多重要的文件都是母子二人聯名發出的。

有人說，莫德的脾氣變得隨和了。

有人說，皇后的傲慢不減當年。

西元 1167 年 9 月 10 日，莫德去世，享壽六十六歲。其屍骸現存於盧昂大教堂。墓碑上留下一段具有時代意義的銘文：

Great by Birth, Greater by Marriage, Greatest in her Offspring: Here lies Matilda, the daughter, wife, and mother of Henry.

「生得偉大，嫁得更偉大，後人最偉大。

這裡沉睡著莫德（瑪蒂爾達），亨利的女兒、妻子和母親。」

嫁得更偉大指亨利（亨利五世）皇帝。

這段墓誌銘是用拉丁文寫的，在華麗的盧昂大教堂裡很不起眼。我詢問工作人員後，才在教堂的一角找到了它。建議去盧昂遊覽的女生一定要和這座墓誌銘合個影。

其實，莫德還是亨利的祖母和外祖母。

莫德沒有加冕，錯失英國首任女王的稱號。

直到四百年後，英國才有了第一個女王，大號「血腥瑪麗（Bloody Mary / Mary I of England）」。

莫德的失敗不是因為她不夠優秀，不夠努力，而是因為她對抗的不是一個國王，一支軍隊，而是幾千年以來男尊女卑的深深偏見。

在美劇《權力遊戲》當中，瑟曦王后（Cersei Lannister）對他的父親抱怨，「我才是那個能讓你信任，能讓你驕傲的女兒，難道你沒有發現你的所有兒子都有所欠缺？」

他父親的回答很經典。「因為你是一個女人，所以我不相信你。你也不如自己想像得那麼聰明，所以我更不相信你。」

歷史是 His story，不是 her story。什麼軍事史、宗教史、經濟史，歸根結柢，人類史就是男人欺騙、壓迫女人的歷史。

客觀地說，莫德並非失敗者。如果沒有莫德在英國牽制史蒂芬，甚至俘虜他，金花伯爵就不可能奪回諾曼第。金花伯爵不能奪回諾曼第，亨利二世就不能奪回英格蘭。

所以說，最終還是莫德戰勝了史蒂芬，是莫德奪回了英國和諾曼第。

英國國王一笑，法國國王就該哭了。

路易七世和金靴王后離婚後，很快和西班牙的康斯坦莎（Constanza de Castilla）公主結為夫妻。迎親回來，路易七世還氣鼓鼓地繞開阿基坦，從土魯斯回到巴黎。

結婚五年後，康斯坦莎替路易七世生下兩個女兒，病逝。

而金靴王后和亨利二世結婚六年內，生下四個兒子。

路易七世啞口無言，小弟弟輸得垂頭喪氣。

這還沒有完。

亨利二世請求路易七世把這兩個女兒分別嫁給自己的長子亨利（Henry the Young King）和次子理查（Richard I）。也就是說，路易七世把後妻生的兩個女兒嫁給前妻生的兩個兒子。

路易七世答應了。

四個女兒都嫁出去了，路易七世還是沒有兒子。

法國國王陛下很快舉行了第三次婚禮。這次他娶的是第五伯爵的妹妹阿黛勒 (Adèle de Champagne)。從此，路易七世成為自己女婿的妹夫，第五伯爵成為自己岳父的大舅哥。

結婚四年下來，阿黛勒還是沒有懷孕的跡象。

繼位危機的陰雲籠罩在路易七世的頭頂，也許一場比英國更大的內戰很快就會在法國爆發。

路易七世拿出一張紙，寫道：

亨利和妓女生了一個男孩。

亨利和艾莉諾生了四個男孩。

結論一：亨利能和不同的女人生男孩。

我和艾莉諾生了兩個女孩。

我和康斯坦莎 (第二任妻子) 生了兩個女孩。

結論二：我能和不同的女人生女孩。

總結論：人和人不同。我很可能生不出男孩。

上帝啊，真的是這樣嗎？

如果我沒有兒子，法國怎麼辦？難道也要爆發英國那樣的內戰？

生男生女問題，幾千年來一直是世界難題。

亨利二世替路易七世出了一個主意。

立我的兒子為法王繼承人，英法兩國合併。

路易七世猶豫了半天，不知道要不要答應。

法國和英國，難道會成為一個國家？

諾曼王朝四位國王（威廉拿著船，寓意渡海。紅臉王拿著箭暗示他的死因。亨利一世拿著書，這是他的愛好。史蒂芬舉著教堂意指他和教會爭鬥），馬修．帕里斯（Matthew Paris）作於十三世紀，現存大英圖書館。

聖米歇爾山

盧昂，左側為塞納河，右側最高塔為盧昂大教堂。
塞納河上的橋梁以盧昂相關的人物命名、
如征服者威廉橋、聖女貞德橋、福樓拜橋、高乃依橋、布瓦爾迪厄橋

紅臉王死於此樹下（黑色石頭簡要介紹了過程）

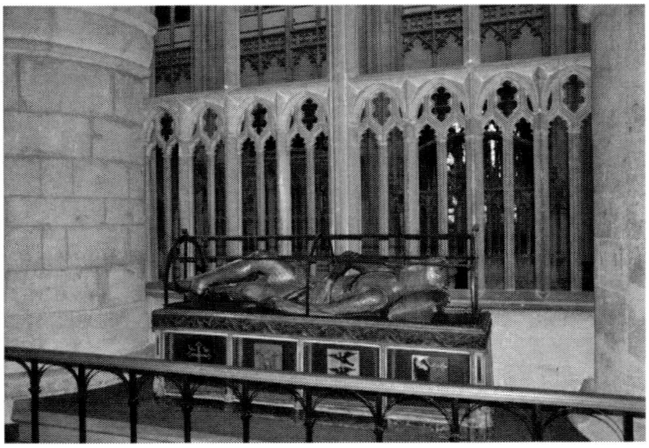

羅貝爾之墓（位於格洛斯特大教堂，
該教堂也是電影《哈利波特》〔Harry Potter〕取景地）

安瑟倫石棺
（位於坎特伯雷大教堂，
石材來自他的故鄉義大利）

金雀花

現存唯一的金花伯爵肖像

胖路易在奧爾良加冕

七鰓鰻，用嘴巴上的尖刺咬破魚的皮膚，然後像吸盤一樣吸在魚身上。

安茹首府昂熱的城堡

恆力捐建的贍養院，至今仍在使用
（將近九百年）

金花伯爵與莫德舉辦婚禮的
聖朱利安大教堂（位於勒芒）

莫德夜逃的牛津城堡（莫德住在右邊的聖喬治塔，圖右下有個白圍巾女人的海報，是工作人員扮成莫德為你導遊）

林肯城堡，格洛斯特俘虜了史蒂芬。
（《唐頓莊園》〔Downton Abbey〕的
取景地之一）

據說是莫德在牛津城堡內的房間

彩蛋

據統計，法國現在的非婚生兒童數量超過了婚生兒童數量。法國前總統歐蘭德有四個私生子女。

巴頓將軍是征服者威廉的支持者，在他的回憶錄中多次提到征服者威廉，比如「我特別留意征服者威廉在諾曼第和布列塔尼的戰鬥中所使用過的道路。當年選用的道路依然存在，且一直能夠使用」。

比如，「登上岸後，我故意摔了一跤，隨手抓了一把德國泥土。我效仿征服者威廉的樣子，大喊一聲，『我看見德國的土地在我手裡。』」

在電影《巴頓將軍》(*Patton*) 中，巴頓把他的狗命名為「征服者威廉」，這一種喜愛的表達方式。

法語注入英語，對英語是一大幸事，讓英語變得更加豐富多彩了。比如 Ask（英語）與 demand（法語）、Answer（英語）與 respond（法語）、begin（英語）與 commence（法語）、liberty（英語）與 freedom（法語）。

使用 -er 為字尾的單字，比如：麵包師 baker、木匠 carpenter、油漆匠 painter、理髮師 barber 等，主要是英語。以 -or 和 -eur 為字尾的單字，比如：裁縫 tailor、雕塑家 sculptor、學者 doctor、家庭教師 tutor、審計員 auditor，大都源自於法語。從上我們也可以看出，英國人主要為工匠，法國人主要從事文化藝術事業。

英國軍隊用瑪蒂爾達夫人（威廉的妻子）命名一種坦克，因為這種坦克十分低矮。

冰臉王是挪威現首都奧斯陸的建立者。今天奧斯陸市政廳的牆壁上，有冰臉王的雕像。

法王亨利一世、冰臉王和流亡者愛德華三個人娶的都是基輔大公雅羅斯拉夫一世 (Yaroslav I) 的女兒。

〈巴約掛毯〉並非完全歌頌威廉。比如威廉登陸英格蘭時，畫面中並未出現民眾歡迎的場面，反而揭露了諾曼人搶劫財物、焚燒房屋，驅逐女人和孩子的暴行。掛毯中並未出現「偽誓者」的字樣，反而稱哈洛德為國王。

拿破崙曾讓人公開展示〈巴約掛毯〉，希望自己能像威廉一樣征服英國。

在我寫書期間，朋友要我比較一下中國皇帝和歐洲國王的壽命。我只能說本書中涉及的四位英國國王的壽命分別為 59 歲（非正常死亡）、40 歲（非正常死亡）、67 歲、57 歲。同期北宋皇帝的平均壽命為 48 歲。歐洲國王主要死在戰場上，宋朝皇帝主要死在床上。

威廉命令俘虜修橋。中國也有類似的故事。抗日戰爭期間，孫立人將軍命令六百名日本俘虜在廣州為中國抗日軍人修建公墓。他對日俘們說：「你們讓我們流血，我要讓你們流汗。」這些日俘很順從，如期完成任務。

第二季預告！

- 牛津大學、劍橋大學誕生
- 巴黎聖母院、羅浮宮動工
- 亨利二世殺死坎特伯雷大主教貝克特，成為英國史上最嚴重的政教衝突事件，國王被鞭打
- 亨利二世被自己的老婆艾莉諾以及三個兒子圍攻
- 第三次十字軍東征開始
- 獅心王大戰埃及蘇丹薩拉丁（Saladin）
- 俠盜羅賓漢（Robin Hood）
- 第一次歐洲大戰，英德聯軍大戰法國國王
- 英國歷史最差、最色國王約翰（John）被迫簽下《大憲章》
- 英國議會誕生
- 「長腿國王」愛德華一世（Edward I）（《梅爾吉勃遜之英雄本色》〔Braveheart〕主角）亮相

國王的遊戲：命運之輪

作　　者：馬瑞民
發 行 人：黃振庭
出 版 者：崧燁文化事業有限公司
發 行 者：崧燁文化事業有限公司
E-mail：sonbookservice@gmail.com
粉 絲 頁：https://www.facebook.com/sonbookss/
網　　址：https://sonbook.net/
地　　址：台北市中正區重慶南路一段 61 號 8 樓
8F., No.61, Sec. 1, Chongqing S. Rd., Zhongzheng Dist., Taipei City 100, Taiwan

電　　話：(02)2370-3310
傳　　真：(02)2388-1990
印　　刷：京峯數位服務有限公司
律師顧問：廣華律師事務所 張珮琦律師

定　　價：580 元
發行日期：2024 年 10 月第一版
◎本書以 POD 印製
Design Assets from Freepik.com

國家圖書館出版品預行編目資料

國王的遊戲：命運之輪 / 馬瑞民 著 . -- 第一版 . -- 臺北市：崧燁文化事業有限公司, 2024.10
面；　公分
POD 版
ISBN 978-626-394-926-3(平裝)
1.CST: 中古史 2.CST: 通俗史話 3.CST: 歐洲
740.23　　　113015004

電子書購買

爽讀 APP

臉書